Über die Autorin:

Cornelia Dittmar, Jahrgang 1952, war als Redakteurin und Producerin für zahlreiche Zeitungen und Magazine tätig und lebt als freie Autorin in München.

CORNELIA DITTMAR

SEITEN SPRUNG

ein Fall für drei

BASTEI LÜBBE TASCHENBUCH
BAND 66383

1. Auflage: Februar 2003

Vollständige Taschenbuchausgabe
der im Gustav Lübbe Verlag erschienenen Hardcoverausgabe

Bastei Lübbe Taschenbücher und Gustav Lübbe Verlag
sind Imprints der Verlagsgruppe Lübbe

© 1998 by
Verlagsgruppe Lübbe GmbH & Co. KG,
Bergisch Gladbach
Einbandgestaltung: Gisela Kullowatz
Satz: Dörlemann Satz, Lemförde
Druck und Verarbeitung: Ebner & Spiegel, Ulm
Printed in Germany
ISBN 3-404-66383-7

Sie finden uns im Internet unter
http://www.luebbe.de

Der Preis dieses Bandes versteht sich einschließlich
der gesetzlichen Mehrwertsteuer.

Inhalt

Vorwort

Die verbotene Lust an der Lust
Warum Männer fremdgehen 15
Kleine Typologie der betrügenden Männer 19
Wo er seine Beute findet 27
Was Männer bei einer Geliebten suchen 34
Die Lügen der betrügenden Männer 37
Warum Fremdgeher ertappt werden wollen 41
Hinweise darauf, daß ein Mann fremdgeht 44
Warum Frauen fremdgehen 46
Welche Männer Frauen als Geliebten suchen 51
Wo Frauen das Objekt ihrer heimlichen Affären
   finden 55
Warum Frauen geschickter sind
   beim Seitensprung und beim Lügen 57
Warum Frauen trotz Seitensprung
   meist nicht an Trennung denken 60
Warum Frauen und Männer sich so gern auf eine
   heimliche Beziehung mit einem verheirateten
   Partner einlassen 62
Was Seitensprung-Agenturen bieten 65
Die ideale Geliebte 67
Fehler, die ein heimlicher Lover
   nie machen sollte 69

Warum das Opfer immer zuletzt von seinem
   tragischen Schicksal erfährt   71
Warum man sich als Opfer so gern selbst belügt   72
Warum Schweigen und Verdrängen manchmal
   ganz nützlich sind   74
Darf die beste Freundin
   oder der beste Freund das Opfer aufklären?   76

Die Beichte – die Stunde der Wahrheit
Warum der Bekenner sich für die Beichte
   einen neutralen Ort aussucht   81
Warum er sich so lange wie möglich in Lügen
   flüchtet   84
Warum die Betrogene jedes Detail wissen will   86
Die Psychodynamik der Beichte   88
Das Drama der betrogenen Frau   92
Warum Sie trotz der Panik einen kühlen Kopf
   behalten müssen   95
Das Drama des betrügenden Mannes   97
Die Bedeutung der Geliebten   99
Verhaltensregeln für den Ernstfall   103

Und wie soll es jetzt weitergehen?
Warum ein bißchen Abstand jetzt wichtig ist   113
Fluchtmöglichkeiten   115
Wie man sich selbst zuerst helfen kann   117
Warum Freunde nicht immer die besten Ratschläge
   erteilen   119
Sollen wir es den Kindern sagen?   121
Will ich mit ihm/ihr überhaupt noch
   zusammenleben?   123
Wie Ehetherapeuten Ihnen helfen können   126
Verboten: die Macht der Vorstellung   128

Soll ich ihm etwa noch die Hemden bügeln? *131*
Ausmisten ist angesagt! *134*
Klarheit in die eigenen Gefühle bringen *138*
Wie soll ich mich dem betrügenden Partner gegenüber verhalten? *140*
Wie es im Kopf des betrügenden Ehemannes aussieht *143*
Warum er weder für die Ehefrau noch für die Geliebte Zeit hat *146*
Warum übermächtige Schuldgefühle so gefährlich sind *149*
Die Zeit der Entscheidung *151*
Warum die Chance auf ein gemeinsames Leben vielleicht gar nicht so verlockend ist *155*
Warum Ihr Glück jetzt gefährdet ist *158*
Haben Geliebte denn gar kein Gewissen?! *162*

Verzeihen oder trennen?
Wann lohnt sich eine Versöhnung? *167*
Der Unterschied zwischen verzeihen und vergessen *179*
Warum das Selbstbewußtsein eines betrogenen Partners Streicheleinheiten braucht *183*
Warum Rache nicht immer süß ist *185*
Der Weg zurück zueinander *187*
Die schwierige Sache mit dem Vertrauen *190*
Soll ich nur wegen der Kinder bleiben? *192*
Was tun, wenn seine Geliebte nicht lockerläßt? *197*
Checkliste für den neuen Umgang miteinander *199*
Wie Sie neue Glücksmomente finden *203*
Und dann die Sache mit dem Sex *210*
Die Vorteile einer vorläufigen Trennung *214*
Sind Flirts in der Trennungszeit erlaubt? *225*

Das Leben neu erleben 227
Wie stehen die Chancen jetzt? 230
Der Abschied von der Ehe 233

Das neue gemeinsame Leben
Wie aus dem Lover plötzlich ein Langweiler wird 241
Wie eine Geliebte/ein Geliebter zur Ehefrau/
zum Ehemann wird 243
Warum Kummer auch heilsam ist 246
Und jetzt bitte einen Seelentröster! 251
Neue Freunde – gute Freunde! 253
Inventur im eigenen Leben 256
Die Niederlage, die eine Chance bedeuten kann 257
Wie die betrogene Ehefrau doch noch zur Siegerin
wird 260
Warum es manchmal besser ist,
die Geliebte zu bleiben und ihn von
einer Scheidung abzuhalten 263
Warum ein Seitensprung ganz heilsam sein kann 266
Schlußbemerkung 271

Vorwort

»Du hast mich betrogen! Du Miststück!« Wenn Blicke töten könnten, bräuchte man in dieser Situation einen Waffenschein. Aus Liebe wird Haß, gepaart mit Ungläubigkeit. »Wie konntest du nur …?«

Die Information »Ich werde betrogen« ist zwar im Gehirn angelangt – kann aber zunächst nicht verarbeitet werden. Denn bei dem Wort »betrogen« schaltet sich erst einmal eine Art Selbstschutz-Mechanismus ein. Nur nicht denken! Nicht fühlen! Und sich schon gar nicht die Konsequenzen ausmalen!

Aber bereits nach kurzer Zeit wird einem die Tragweite dieser Erkenntnis klar. Sie überrollt einen wie eine Flutwelle, die alles mit sich reißt – keine Chance auf Entkommen. Derjenige, der betrogen wird, stürzt von einem Moment zum anderen in ein tiefes dunkles Loch. Nichts ist mehr wie vorher. Alles scheint sinnlos und ungewiß geworden zu sein. Derjenige, der seinen Partner betrogen hat, scheint in diesem Gefühlsdrama auf den ersten Blick der Sieger zu sein. Schließlich hat er sich in fremden Betten vergnügt, hat seinen Spaß gehabt, während der andere zu Hause grübelte und sich sorgte, weil der Partner angeblich stets so lange arbeiten mußte und weil er in letzter Zeit so seltsam schweigsam war.

Und nun steht der einfach da und gesteht: »Ich habe dich betrogen …«

Die Betrogene und der Betrügende – bisher zwei Liebende. Und nun zwei Menschen am dramatischen Wendepunkt ihres Lebens.

Aber da spielt noch jemand eine entscheidende Rolle – die oder der Geliebte. Der dritte Part kann seine Karten sehr geschickt ausspielen und damit die Trennung seines Partners vorantreiben. Macht die/der Geliebte aber klassische Fehler, und das auch noch in schöner Regelmäßigkeit, sind die Chancen auf eine gemeinsame Zukunft mit dem Liebhaber oder der Geliebten gleich Null ...

Seitensprung – das ist ein Fall für drei. Ein Wechselspiel der Gefühle, vor dem wir uns kaum schützen können und in das jeder von uns verstrickt werden kann, einerlei, wie jung oder wie alt wir sind. Betrogen zu werden ist eine schlimme Erfahrung, die einen zum unglücklichsten Menschen auf der Welt machen kann.

Die Evolutionsforscher sagen: Fremdgehen liegt in der Natur des Menschen, vor allem in der des Mannes. Es ist unser biologisches Erbe aus der Steinzeit. Die Gründe:

- Männer können bis ins hohe Alter Kinder zeugen, während Frauen Kinder nur in einem gewissen Zeitraum gebären können.
- Frauen investieren mehr Zeit und Energie in die Fortpflanzung als Männer, durch Schwangerschaft, Geburt und Kinderbetreuung.
- Ein Mann kann im Gegensatz zur Frau nie ganz sicher sein, ob er auch wirklich der Vater der Kinder ist. (Eine Studie in den USA ergab jetzt, daß jedes zehnte Kind nicht vom Ehemann der Mutter stammt.) Und ob sich deshalb eine größere Investition an Liebe und Einsatz für seine »Brut« auch lohnt.

Daraus folgern die Evolutionsforscher: Aufgrund der biologischen Fakten ist der Mann von seiner Psyche her zwangsläufig anders strukturiert als die Frau. Er wirbt stärker um die weibliche Gunst und riskiert eher einen Seitensprung als eine Frau, die sexuell zurückhaltender ist. Aber dennoch wissen wir, auch Frauen betrügen. Die Erkenntnisse der Evolutionsforscher sind unzulänglich, sie reichen offensichtlich nicht aus, das komplexe Phänomen zu erklären. Was die Evolutionsforscher uns bis heute leider noch nicht sagen konnten: Warum dieses Steinzeit-Erbe Fremdgehen dem Partner, der sein Vertrauen mißbraucht sieht, so weh tut und ihn dazu bringt, das eigene Ich, das Leben und die vertrauten Werte in Frage zu stellen. Überdies geben uns die Erklärungsversuche der Evolutionsforscher keinerlei Hilfe, wie wir mit unseren Ängsten, unserer Wut, unserer Enttäuschung umgehen sollen, wenn die Partnerschaft durch einen Seitensprung bedroht ist. Dieses Buch will Ihnen helfen, sich selbst und Ihren Partner besser zu verstehen, damit diese Krise Ihres Lebens Sie nicht zerstört. Es zeigt allen Betroffenen des Seitensprungs Auswege aus dem Gefühlsdilemma und gibt ihnen Tips, wie sie diese Situation meistern können, die für alle drei eine starke Belastung darstellt:

Für die Betrogenen, weil sie glauben, ihr Leben sei nur noch ein Scherbenhaufen.

Für die Betrügenden, weil ihr schlechtes Gewissen, die Angst und die Last der verwirrenden Gefühle sie noch um den Verstand bringen.

Und für die Geliebten, weil sie nicht wissen, was sie nun sagen oder tun sollen, ob sich ihre heimlichen Sehnsüchte erfüllen werden, ob ihre verheirateten Liebhaber sich wirklich trennen oder nicht ...

Dieses Buch erklärt die Hintergründe des Dramas Seitensprung. Warum und wieso jemand so und nicht anders handelt. Was mit ziemlicher Wahrscheinlichkeit wirklich in seinem Kopf vorgeht – was er denkt, aber nicht sagt.

Und warum diese Situation auch eine Chance sein kann für ein neues Leben – allein oder zu zweit.

Wenn wir von Ehepartnern sprechen, so geschieht das hier aus Gründen der Eindeutigkeit, schließt aber Ehen ohne Trauschein keineswegs aus. Der Trend steigt, auf den Trauring zu verzichten, aber gleichwohl in einer eheähnlichen Gemeinschaften zu leben. Solche Partnerschaften leiden in der Regel nicht minder unter einem Seitensprung, auch wenn die rechtlichen Konsequenzen bei einer geplanten Trennung geringer sind.

Die verbotene Lust
an der Lust

Warum Männer fremdgehen

Zum Beispiel Peter (43) aus Hamburg, Besitzer einer Tennisschule. Er ist seit sieben Jahren mit Anne (40), Sekretärin, verheiratet. »Ich bin glücklich verheiratet«, sagt er selbst immer wieder. Und wer ihn mit seiner Frau sieht, wie er sie mit diesem gewissen liebevollen Glanz in den Augen anblickt, wenn sie im Lokal mit angestrengtem Gesicht überlegt, ob sie nun Pasta mit Gorgonzolasoße oder Osso buco bestellen soll – der glaubt, ein glückliches Paar vor sich zu haben. Zwei, die sich lieben. Zwei, für die Zärtlichkeit nicht nur ein Wort ist. Zwei, die sich treu sind.

Denkste! So drei- bis viermal im Monat trifft Peter seine Geliebte. Klammheimlich natürlich. Sie heißt Gitta, ist 29 Jahre alt und arbeitet in der Nachrichtenredaktion eines privaten Radiosenders.

Seit drei Jahren geht das schon so mit Peter und seiner Gitta. »Jedes Treffen ist wie ein Hin- und Hergerissenwerden zwischen Himmel und Hölle«, sagt Peter. Etwas, das einen magisch anzieht. Von dem man weiß, daß es verboten ist, daß »man das nicht tut«, weil es gemein ist. Und trotzdem kann er nicht widerstehen.

Die schlechte Nachricht (für Frauen) vorweg: Im Gegensatz zu Frauen gehen Männer viel öfter fremd. Laut einer Untersuchung der Gesellschaft für Rationelle Psychologie tun es 75 Prozent der deutschen Männer, aber nur 50 Prozent der Frauen. 33 Prozent der Männer betrügen ihre Frau schon im ersten Ehejahr ...

Und die Frauenzeitschrift »Cosmopolitan« hat herausgefunden:
- 40 Prozent der außerehelichen Partnerschaften dauern 2 bis 5 Jahre,
- 22 Prozent halten etwa 1 Jahr,
- 35 Prozent dauern bis zu 6 Monaten und
- 3 Prozent etwa 1 Monat.

Wie dieselbe Studie verdeutlicht,
- wünschen sich 83 Prozent der deutschen Männer eine außereheliche Affäre,
- während nur 72 Prozent der Frauen davon träumen.

Die amerikanische Ehetherapeutin Wendy Dennis hat den Grund herausgefunden, warum so viele Frauen in ihrer Phantasie fremdgehen, ihre Vorstellungen dann aber doch nicht realisieren: Auch in unserer modernen Gesellschaft werden Frauen, die betrügen, schärfer verurteilt als fremdgehende Männer.

Die etwas bessere Nachricht (für Frauen): Nur ein verschwindend geringer Prozentsatz der betrügenden Männer denkt auch irgendwann tatsächlich daran, die Ehefrau für die Geliebte zu verlassen. Laut Statistik avanciert nur eine von zehn Geliebten irgendwann auch tatsächlich zur Ehefrau. Und sieben von zehn Männern kehren nach kurzer Zeit reuemütig zu ihrer Ehefrau zurück. Außerdem: 65 Prozent der betrogenen Frauen sind bereit, ihren betrügenden Ehemann auch wieder zu Hause in Gnaden aufzunehmen.

Trotzdem steigen die Scheidungszahlen in Deutschland, vor allem in den alten Bundesländern, weiter rasant an:

Gab es 1985 in den alten Bundesländern 128 100 Scheidungen, so waren es im Jahr 1995 bereits 147 900.

In Westdeutschland stieg die Zahl der Scheidungen in den vergangenen fünf Jahren um satte 18 Prozent!

Im Bundesvergleich werden die meisten Ehen übrigens in Hamburg geschieden: Laut Statistik zerbrechen dort jährlich 2,7 Ehen pro 1000 Einwohner. Den zweiten Platz teilen sich Berlin und Bremen mit je 2,6 Scheidungen pro 1000 Einwohner, an dritter Stelle gefolgt von Schleswig-Holstein mit 2,5 Scheidungen pro 1000 Einwohner.

Wenn es nicht um den wiederholten Seitensprung, sondern um einen außerehelichen One-night-stand geht, sind die Herren der Schöpfung auch sehr umtriebig: Bei einer Umfrage des Sexologischen Instituts in Hamburg kam heraus, daß 73 Prozent der deutschen Männer zu so einem einmaligen Abenteuer sofort begeistert »ja« sagen würden; nur 41 Prozent der Frauen waren dagegen dazu bereit. 62 Prozent der befragten Männer gaben zu, schon entsprechende Erfahrungen gemacht zu haben; bei den Frauen war es nur jede dritte, die einmal einen One-night-stand erlebt hat.

Manche Männer suchen ihre außereheliche Befriedigung auch in einem entsprechenden Etablissement. Bei einer repräsentativen Umfrage von »Bild am Sonntag« stellte sich heraus: 32 Prozent der deutschen Männer waren schon einmal in einem Bordell. Von den unter dreißigjährigen Männern haben sogar schon 50 Prozent Kontakt mit einer Prostituierten gehabt.

Wenn man Männer fragt, warum sie fremdgehen, drucksen sie herum wie kleine Jungen, die beim Nachbarn die Scheibe eingeschmissen haben. Peter (29), Sozialpädagoge: »Ich weiß auch nicht genau ...« Hans (48) aus Köln, Installateur: »Das ist einfach so passiert, und irgendwie komm ich da nicht mehr raus ...« Gerhard (38) aus Berlin,

Kunstmaler: »Ähm ... Na ja ... Ach, das hat gar keine Bedeutung!« Manfred (45) aus Bremen, Boutiquebesitzer: »Wieso? Ich liebe meine Frau! Das andere ist nur Sex.«

Die Wahrheit ist: Männer wissen selbst gar nicht so genau, warum sie ihre Partnerin betrügen. Sie wollen es wohl auch nicht wissen. Auffallend ist, daß sie eine aktive Beteiligung daran weitgehend zu leugnen versuchen, indem sie Formulierungen wie »Ich bin da irgendwie reingerutscht« benutzen. Es scheint, als hätten sie sich in den Netzen der Frau verfangen. Plötzlich hätten sie mit dieser Frau im Bett gelegen – und damit habe alles angefangen.

Männer horchen nicht so tief in sich hinein wie Frauen. Gefühle sind es für sie nicht wert, wie ein Automotor auseinandergenommen und analysiert zu werden. Das eigene Seelen- und Gefühlsleben interessiert sie nicht so sehr. Sie haben gelernt, in der Außenwelt zu leben und zu kämpfen. Nicht in der Innenwelt.

Außerdem: Über die Frage, warum sie fremdgehen, nachzudenken würde ja auch bedeuten, daß sie eventuell den Grund dafür erkennen und dann natürlich logischerweise etwas ändern müßten. Sie müßten aktiv werden, statt bequem weiter zu leben.

Das ist auch Peter klar: »Natürlich weiß ich, daß es einen Riesenberg Probleme gibt, wenn meine Frau rauskriegt, daß ich eine Affäre habe. Ich weiß auch, daß es ziemlich unfair ist, eine Geliebte zu haben. Aber Gitta aufgeben? Sie ist einfach klasse! Es ist wirklich toll mit ihr ... Außerdem – ich will ja meine Frau gar nicht verlassen! Sie ist wirklich toll! Und wir kommen eigentlich auch gut miteinander aus.«

Frauen vermuten immer ein schwerwiegendes Problem dahinter, wenn ein Mann fremdgeht: daß etwas in der Partnerschaft nicht mehr stimmt; daß der Mann berufliche Probleme hat; daß er sie nicht mehr sexy genug findet; daß er in der Midlife-crisis steckt; daß er Bestätigung von einer Jüngeren braucht; daß er sein Leben zu langweilig findet.

Frauen suchen die Schuld häufig bei sich – sie glauben, sie seien nicht mehr jung, interessant, verführerisch genug. Und deshalb betrüge ihr Partner sie.

Dabei sieht es oft ganz anders aus. Das, was die Männer unweigerlich umtreibt und anlockt, ist erst einmal Sex. Zu Hause, so sagen sie, gäb's nur ein- bis zweimal in der Woche Sex. (Das ist für sie ungefähr so wie mit der Sportschau, die viele auch am liebsten jeden Tag sehen würden.)

Nach einer repräsentativen Umfrage von »Für Sie« hatten deutsche Paare nach drei Ehejahren noch dreimal wöchentlich Sex. Nach fünf Ehejahren höchstens noch einmal pro Woche ...

Die Männer wollen mehr Sex. Einfach mehr! Und den holen sie sich dann woanders. Sie zappen vom öffentlich-rechtlichen Programm ganz schnell aufs private. Elf Prozent der deutschen Männer geben zu, auf Sex-Abenteuer einfach nicht verzichten zu wollen.

Kleine Typologie der betrügenden Männer

Der Es-ist-einfach-passiert-Typ

Walter (39) aus München, Filialleiter einer Supermarktkette. Seit zehn Jahren ist er mit Christiane (38), Verkäuferin in einer Parfümerie, verheiratet.

Es ist Sommer. Er hat Mittagspause. Walter schlendert durch Schwabing. Überall sieht er diese hübschen Mädchen und Frauen. Er erzählt: »Sie tragen diese unglaublichen Kleider – kurz oder lang und bis zum Schenkel aufgeknöpft. Mit Ausschnitt und aus so leichtem, dünnem Stoff, daß du sie vor deinem inneren Auge schon nackt und verlockend vor dir siehst ...«

Er setzt sich im Café neben eine süße Blondine mit schier unendlichen Beinen. Er lächelt sie an. Sie lächelt ihn an. Und Walter hat sofort vergessen, daß er eigentlich noch den Anzug aus der Reinigung holen wollte, daß der Chef ihn heute vor allen Kollegen zur Schnecke gemacht hat und daß sein Ischiasnerv ihn seit Tagen plagt. Kein Gedanke daran, daß ihn die Anzughose am Bauch ganz schön kneift, weil er zugenommen hat. In seinem Gehirn kreist nur noch ein Gedanke: »Wie kriege ich diese verführerische Frau ins Bett?«

Diese Herausforderung nimmt jeder Mann mit Freuden an. Und kommt in mindestens 80 Prozent der Fälle selig lächelnd ans Ziel. Es ist passiert ...

Vorsicht: Solche Männer stolpern oft von einer Affäre in die nächste. Weil die Verlockungen so groß sind. Nur der Trieb zählt. Das logische Denken und das Gewissen setzen im entscheidenden Moment immer aus.

Der Ich-bin-so-hilflos-Typ
Diese Männer stehen scheinbar verzweifelt vor den kleinsten Problemen des täglichen Lebens. Sie wissen nicht, wie man den Papierstau des Fotokopierers beseitigt. und sind hingerissen, wenn eine schöne Unbekannte sich als Retterin in der Not erweist.

Beim täglichen Jogging im Park verstauchen sie sich den Fuß und sitzen mit schmerzverzerrtem Gesicht hilflos auf der Bank. Was kann der arme Mann denn dafür, daß zwei Minuten später eine charmante Joggerin vorbeikommt, die zufällig einmal einen Erste-Hilfe-Kurs gemacht hat und sich sofort mitfühlend um ihn kümmert? Ihn mit zu sich nach Hause nimmt, den schmerzenden Fuß verbindet und ihn am nächsten Abend unbedingt wiedersehen möchte, um einen neuen Verband anzulegen ...

Beim Betriebsfest sitzen diese hilflosen Männer am hintersten Tisch in der Ecke und starren versonnen vor sich hin. Wie Karl (46), Computerfachmann aus Bielefeld. Seit 16 Jahren verheiratet mit Anne (43); drei Kinder – 15, 12 und 9 Jahre alt. Karl fühlte sich beim Betriebsfest seiner Firma unwohl unter all den grölenden und prahlenden Kollegen. Bis dann die kesse schwarzhaarige Jutta (37), eine alleinstehende Kollegin, kam und meinte, sie müsse sich um Karl kümmern. Ihn aufheitern, zum Lachen bringen und ihm den traurigen Blick aus den Augen streicheln. Kleine Jungen lieben es, ein bißchen bemuttert zu werden! Das weiß eine Frau wie Jutta ganz genau. Ein Flirt, ein Tanz, ein heißer Kuß erst auf dem Parkplatz, dann vor der Haustür – und schon landete Karl in Juttas Schlafzimmer.

Solche außerehelichen Affären sind meistens von längerer Dauer. Weil es für diese Männer so bequem ist, zwei Frauen zu haben, die sich um ihn kümmern. Außerdem sind sie schließlich viel zu hilflos, um sich in den Kampf der Entscheidung zu stürzen.

Natürlich weiß Karl ganz genau, daß sein Verhalten mies ist – aber er hat viel zu große Angst vor den Komplikationen, die eine Trennung von seiner Geliebten oder seiner Frau nach sich ziehen würde.

Der Ewige-Verführer-Typ
Fragt man Frauen, was sie von solchen Männern halten, seufzen sie erst einmal und sagen dann: »Eigentlich Mistkerle. Aber eben so verdammt charmant ... Irgendwie einfach unwiderstehlich.«

Aber der Verführer-Typ beherrscht natürlich auch ein Repertoire, das selbst überzeugte Feministinnen schwach werden läßt. Ein Mann dieses Typs ist immer sehr einfühlsam, charmant, neugierig, kann phantastisch zuhören, ist in seinem Denken wandelbar wie ein Chamäleon und vor allem davon überzeugt, daß er jede Frau haben kann, die er will.

Der Ewige-Verführer-Typ sammelt Eroberungen wie andere Männer Briefmarken oder Computerspiele. Jeder Seitensprung ist ein inszeniertes Vergnügen, eine Orgie der Lust. Ein Genießer, der seinen Genuß genau plant und so gut wie nie Probleme mit der Koordination von Terminen, Verhaltensweisen oder Namen hat. Ein schlechtes Gewissen ist ihm ebenso fremd wie »Das Kochbuch der Vollwert-Nahrung«. Fremdgehen ist – wenn überhaupt! – ein Kavaliersdelikt.

Wie Thomas (53) aus Stuttgart, Beamter. Seit 20 Jahren mit Annette (39) verheiratet; zwei Kinder – 19 und 17 Jahre alt. Thomas hatte in all den Ehejahren – so behauptet er – mindestens zehn Geliebte. Seit vier Monaten hat er eine Affäre mit einer jungen Kollegin, Nina (32). Thomas: »Ich war immer diskret! Meine Frau hat nie was gemerkt. Ehrlich. Aber was soll man als Mann machen, wenn die hübschen Mädchen einem unbedingt den Kopf verdrehen wollen?! Und diese Nina – schon am ersten Tag, als ich sie sah, wußte ich: Die gehört mir! Tolle Figur, und so jung und so fröhlich. Na ja, meine Affären dauern ja nicht lang. So nach einem halben Jahr oder einem Jahr habe ich dann keine Lust mehr ...« Dann gelüstet es Thomas nach neuen Opfern.

Er findet seine Seitensprünge nicht weiter schlimm. Zu Hause mit seiner Annette ist alles bestens – also gibt's doch keine Probleme. Davon ist Thomas jedenfalls fest überzeugt.

Er würde aus allen Wolken fallen, wenn ein Seitensprung herauskommen und seine Frau ihm die verbotene Affäre auch noch vorhalten würde. Thomas: »So eine Affäre bedeutet doch nichts! Daß Annette sich über solche Kleinigkeiten aufregt, weiß ich – aber es geht mir einfach nicht in den Kopf. Schließlich hat das alles doch nichts mit uns und meiner Liebe zu ihr zu tun. Und nicht einmal im Traum würde ich daran denken, meine Frau zu verlassen.«

Der Ich-muß-mich-jetzt-beweisen-Typ
Es ist einfach alles so langweilig. So schrecklich eintönig. Jeden Tag ins Büro. Donnerstags mit den Freunden zum Kegeln oder Fußball. Im Urlaub wieder nach Italien. Und Weihnachten gibt's wie immer gefüllte Ente mit Rotkohl und Knödeln. Das eigene Häuschen ist so gut wie abbezahlt ...

Und wo bitte sind die Abenteuer, von denen Frank (48) aus Kiel, Elektroniker, früher immer geträumt und die er damals auch manchmal erlebt hat?! Frank ist seit 18 Jahren mit Margit (46) verheiratet. Das Paar hat drei Kinder, von denen das jüngste auch schon 12 Jahre alt ist. Frank hat das Gefühl, an einem Wendepunkt seines Lebens angelangt zu sein. Ihm ist klar: Es muß sich was ändern! Aber was ...?

Frank: »Der Job? Ach, nein. Eigentlich ganz in Ordnung. Die Ehe? Na ja, im Bett ist's ziemlich eintönig geworden. Und irgendwie sieht Margit auch nicht mehr so sexy aus wie vor 20 Jahren, als ich sie kennengelernt habe ... Nein, wirklich, sie ist schon eine gute Frau! Aber ich vermisse die Erregung von früher. Dieses Kribbeln, wenn sie im zarten Nachthemd und mit diesem bestimmten Lächeln ins Schlafzimmer kam. Heute trägt sie meist Schlafanzüge aus Flanell ...« Und er? »Na ja, ich auch. Aber das ist ja wohl was anderes!«

Dieser Mann ist beseelt von dem Gefühl, noch einmal etwas erleben zu müssen. Er will sich beweisen, was für ein toller Mann er ist! Nie käme Frank auf den Gedanken, daß er vielleicht mit seiner Frau reden könnte. Daß man gemeinsam Abenteuer erleben und neue Wege gehen könnte. Er denkt: Margit ist ja offensichtlich zufrieden mit ihrem Leben. Sonst würde sie ja klagen oder etwas ändern. Tut sie aber nicht. Also glaubt Frank, nur er sei unzufrieden und nur er müsse etwas an seinem Leben ändern.

Diese innere Unruhe, dieses Suchen, dieses Offensein für die Abenteuer des Alltags steht Frank natürlich auf der Stirn geschrieben. Und es ist kein Problem für ihn, seine Sehnsüchte zu erfüllen.

Außerdem: Da ist noch dieser große Reiz des Verbotenen. Allein bei dem Gedanken daran, sich heimlich mit einer Geliebten zu treffen, sie leise tuschelnd vom Büro aus anzurufen, damit sein neugieriger Kollege nichts merkt, sind für ihn ein Adrenalin-Kick erster Ordnung. Da spürt er seinen Puls und sein Herz, fühlt, daß er noch lebt.

Vor zwei Monaten hat Frank die Schneiderin Gaby (40) kennengelernt. Sie haben sich zufällig im Park getroffen, saßen auf einer Bank und haben über das Wetter und das Leben geredet. Frank hat sie zu einem Kaffee eingeladen. Sie haben geredet und geflirtet. Gaby gab ihm zum Abschied ihre Telefonnummer. Frank hat sie einen Tag später angerufen. Gaby hat ihn auf ein Glas Wein eingeladen. Da hat es angefangen ...

Bei der Geliebten ist Frank wieder ein toller Kerl. Da kann er sich fühlen wie dereinst die mutigen Mammut-Jäger oder die heutigen Astronauten und Bungee-Jumper. Gaby bewundert ihn. Und das tut ihm verdammt gut. Keine Langeweile, keine nervigen Gespräche über Kindererziehung oder zu knappes Haushaltsgeld. Und mit ihr ist auch Sex wieder prickelnd.

Sein Ego schwebt im siebten Himmel. Ja, er hat schon ein schlechtes Gewissen. Quält sich auch immer wieder mit Selbstvorwürfen. Aber er kann einfach nicht von Gaby lassen.

Der Ich-habe-meine-Midlife-crisis-Typ
Theo (55) aus Wien, Apotheker, findet sich und sein Leben seit einigen Monaten nur noch fad. Seit 27 Jahren ist er mit Brigitte (52) verheiratet. Die zwei Kinder sind längst aus dem Haus. Brigitte arbeitet zweimal in der Woche in einer kleinen Galerie. Sie hat sich schon immer für Kunst interessiert.

Theos Apotheke läuft gut, er hat sogar vier Angestellte. Das Geschäft wirft genügend ab, so daß sie ihr Häuschen mit Garten schon vor zwei Jahren abbezahlen konnten. Theo fährt ein großes Auto und trägt teure Anzüge. Er und Brigitte gehen einmal im Monat ins Theater und danach essen.

Theo erzählt: »Ich hab's zu etwas gebracht. Es geht uns gut. Aber ich frage mich immer öfter: War's das nun? Gibt's denn keine Abenteuer, keine Herausforderungen mehr? Alles ist doch zur Routine geworden ... Mein Job, die Ehe – einfach alles. Ja, auch der Sex ...« Theo möchte sich einmal wieder »richtig lebendig fühlen«.

Das Erlebnis hatte er dann ziemlich schnell. Er lernte auf einem Pharmakongreß die blonde Sabine (32) kennen. Sie lebt und arbeitet ebenfalls in Wien, als Pharma-Vertreterin.

Theo: »Wir saßen beim Abendessen zufällig nebeneinander. Wir haben geredet. Sie lächelte mich auf eine ganz besondere Art an ... Und ich spürte so ein Kribbeln im Bauch. Wir sind hinterher noch in eine Bar gegangen. Allein. Sie war so umwerfend schön, so charmant, so lustig und auch so klug.«

Die beiden verabredeten sich. Und nach dem Essen in einem gemütlichen italienischen Lokal gingen sie noch auf einen Absacker zu Sabine.

Theo: »Es ist einfach super mit Sabine! Ich spüre wieder, daß ich lebe! Mit ihr habe ich das Gefühl, jung und energiegeladen zu sein. Sie gibt mir das Gefühl, ich sei ein ganz toller Typ. So was brauchen wir Männer nun mal!«

Ja, das stimmt. Leider. Das männliche Ego verlangt ständig nach Streicheleinheiten.

Ob der Apotheker sich vorstellen kann, seine Frau zu verlassen? Theo: »Sie weiß ja nichts von Sabine. Und wenn's nach mir geht, wird sie es auch nicht erfahren. Aber wenn doch – nun, wir werden sehen ... Darüber mache ich mir Gedanken, wenn es soweit ist.« Und Sabine aufgeben? »Nein, ich glaube, das kann ich nicht ... Sie ist ... ja, sie ist ein Stück Jugend und Leben für mich.«

Männer in der Midlife-crisis glauben fälschlicherweise, sich mit einer jungen Geliebten ein Stück Jugend zurückerobern zu können. Ein ziemlich dummer Glaube. Denn irgendwann wird die junge Geliebte mit dem schönen jungen Körper bemerken, daß ihr verheirateter Lover einen dicken Bauch hat; daß er eine Glatze bekommt und seine Haut sich etwas schrumpelig anfühlt; daß er beim Sex längst nicht mehr so ausdauernd ist, wie sie es gern hätte; daß er lieber vorm Fernseher hocken möchte, anstatt auszugehen, und daß er nachmittags auf der Couch einschläft, obwohl sie doch Lust zu einem Spaziergang im Park oder einem Geschäftsbummel hätte. Wenn es soweit ist, wird sie ihn verlassen ...

Das kann sich Theo natürlich nicht vorstellen. »Nein, meine Sabine ist anders. Sie liebt mich wirklich!«

Ja, das sagt jede Geliebte, solange sie von ihrem Lover mit Geschenken und Einladungen verwöhnt wird. Bis ein anderer Mann daherkommt, der ihr das Blaue vom Himmel verspricht.

Wo er seine Beute findet

In jedem noch so modern denkenden Mann steckt ein Jäger und Sammler. Ob der Supermarkt um die Ecke, das Büro, die Tankstelle oder der neue schicke Steh-Italiener – alles ist sein Jagdrevier. Verbotene Terrains gibt es nicht. Die ganze Welt ist ein aufregender Spielplatz, auf dem er sich nach Lust und Laune austoben kann.

Für erfahrene Fremdgeher, die so wenig wie möglich dem Zufall überlassen wollen, gibt es natürlich so etwas wie eine Landkarte der Gelüste. Und überall dort, wo die Auswahl groß und die Beute leicht zu erlegen ist, stecken kleine rote Fähnchen.

An erster Stelle steht natürlich das Büro.

Eine Umfrage bei 485 Firmen, durchgeführt vom US-Magazin »Money«, ergab, daß 25 Prozent der Befragten schon einmal eine Affäre mit einer Kollegin/einem Kollegen hatten.

Am Arbeitsplatz finden sich in der Regel jede Menge einsame und hübsche Frauen, die einen verheirateten Mann nur zu gern anhimmeln. Und es gibt so viele Möglichkeiten, sich mittags beim Kaffee oder abends nach einem anstrengenden Arbeitstag bei einem Glas Wein näherzukommen.

Nicht zu unterschätzen ist, daß man viel Zeit miteinander verbringt, ein gemeinsames Ziel verfolgt, dieselbe Sprache spricht und sich meistens mit denselben Dingen beschäftigt.

Der Mitarbeiterin aus der Inlandsabteilung muß der Büro-Don-Juan nicht groß erklären, warum Vize-Direktor Wellenbach ein Trottel und die Zulieferfirma Marsmann unzuverlässig und überteuert ist. Die hübsche Kollegin, die möglicherweise im selben Zimmer sitzt, kennt die Leute und die Probleme zur Genüge. Mit ihr kann er über alles reden, ohne ständig erklären zu müssen, daß Wellenbach nur der Vizechef, der oberste Boß aber Mischbacher heißt; daß Marsmann die neuen Bytes für die neue Computerreihe liefert, daß die Bytes von Krempler aber viel billiger und besser sind.

Zu Hause, da wehrt Hermann (52) aus Donaueschingen, Abteilungsleiter bei einer Elektronikfirma, schon seit Jahren alle Gespräche über das Büro mit einer gelangweilten Handbewegung ab. Er ist seit 22 Jahren mit Gisela (49) verheiratet, einer Arzthelferin

Hermann hat seit fast zwei Jahren ein Verhältnis mit einer Kollegin. Die Geschichte begann beim Weihnachtsfest der Firma. Die beiden hatten getanzt und geflirtet, er hatte Birgit (42) nach Hause gebracht ... In dieser Nacht war Hermann erst am frühen Morgen nach Hause gekommen. Seine Frau Gisela weiß bis heute nichts vom Verhältnis ihres Mannes. Hermann: »Birgit und ich sehen uns mindestens einmal die Woche nach Feierabend. Wir fahren meistens zu ihr – da kann uns keiner entdecken wie in einem Restaurant. Mit Birgit geht's nicht nur um

Sex. Nein, nein, ich kann einfach toll mit ihr reden. Sie versteht mich.«

Ebenfalls ein rotes Fähnchen verdienen Dienstreisen, Tagungen und Konferenzen. Einmal weg von zu Hause, im hübschen Hotel, unbeobachtet von Freunden und Bekannten, läßt's sich besonders gut in fremden Revieren wildern. Aus dem grauen Alltagsleben wird plötzlich eine Reise ins Abenteuer. Wo der Mann plötzlich wieder wichtig ist – denn schließlich nehmen nur die wichtigsten Leute an so einer Tagung teil. Da kennt ihn keiner und hat deshalb nie gesehen, wie er sich totenblaß mit triefender Nase und schwach wie ein Wickelkind an den Schreibtisch geschleppt hat. Hier ist er König! Hier kann er es sein!

Und welche Frau wollte sich gegen den unvergleichlichen Charme wehren können, den er plötzlich entwickelt? Karl (44) aus Nürnberg, Vertreter für Kopierer, erzählt: »Abends an der Bar saß ich neben der aufregenden Schwarzhaarigen aus Fulda. Gerlinde hieß sie. Und ich kam mir vor, als sei ich der einzig legitime Nachfolger des berühmten Don Juan. Und es war so praktisch, daß wir im selben Hotel wohnten ... Nach dem romantischen Abend, an dem ich mich natürlich verständnisvoll und sensibel, aber auch mutig und willensstark gezeigt habe, hauchte ich ihr einen Kuß ins Haar und flüsterte: ›Komm, ich bring dich noch auf dein Zimmer ...‹ Na ja, das habe ich dann auch getan. Es war eine heiße Nacht! Wirklich! Allerdings – nach der Tagung haben wir noch ein paarmal telefoniert. Gesehen habe ich Gerlinde nicht mehr. Schade eigentlich ...«

Auf der Hitliste der erfolgversprechenden Jagdreviere folgen dann Cafés. Weil ein Mann mit Instinkt weiß, daß Single-Frauen sich heute ungeniert und fröhlich auch allein ins Café setzen. Zum Essen ins Restaurant schleppen

Frauen fast immer einen zwar netten, aber völlig harmlosen Begleiter oder die beste Freundin mit. Und die Chancen, zwischen diesen beiden einen Platz zu ergattern, sind so gut wie aussichtslos. Aber in einem Café kann man so leicht und unauffällig anbandeln. Da sieht's nicht so nach Anbaggerei aus.

Ein mögliches Opfer zu erspähen ist für einen cleveren Mann gar nicht so schwer: Weibliche Gäste, die allein am Tisch sitzen, aber andauernd auf die Uhr oder zur Tür schauen, fallen gleich durch das Raster des männlichen Jagdinstinkts. Kein Interesse. Diese Frauen sind schon verabredet, mit wem auch immer.

Der kluge Jäger schaut schon vorher unauffällig von außen durch die Fensterscheibe und sondiert so das Gelände. Im Lokal schlendert er dann durch die Stuhl- und Tischreihen und setzt sich zu einer Frau, die allein an einem Tisch sitzt, die einen Cappuccino oder einen Sherry vor sich stehen hat und in einer Illustrierten oder einem Buch blättert. Oder zu einer, die offensichtlich stark interessiert aus dem Fenster sieht oder die anderen Gäste an den Nebentischen beobachtet, als würden um sie herum geheimnisvolle Dinge geschehen, die nur sie erblicken kann.

Das Spiel kann beginnen! Der Adrenalinspiegel des Mannes schwappt auf der nach oben offenen Erregungsskala über die rote Markierung. Und er verblüfft sein attraktives Nebenan mit Sätzen wie: »Sie haben Augen wie zwei Sterne ... So glitzernd. So schön.« Egal, ob's stimmt oder nicht – er weiß, daß die Frau ihm nun schon so gut wie gehört.

Es gibt allerdings auch Männer, die eine sehr spezielle Ortswahl bevorzugen, wenn sie auf Jagd gehen. Es zieht sie in unmittelbare Nähe jener Orte, an denen sich eigentlich so gut wie nur Frauen aufhalten. Und mit einer witzigen Erklärung, der Bitte um Hilfe oder einer charmanten Entschuldigung schleichen sie sich an ihre Beute heran. Im Dessous-Geschäft beispielsweise: »Könnten Sie mir bitte helfen? Ich suche einen Morgenmantel zum Geburtstag meiner Mutter.« Im Supermarkt: »Ach ... Sagen Sie, wie brät man eigentlich Auberginen?! Und was ißt man dazu ...?« In der Boutique: »Ja, wissen Sie, ich suche einen Schal für meine Schwester ... Ein Geschenk. Zu Ostern.« Oder in einer Parfümerie: »Ich suche ein kleines Geschenk, ein Dankeschön sozusagen, für meine Nachbarin, die meine Blumen gegossen hat, als ich auf Dienstreise war ...«

Wo und wann auch immer ein Mann auf verbotenen Lustpfaden wandelt – bei der bewußten oder unbewußten Jagd auf süße Beute ist sein Gehirn nur auf eines gepolt: Ich muß der Sieger sein! Und ich werde bekommen, was ich will. Alle Gedanken an Vergangenheit und Zukunft, an die Ehefrau oder die Kinder, an die nächste Rate für das neue Auto oder die noch zu zahlende Einkommensteuer sind ausgeschaltet. Wie wegradiert.

Gerd (42) aus Offenbach ist Geschäftsführer einer Immobilienfirma. Seit 15 Jahren ist er mit Ruth (37), Verkäuferin in einem Kaufhaus, verheiratet.

All ihre Freundinnen und Nachbarinnen beneiden Ruth um ihren Mann. Gerd ist ein Familienmensch. Seine Familie gibt ihm Sicherheit und Geborgenheit. Nie wäre Gerd auf den Gedanken gekommen, seine Frau zu betrügen. »Na ja, natürlich habe ich schon mal anderen Frauen hinterhergeschaut und auch geflirtet. Habe mir auch schon mal vorgestellt, wie es wäre, wenn ... Aber betrogen – nein, betrogen habe ich meine Frau nie.«

Bis die Lehrerin Anja (44) kam ...: In der Tiefgarage vom Baumarkt sind sie sich begegnet. Anja schleppte sich mit Farbeimern, Pinseln und meterweise Abdeckplanen noch schnell in den Fahrstuhl. Gerd half ihr natürlich beim Tragen und Verstauen der Sachen in ihr Auto. Einer Frau zu helfen ist für Gerd ganz selbstverständlich. Und in ein paar Minuten hatte Anja ihm erzählt, daß sie ihr Badezimmer streichen wolle. Übers Wochenende. Hatte Fragen über Fragen gestellt. Wie dick die Farbe aufgetragen werden müsse. Welcher Pinsel der richtige sei. Wie lange die Farbe trocknen müsse. Und so weiter und so weiter ... Sie stapelte tief, indem sie sich über sich selbst lustig machte, erzählte, daß sie bestimmt den Farbeimer umschmeißen und sich in der Abdeckplane verheddern werde. Sie hatte eine fröhliche und unbeschwerte Art, die Gerd faszinierend fand. Die ihn aber irgendwie auch überrollte.

Anja gehört zu den Frauen, die wissen, was sie wollen – und das auch meistens kriegen. Es ist ihnen gleichgültig, ob der Mann ihres Interesses verheiratet ist oder nicht. Das sind alle Männer irgendwann. Und wenn man als Frau über vierzig noch Single ist, betrachtet man das Verheiratetsein eines Mannes als Tatsache und keineswegs als Hindernis.

Außerdem: Als erfahrene Frau weiß Anja eben sehr genau, wonach Männerherzen und -hirne sich heimlich sehnen. Sie sagt: »Die erste Regel lautet: Wenn du ihn kennengelernt hast, laß ihn nicht wieder von der Angel! Die zweite Regel: Sei charmant, aber bestimmend! Viele Männer finden es ganz hinreißend, wenn eine Frau auch sagt, was sie möchte. ›Ach, kommen Sie, ich lade Sie zum Dank auf einen Kaffee ein! Da ist doch nichts dabei. Ich würde mich wirklich riesig freuen!‹ Dazu ein strahlendes Lächeln. Die dritte Regel: Berühre ihn, verführe ihn – eine Frau, die sanft und verführerisch die Initiative ergreift, ist geradezu unwiderstehlich. Weil Männer das zu Hause so selten erleben.«

Anja hatte Gerd als Dankeschön zu einem Kaffee überredet. Und irgendwann im Laufe des Gesprächs hatte er ihr angeboten, ihr bei den Malerarbeiten zu helfen. Samstag nachmittag hatte er dann bei ihr vor der Tür gestanden. Sie hatten zusammen die Wände gestrichen und dabei viel gelacht. Dann hatte Anja für ihn gekocht – und dann lagen sie plötzlich eng umschlungen in ihrem Bett ... Sieben Monate ist das her.

Gerd hatte ehrlich gesagt wenig Chancen, der klugen Anja zu entkommen. Er sagt: »Ich bin ihr auf eine verzwickte Art und Weise ausgeliefert. Nie hat Anja mich bisher bedrängt, öfter zu ihr zu kommen, Feiertage mit ihr zu verbringen oder mich von meiner Frau zu trennen. Wenn ich zu ihr gehe, ist sie einfach für mich da. Glücklich, lächelnd, verführerisch, aufmerksam.«

Nie könnte Gerd mit seiner Frau Ruth darüber sprechen. Denn er könnte ihr nicht erklären, was Anja ihm gibt. Was sie ihm bedeutet. Und daß das gar nichts, aber auch absolut gar nichts mit seiner Liebe zu Ruth zu tun hat. Er sagt: »Ich liebe Ruth auf die eine Art. Und Anja eben auf eine andere. Ein Mann liebt ja auch seinen Hund, seine Kinder, auf eine andere Art und Weise seinen Job, sein Auto. Ach, es gibt eben viele Dinge, die ein Mann liebt.«

Was allerdings passiert, wenn sein Verhältnis doch einmal herauskommt – davor graust es Gerd. Daran mag er gar nicht denken ... »Aber ich würde Anja wohl aufgeben. Wenn es sein muß. Aber soweit ist es ja noch nicht ...«

Was Männer bei einer Geliebten suchen

Schon seit das Feuer erfunden wurde, funktioniert das Denken der Männer auf eine ganz bestimmte Art. Das, was sie so dringend wie das täglich Brot oder das abendliche Bier brauchen, ist die Selbstbestätigung. Sie müssen sich selbst und anderen ständig beweisen, wie gut sie wirklich sind. Ihr Ego braucht dauernd neue Nahrung. Ehrliche Männer geben das auch zu.

Eine Untersuchung der »Bild am Sonntag« ergab:

Immerhin 16 Prozent der Männer haben schon einmal heftig geflunkert, um eine potentielle Geliebte um den Finger zu wickeln. Sie gaben vor, mehr Geld zu verdienen und einen besseren Job zu haben, als es tatsächlich der Fall war. Bei den Männern unter dreißig lag die Antwortquote bei dieser Frage sogar bei 18 Prozent.

Frauen sind nicht so aufschneiderisch: Bei dieser Umfrage gestanden nur 10 Prozent der Frauen, sich finanziell und beruflich interessanter gemacht zu haben.

Der New Yorker Psychiater Michael Liebowitz fand heraus, daß die Aufputschsubstanz Phenylethylamin einen verliebten Mann in einen wahren Liebesrausch versetzt. Plötzlich braucht er weniger Schlaf und weniger Nahrung, der Adrenalinspiegel steigt, und er fühlt sich wie neugeboren.

Nach maximal drei Jahren allerdings werden die Nervenfasern reizunempfindlich. Im Körper macht sich eine neue, andere Molekülgruppe breit: die Endorphine. Sie sorgen dafür, daß man wieder ruhig schlafen kann.

Beschreiben wir eine völlig normale Situation: Jürgen (38) aus Frankfurt, Architekt, und seine Frau Anne (36), Fotolaborantin, führen eine glückliche Ehe, und das schon seit elf Jahren.

Als die beiden sich kennenlernten, waren Zärtlichkeit und Sex noch eine aufregende und einfach phantastische Sache. Und natürlich hat Anne ihrem Mann das Gefühl gegeben, daß er der tollste Liebhaber und begehrenswerteste Mann der Welt überhaupt sei. Inzwischen ist der Sex immer noch gut – findet jedenfalls Anne: »Schließlich kann keiner ernsthaft erwarten, daß Erotik mit demselben Partner jahrelang so spannend wie am Anfang bleibt ... Aber das anfängliche Prickeln wird doch durch Nähe und Vertrautsein ersetzt. Es ist wunderschön, wenn man sozusagen richtig eingespielt ist und weiß, was dem anderen gefällt. Diese Vertrautheit, die Geborgenheit und die Nähe beim Sex finde ich sehr schön.«

Die beiden reden auch viel miteinander – sie kennen sich inzwischen so gut, daß sie manchmal schon vorher wissen, was der andere sagen will.

Natürlich zeigt Anne ihrem Jürgen ab und zu auch, daß sie ihn liebt. Aber: Sie sagt ihm schon längst nicht mehr, daß er der klügste, bestaussehende, charmanteste, humorvollste Mann ist, den sie kennt.

Die beiden sind so lange zusammen, daß sie wissen, daß sie einander mögen und auch brauchen. Und eigentlich findet Jürgen in dieser Beziehung auch alles, was er zum Leben braucht. »Nur das eine nicht mehr – Selbstbestätigung. Ich will halt hören, daß ich was Tolles gemacht habe, daß ich klug und charmant bin. Ein Mann braucht das eben!«

Also sucht – und findet – Jürgen seine ersehnte Selbstbestätigung woanders. Bei einer Geliebten.

Das ist ganz nach seinem Geschmack: Die muß er erst einmal erobern. Was für ein Sieg! Alle anderen Konkurrenten hat er aus dem Feld geschlagen!

Jürgen lernte Corinna (29), Postangestellte, auf der

Party eines Kollegen kennen. »Sie sah einfach umwerfend aus! Knallrotes Minikleid, tolle Beine, lange Haare, lachende Augen ... Ich war hin und weg! Alle männlichen Gäste haben sich die Augen nach ihr ausgeguckt. Ich hab' mich ganz schön ins Zeug schmeißen müssen, um bei ihr anzukommen! Aber ich habe auch gespürt: Sie ist an mir interessiert. Mein Kollege hat mir dann nach der Party die Telefonnummer von Corinna gegeben. Ich hab' sie angerufen, wir sind ausgegangen – ja, so hat alles angefangen ...«

Das ist jetzt drei Monate her. Und von Corinna hört Jürgen all die süßen Worte, nach denen sein Herz so lechzt. »Du bist einfach phantastisch!« – »Du bist der beste Liebhaber, den ich je hatte ...« Natürlich nicht nur im Bett. Ob er sie nur kurz anruft, sie zum Kaffee trifft oder sie zum Schäferstündchen besucht, fast immer hat Corinna sofort eine Schmeichelei für ihn parat.

Es klingt – für eine Frau – ziemlich unglaublich, daß ein Mann immer wieder und am besten tagtäglich Komplimente braucht wie die Luft zum Atmen. Und daß es ihm nicht reicht, eine Frau erobert zu haben. Nein, es müssen so viele wie nur möglich sein. Und für jede kann er eine kleine Kerbe in sein Herz ritzen – als Beweis für seine Männlichkeit. Jürgen: »Ich hatte vor Corinna zweimal eine Geliebte. Klar habe ich auch ein schlechtes Gewissen. Wegen meiner Frau ... Aber es ist einfach so aufregend – da gefällt dir eine Frau, und du mußt sie erst mal erobern. Hast du gewonnen, sagt sie dir dauernd, wie toll du bist. Der Sex ist neu und kribbelnd. Das ist einfach super!«

Bei einer Geliebten findet der Mann nicht nur häufigeren und anfangs auch aufregenderen Sex als zu Hause, sondern auch eine wunderbare Bestätigung seines Egos.

Sein Selbstbewußtsein ist ein auf Hochglanz geputzter Pokal, der weithin von seinen großartigen Erfolgen künden soll. Wobei das »weithin« auf die Wohnung seiner Geliebten und sein Herz und seinen Kopf beschränkt ist. Aber das reicht einem Mann. Selbst zu wissen, daß man ein erfolgreicher Jäger ist, gibt einem doch gleich ein anderes Auftreten, ein überwältigend charmantes Lächeln, eine glanzvolle und kaum zu übertreffende Aura.

Selbstverständlich gibt es auch Männer, die bei einer Geliebten neben Sex und Selbstbestätigung Verhaltensweisen und Charaktereigenschaften finden, die ihre Ehefrau nicht hat: menschliche Wärme, rückhaltloses Vertrauen, Zärtlichkeit, Humor, Nervenstärke, einen eigenen Willen. Oder sie befriedigt Sehnsüchte des Mannes, um deren Erfüllung er seine Frau nicht bitten mag, wobei es sich auch um ausgefallene Sexpraktiken handeln kann.

Die Lügen der betrügenden Männer

Was das genußsüchtige Verlangen nach Selbstbestätigung angeht, da sind Männer einfach nicht zu schlagen. Wenn es allerdings um das Vertuschen der Affären geht, da stellen sie sich oft an wie die ersten Menschen. Immer noch berufen sie sich bei der Ehefrau auf einen Berg von Arbeit oder wichtige Konferenzen, wenn sie sich Zeit für die Geliebte stehlen wollen. »Warte nicht auf mich, Liebling. Heute abend wird's wohl wieder spät ...« Nun gut, im Zeitalter steigender Arbeitslosigkeit und dem harten Kampf um Ansehen und Position muß er in vielen Fällen vielleicht länger als sonst arbeiten. Vorsicht ist allerdings geboten, wenn sich die Büroabende häufen und bis Mitternacht andauern ...

Die Wahrheit ist: 87 Prozent der deutschen Fremdgänger lügen laut Statistik ihre Ehefrauen an, um ihre Geliebte zu einem Schäferstündchen treffen zu können.

Die kluge Ehefrau wird da unauffällig, aber beharrlich und besorgt nachfragen – was der Ehemann genau getan hat, um welches Projekt es ging, ob Kollege XY auch noch so lange im Büro war und was denn auf der Konferenz besprochen worden ist. Oder ob sie ihm vielleicht Kartoffelsalat mit Würstchen vorbeibringen soll. Das ißt er doch sonst immer so gern. Und dazu vielleicht ein Bier? Im Falle des Falles wird der ertappte Ehemann natürlich sofort mit hanebüchenen Ausreden dankend ablehnen. Und seine Stimme wird nervös klingen. Äußerst nervös.

Bei einem Verdacht wäre auch anzuraten, sich nach ein paar Tagen zu erkundigen, ob das Projekt endlich genehmigt und abgeschlossen ist, ob der Vertrag unter Dach und Fach oder die dringende Akte weitergeleitet ist und was denn der Chef dazu sagt.

Israelische Wissenschaftler fanden jetzt heraus: Männer, die glauben, ihre Affäre vertuschen zu können, sind sowieso auf dem Holzweg – in 90 Prozent der Fälle spürt oder weiß die Frau, daß sie betrogen wird. In 50 Prozent der Seitensprung-Fälle nimmt die Ehe einen dauerhaften Schaden, und 34 Prozent der Paare in der Seitensprung-Krise lassen sich scheiden ...

Männer, die geübt sind im Seitenspringen, greifen natürlich auch gern zu etwas diffizileren Lügen. Besonders hinterhältig ist es, sozusagen mit offenen Karten zu spielen. Daß heißt, diese Männer erzählen ihren Frauen ganz offen, daß sie heute abend mit Susanne oder Ingrid essen gehen müssen. Diese Susannes und Ingrids sind – nach Aussage des Mannes – entweder Kolleginnen, Bekannte eines wichtigen Geschäftspartners oder Informantinnen, auf die er einfach nicht verzichten kann. Und wenn er offen zugibt, daß er heute abend wieder mit dieser Susanne essen gehen muß (»Große Lust hab' ich ja nicht. Muß aber sein. Verstehst du doch, Liebling?!«) – na, da wird er wohl kaum etwas mit ihr haben. Denn sonst würde er ihren Namen ja nicht einmal erwähnen, geschweige denn, daß er seiner eigenen Ehefrau erzählt, daß er mit ihr essen geht.

Welcher Mann erzählt seiner Frau, daß er mit seiner Geliebten ausgeht? Keiner! Doch. Er verschweigt eben nur, daß es seine Geliebte ist. Und bei – in diesem Fall verlogener! – Ehrlichkeit glaubt keine brave Ehefrau an eine Lüge.

Im wahrsten Sinne des Wortes Glückskinder sind Männer, die geschäftlich viel reisen müssen. Wer soll bitte kontrollieren, ob Wolfgang (45) aus Mannheim, Kosmetikvertreter, seit 13 Jahren mit der Kindergärtnerin Gitta (39) verheiratet, wirklich eine Nacht länger in Essen bleiben muß? Oder warum er schon wieder zur Vertretertagung nach Berlin muß? Was kann Wolfgang dafür, daß das Auto vor der Rückreise nach Mannheim in Kiel seinen Geist aufgegeben hat? Wolfgang hat seit einem Jahr eine Geliebte in Mannheim. Hedda (35), Floristin. Und so oft er kann, verlängert er seine zahlreichen Dienstreisen, um eine Nacht bei Hedda verbringen zu können.

Natürlich schimpft er zu Hause lautstark, daß er so lange von seinem blöden Geschäftspartner beim Essen in einem stinklangweiligen Restaurant aufgehalten worden sei. Und natürlich hätte Wolfgang das Wochenende lieber bei seiner Frau Gitta und den Kindern (10 und 9) verbracht – doch dieser »schwierige, aber eben sehr wichtige Typ von der Kosmetikfirma in Braunschweig hat nur Samstag und Sonntag Zeit, mir seine neue Produktpalette gegen Cellulitis vorzustellen. Es tut mir leid, Liebling. Aber es muß sein. Dafür hab' ich auch als erster das neue Sortiment!«

Da viele Männer meistens nur ihre Arbeit im Kopf haben, wenn sie sich nicht gerade mit ihrer Geliebten vergnügen, mit den Freunden zum Stammtisch oder zum Sport müssen oder es sich zu Hause bequem machen, greifen sie bei Lügen eben auch gern darauf zurück.

Zu den wirklich seltenen Ausnahmen gehören Männer mit viel Phantasie, die auf die unglaublichsten Ausreden verfallen, um ihren verbotenen Gelüsten nachzugehen. Ihnen auf die Schliche zu kommen ist wirklich nicht einfach.

Jens (37) aus Regensburg, Krankenpfleger, seit neun Jahren mit Lisa (35), Krankenschwester, verheiratet, entdeckte plötzlich eine bisher heimliche Leidenschaft für einen Hund. Weil man den am Abend lange, sogar sehr lange Gassi führen kann ... Jens schaffte sich einen Schäferhund an, um abends seine Geliebte Gerda (29), Apothekenhelferin, wenigstens für ein, zwei Stunden sehen zu können.

Wenn es um die heimliche Geliebte geht, werden Sportmuffel zu euphorischen Joggern, die laut eigener Aussage jeden dritten oder vierten Abend zehn Kilometer und mehr ablaufen, auch wenn sie sich in Wirklichkeit mit der Geliebten in den Kissen wälzen. Erschöpft und verschwitzt kommen sie dann nach Hause ... Oder plötzlich schlägt ihr mitfühlendes Herz für einen weit entfernten Freund, der von seiner Frau verlassen worden ist und um den sie sich jetzt natürlich kümmern müssen. Da muß ein Mann in seinem Tennisverein wochenlang dringend mithelfen, die Vereinsküche neu zu kacheln. Ausgerechnet am Wochenende ... Oder der Mann hat sein Herz für die Kunst entdeckt und pilgert so oft wie möglich von einer Vernissage zur nächsten, von einem Museum ins andere. Keine Frage, daß solch ein kunstsinniger Mann auch eine Sekretärin hat, die ständig die gerade aktuellen Ausstellungskataloge besorgt! Denn er verlustiert sich ja bei seinen Kunstterminen immer mit der heimlichen Geliebten.

Bei Männern mit Phantasie und einem ausgeprägten Lustgenuß gibt es wirklich nichts, was es nicht gibt. Oder würden Sie Ihren Mann ernsthaft der Lüge bezichtigen, wenn er treuherzig und noch etwas mitgenommen erzählt, daß er auf dem Nachhauseweg zufällig Zeuge eines Unfalls wurde. Bei einem der Verletzten mußte er sogar Erste Hilfe leisten! Dann noch mit zur Polizei. Der ganze Papierkram ... Das dauert natürlich alles ...

Warum Fremdgeher ertappt werden wollen

Gehen wir einmal davon aus, daß Peter (40) aus Baden-Baden, Kellner, seit acht Jahren verheiratet mit Ursula (36), Telefonistin, fremdgeht, eine Affäre mit der Verkäuferin Tina (28), die schon seit ein paar Monaten anhält. Seine Frau Ursula ahnt nichts. Weil Peter es sehr geschickt anstellt.

Eigentlich ist doch alles bestens für Peter. Oder? Na ja, nicht ganz. Für jeden Mann bedeutet ein Seitensprung ja nicht nur Lustgewinn und Selbstbestätigung, sondern auch Arbeit. Alles muß geschickt organisiert und koordiniert werden. Dazu plagt ihn ein Hauch von schlechtem Gewissen und eine gehörige Portion Angst, daß seine aushäusige Liebelei doch entdeckt werden könnte. Das würde Ärger, Streit, Tränen, Wut und Empörung bei der

Ehefrau bedeuten. Nichts fürchtet Peter so sehr wie das. Die ständige Furcht macht ihn noch verrückt. Peter: »Manchmal kann ich schon nicht mehr schlafen ... Ich sitze neben Ursula auf der Couch, wir gucken Fernsehen – und plötzlich denke ich an Tina ... Sieht meine Frau mich dann an oder fragt sie mich etwas, kriege ich gleich Schweißausbrüche ...«

Und aus dieser Angst heraus stellen Männer – unbewußt natürlich – nicht selten Fallen auf, in die die Ehefrau hoffentlich hineintappt und ihn endlich ertappt. Dann hat die innere Aufruhr ein Ende, und das Leben verläuft für ihn nach einer Weile wieder völlig normal.

Häufig löst sich der Fall so: Ein Mann versteckt die Liebesbriefe seiner Geliebten ganz hinten im Schuh- oder Wäscheschrank, wo seine Frau sie natürlich irgendwann finden wird. Er vergißt die Rechnung für das romantische Essen zu zweit in seiner Anzugtasche. In seinem Papierkorb liegt die Rechnung für den Blumenstrauß zum Geburtstag seiner Geliebten. Über American Express oder Visa kommt die Abrechnung für das Wochenende auf Sylt. Doppelzimmer, Frühstück für zwei Personen! Obwohl er doch angeblich auf einer wichtigen, aber langweiligen Tagung war ...

All diese Dinge geschehen nicht bewußt. Welcher normale Mann würde freiwillig die Zeichen seiner verbotenen Lust offenlegen? Denn natürlich ist jedem Mann klar, daß seine Frau sich im eigenen Haus auskennt wie in seiner Westentasche. Daß sie irgendwann die zu klein gewordenen Winterstiefel der Kinder für den Altkleider-Basar hervorholen und die Liebesbriefe finden wird. Daß seine Frau Anzug- und Hosentaschen leert, bevor sie sie in die Reinigung gibt. Und daß sie immer die Buchungsbelege für die Kreditkarten überprüft.

Nein, es ist das Unterbewußte, das einen betrügenden Mann so agieren läßt. Es bahnt ihm einen Weg aus der immer stärker werdenden Angst, entdeckt zu werden. Schließlich plagen ihn ja insgeheim Alpträume: was seine Geliebte für eine Szene machen wird, wenn er sie verläßt; was für ein Drama seine Frau aufführen wird, wenn sie die Beweise seiner Untreue in den Händen hält; was sie ihm alles vorwerfen wird, bevor sie ihn vielleicht vor die Tür setzt; daß er wochen- und monatelang um die Wiederherstellung des häuslichen Friedens wird kämpfen müssen ...

Diese grauenvollen Visionen lassen den betrügenden Mann nicht mehr los. Er selbst weiß keinen Ausweg, sein Unterbewußtsein hingegen doch. Es läßt den Mann Dinge tun, über die er normalerweise nur den Kopf schütteln würde, und sorgt so dafür, daß er möglichst schnell entdeckt wird. Dann kann er alles gestehen, um Verzeihung bitten und ewige Treue schwören. Dann kann er bald wieder aufatmen, dann hat er es endlich hinter sich. Die Ängste sind wie weggewischt. Keine Koordinations- und Terminprobleme mehr! Endlich wieder mehr Zeit, um gemütlich im Fernsehsessel zu hocken. Nie wieder Lügen mit schlechtem Gewissen!

Das Leben verläuft endlich erneut in ruhigen Bahnen – bis sein Verlangen nach Selbstbestätigung ihn jeden Treueschwur vergessen läßt ...

Und manchmal kommt die gewünschte Lösung des Problems auch von der Geliebten.

Peter erzählt: »Na ja, nach sechs Monaten hatte Tina die Nase voll. Sie klagte, ich hätte zu wenig Zeit für sie. Ich würde sie nicht richtig lieben, denn sonst würde ich ja wenigstens mal über eine Trennung von meiner Frau nachdenken. Sie wolle die Wochenenden und Feiertage nicht mehr allein verbringen. Tja, dann hat sie mir eines Tages die Pistole auf die Brust gesetzt ... Ich bin gegangen. Seitdem ist es aus.«

Hinweise darauf, daß ein Mann fremdgeht

Natürlich sind Männer keine triebhaften Roboter ohne Gefühle. Das sei vorweg gesagt. Sie sind nur eben anders als Frauen. Und zum Glück wesentlich berechenbarer. In diesem Kapitel geht es nicht nur darum, ob er plötzlich häufiger als sonst Blumen mitbringt, um sein schlechtes Gewissen zu beruhigen. Oder ob er Arbeit vorschützt, um seine Geliebte sehen zu können. Auch nicht darum, ob er plötzlich seine Lust an schicken, modischen und gut sitzenden Klamotten entdeckt hat und dauernd mit eingezogenem Bauch in den Spiegel guckt, bevor er morgens ins Büro geht.

Alle Äußerlichkeiten und Verhaltensweisen, die sich ohne Grund und Zwang ändern, könnten darauf hinweisen, daß er möglicherweise eine Geliebte hat. Aber auch an anderen Dingen können Sie erkennen, ob er sich woanders als zu Hause vergnügt.

Benutzt er ein neues oder übertriebenriechendes Rasierwasser?

Vielleicht hat seine Geliebte ihm das sündhaft teure Eau de Cologne geschenkt, oder er hat sich ein starkes Wässerchen gekauft, um die eventuell noch an ihm haftende Duftnote seiner Geliebten zu übertünchen.

Seine Stimme.

Wenn er Sie einmal wieder anlügt, klingt sie etwas heller, höher als sonst. Er wird öfter Pausenfüller wie »ähm« oder »äh« oder »hm, hm« benutzen. Weil er sich vorher ziemlich genau überlegt hat, was er Ihnen da auftischen will, und die Sätze nicht zu zurechtgelegt wirken sollen. Aber das gewollt Spontane klingt wohl nur bei First-class-Schauspielern wirklich spontan.

Seine Augen.

Guckt er manchmal so ganz versonnen vor sich hin? Ist er mit seinen Gedanken ganz woanders? Zieht er erschrocken die Augenbrauen hoch und weitet seine Augen sich, wenn Sie ihn aus seinen Träumen reißen und ansprechen? Fällt es ihm schwer, Ihnen direkt und länger in die Augen zu schauen? Was lesen Sie in seinem Blick? Zuneigung? Zärtlichkeit? Oder eine gewisse Kälte?

Seine Körperhaltung.

Geht er aufrechter als sonst? Wirkt er voller Selbstvertrauen? Ist sein Schritt, wenn er das Bier aus dem Keller holt, viel entschlossener als gewohnt? Lächelt er öfter und gnädiger über Sachen, über die er früher nur herablassend die Mundwinkel nach unten gezogen hat? Dann könnte es daran liegen, daß er sich wie Monsieur 100000 Volt fühlt. Sein Selbstbewußtsein könnte er locker mit dem von Robert Redford oder Arnold Schwarzenegger vergleichen. Dank seiner heimlichen Geliebten geht es ihm toll – und das muß er einfach zeigen. Er kann gar nicht anders!

Sein Körper.

Achtet er plötzlich aufs Essen? Findet er sich zu dick? Treibt er plötzlich Sport? Trinkt er weniger Bier als sonst? Tja, für seine Geliebte will er natürlich mit einem Traumbody dastehen. Da fällt ihm plötzlich auf, daß er Speckröllchen hat und die Oberarme ziemlich schlaff sind. Dagegen will er etwas tun – um für das Objekt seiner Begierde so anziehend wie möglich zu werden.

Treffen all diese Anzeichen zu, sollten Sie aufpassen.

Mit ziemlicher Sicherheit hat Ihr Mann dann eine heimliche Affäre. Versuchen Sie herauszufinden, mit wem er sich heimlich vergnügt. Reden Sie mit ihm! Den Kopf in den Sand zu stecken hilft nicht.

Entdecken Sie nur zwei oder drei Hinweise, dann ist damit nicht gleich gesagt, daß Ihr Mann Sie betrügt. Es kann sein, daß er sich im Moment einfach gut fühlt, weil im Job oder auch zu Hause alles bestens läuft. Achten Sie einfach in der nächsten Zeit mehr auf ihn – wie er geht, was er sagt, was er anzieht, ob er des öfteren in Gedanken versunken zu sein scheint oder ob er mehr Sport treibt als sonst.

Wenn sich die Zeichen jedoch mehren, bekommen Sie endgültige Gewißheit nur, wenn Sie ihn zur Rede stellen.

Warum Frauen fremdgehen

Viele Männer, die ihre Frau betrügen, zeigen sich entrüstet, wenn man sie fragt, was sie denn tun würden, wenn die Ehefrau ihrerseits untreu wäre. Da reicht die Skala der männlichen Äußerungen von: »Na, soweit kommt's noch! Die könnte was erleben!« bis: »Ich würde sie sofort rausschmeißen!« und: »Ich würde auf der Stelle die Scheidung einreichen!«

Die American Psychological Association fand heraus, daß betrogene Ehemänner aggressiv reagieren, während betrogene Frauen doppelt so häufig unter Depressionen leiden.

Vielleicht reagieren Männer auf dieses heikle Thema auch deshalb so übermäßig heftig, weil sie genau wissen: Wenn eine Frau einen heimlichen Lover hat, geht es nicht nur um Sex und Selbstbestätigung. Da geht es meistens um Gefühle, um Liebe, um Nähe, Zuneigung und Zärtlichkeit. Und die hat sie nur dem eigenen Ehemann zu schenken.

Frauen, die ihre Männer betrügen, suchen und finden bei ihrem Liebhaber genau das, was sie zu Hause nicht mehr oder noch nie bekommen haben. In den meisten Ehen ist es doch so, daß die Frau den Haushalt erledigt, die Kinder und den Mann versorgt und vielleicht auch noch nebenbei drei Tage anderweitig arbeitet, damit ein bißchen mehr Geld in die Haushaltskasse kommt. Für Zärtlichkeiten, Händchenhalten und Abendspaziergänge im Mondschein bleibt da meist keine Zeit. Mal wieder ausgehen? Sich für den Mann schön machen? Bemerkt er ja sowieso nicht mehr ... Einfach nur wie früher nebeneinander sitzen und über Träume, Gefühle und Hoffnungen reden? Schön wäre es, aber wann schafft man das schon noch?

Kein Wunder, wenn diese Frauen sich vernachlässigt und nicht mehr geliebt fühlen! Sie kommen sich mehr und mehr vor wie die Kommode im Flur – die steht seit Jahren verläßlich am selben Platz und erfüllt ihren Zweck. Das Eheleben empfinden solche Frauen als langweilig und oft auch als demütigend.

Nach einer Umfrage der Zeitschrift »Elle« haben 60 Prozent der deutschen Frauen schon einmal mit dem Gedanken gespielt, ihren Mann zu betrügen.

Die amerikanische Ehetherapeutin Wendy Dennis fand während ihrer Studien heraus: Im Schnitt betrügen Frauen ihren Ehemann nach den ersten vier Ehejahren. Sie sind dann so frustriert vom Ehealltag, daß sie auch mutig den ersten Schritt wagen, um einen potentiellen Liebhaber zu erobern.

Und die Statistik der Gesellschaft für Rationale Psychologie sagt (insgesamt über 100 Prozent durch Mehrfachnennungen):
- 42 Prozent der Frauen gehen fremd, weil sie sich danach sehnen, begehrt zu werden;
- 33 Prozent der Frauen gehen fremd, weil sie sich neue sexuelle Erfahrungen wünschen;
- 30 Prozent der Frauen gehen fremd, weil sie ein Bedürfnis nach Abwechslung verspüren;
- 29 Prozent der Frauen reizt der eigene Mann nicht mehr;
- 22 Prozent der Frauen sind neugierig;
- 20 Prozent der Frauen fühlen sich einsam in der Partnerschaft;
- 16 Prozent der Frauen klagen über einen lieblosen Mann, und weitere
- 16 Prozent der Frauen haben sich über ihren Mann geärgert und wollen sich mit einem Seitensprung rächen.

Hanna (44) aus Hanau, Hausfrau, seit 15 Jahren mit Gerd, Elektriker, verheiratet. Sie haben zwei Kinder – 14 und 12.

Hanna: »Waschen, putzen, kochen und ständig für den Mann und seine Bedürfnisse dasein – dafür bin ich gut. Aber wer hört mir zu? Wer kümmert sich um meine Bedürfnisse? Wer zeigt mir, daß ich eine liebenswerte und attraktive Frau bin? Daß ich begehrenswert bin und Beachtung und Aufmerksamkeit verdiene? Ich wünsche mir, einmal wieder zärtlich in den Arm genommen zu werden und zu hören, daß mein Mann verrückt nach mir ist.«

Erzählt Hanna ihrem Mann von ihren Bedürfnissen, blickt er sie nur verständnislos an. Es ist, als verlange sie von ihm, diesen Sonntag den Sauerbraten selbst zu kochen oder nackt mit ihr durch den Stadtpark zu laufen.

Gerd versteht Hannas Wünsche nicht. Hanna: »Er sagt dann immer, das seien Jung-Mädchen-Spinnereien einer reifen Frau, für die er sich schließlich tagtäglich abrackere. Ob das nicht reiche. Was ich denn noch wolle.«

Und damit hat der Mann einem eventuell schon wartenden Rivalen Tür und Tor geöffnet. Seit sieben Monaten hat Hanna einen Geliebten. Er heißt Manfred (48) und hat einen kleinen Reparaturbetrieb für Fernseher. Sie hat ihn im Supermarkt kennengelernt. Sie standen beide an der Kasse in der Schlange an und kamen irgendwie ins Gespräch. Er hat sie auf einen Cappuccino eingeladen. Er wollte sie dann unbedingt wiedersehen. Vier Wochen lang hat Hanna Manfreds Werbungen widerstanden – dann hat sie nachgegeben ...

Ein Liebhaber gibt der Frau das ersehnte Gefühl, begehrenswert zu sein. Hanna: »Wenn Manfred mich streichelt, habe ich das Gefühl, meine Haut sei das zarteste, was er je berührt hat. Wie seine Hände meinen Pony aus dem Gesicht streichen – da stellen sich mir jedes Mal die Nackenhärchen auf. Er nimmt mich in den Arm, und ich habe das Gefühl, er wird mich vor der ganzen bösen Welt beschützen. Wenn ich angekuschelt neben ihm liege, spüre ich soviel Nähe, daß ich jedesmal weinen könnte vor Glück.« Um diese Gefühle erleben zu dürfen, würden Frauen meilenweit zu einem Liebhaber pilgern.

Natürlich sind Frauen auch interessiert an Sex. Es ist ein selbstgefälliges Vorurteil von Männern, daß Sex für Frauen nicht so wichtig sei. Richtig guten Sex zu haben ist mindestens ebenso aufregend und phantastisch wie nach Herzenslust »Bloomingdale's« leerzukaufen. Und es sind durchaus nicht nur die selbstbewußten Karrierefrauen, die sich gern einmal nehmen, was sie brauchen. ... Wenn der eigene Mann immer schon nach der Tagesschau einschläft, einmal mehr keine Lust zum Duschen hat oder im Schlafzimmer streng nach der Regel »einmal pro Woche und dann in Missionarsstellung« lebt, geht natürlich die Lust nach Fleischlichem schnell verloren.

Die Statistik der Gesellschaft für Rationale Psychologie beweist (mehr als 100 Prozent durch Mehrfachnennungen):
- 60 Prozent der Frauen waren in ihren heimlichen Lover verliebt;
- 44 Prozent waren nach der Affäre viel glücklicher;
- 35 Prozent der betrügenden Frauen fühlten sich plötzlich begehrenswerter;
- 29 Prozent meinten, der Seitensprung hätte ihrer Beziehung gutgetan;
- 22 Prozent sagten, sie seien jetzt selbstsicherer;
- 11 Prozent fühlten sich auf einmal viel attraktiver.

Allerdings:
- 16 Prozent der Frauen schämten sich hinterher für die Affäre, und
- 8 Prozent der Frauen empfand sogar Ekel.

Aber draußen in der Welt gibt's ja jede Menge Appetitanreger. Und irgendwann beißt die Frau, die nach Zärtlichkeiten hungert, dann einmal zu – so wie ins süße Sahnetörtchen. Der Besuch in der »erotischen Konditorei« ist für eine Frau ebenso toll und verlockend wie für einen Mann. Und genau so wenig oder genau so stark wie er hat sie hinterher ein schlechtes Gewissen. Aber zugegebenermaßen sind diese Frauen (noch?) in der Minderheit. Der Mehrzahl der betrügenden Frauen geht es um die Erfüllung ihrer Sehnsucht nach Gefühlen, um Nähe, Vertrauen und Liebe.

Welche Männer Frauen als Geliebten suchen

Anna (39), Empfangsdame in einem Hotel, ist seit 13 Jahren mit Karl (47), Bauleiter, verheiratet. Die Ehe dümpelt seit Jahren dahin wie der begradigte Teil des Rheins – keine besonderen Vorkommnisse, keine Aufregungen. Gut, damit kann Anna inzwischen leben. Aber seit sie Heinz (52) kennt, kann sie noch besser damit leben. Seit vier Jahren sind der Zahnarzt und Anna ein Liebespaar. Daß Heinz wesentlich älter ist als sie, stört Anna nicht. Zweimal die Woche trifft sie sich offiziell mit ihrer besten Freundin Lara. Aber natürlich verbringt Anna diese Abende ebenso wie die halben Nächte bei ihrem Heinz.

Heinz ist nicht gerade ein Adonis. Aber darauf kommt es Anna gar nicht an. Er ist groß, erfahren, klug, humorvoll und zeigt viel Gefühl.

Anna: »Er vertraut mir seine geheimsten Gedanken an. Er fragt mich nach meinen Träumen. Heinz mag es, wenn Kerzen brennen und Kuschelmusik läuft. Wenn ich ihm von meiner Kindheit erzähle. Er bewundert mich, wenn ich ihm mein neues Sommerkleid mit den aufgedruckten weißen Rosen vorführe. Er sagt mir, daß ich schön bin. Die schönste und begehrenswerteste Frau der Welt ...«

Gisela (46) aus Grömitz war ihrem Mann Georg (51), Autohausbesitzer, 15 Jahre lang stets eine treue und gute Ehefrau. Zwei Kinder hat sie großgezogen und stets bestens für ihren Georg gesorgt. Und auch er hat immer gut für seine Familie gesorgt, da kann Gisela sich nicht beklagen. Er hat es in den vergangenen Jahren immerhin vom einfachen Angestellten zum Besitzer eines Autohauses gebracht.

Sie sagt: »Erich will eben, daß zu Hause immer alles seine Ordnung hat. Okay, ich rege mich nicht auf, wenn die Tageszeitung im Wohnzimmer statt in der Küche liegt. Oder wenn die Kinder einmal zu spät zum Abendessen kommen. Aber Erich ist eben so. Er wird dann gleich sauer. Nichts haßt er so sehr wie Überraschungen, spontane Entscheidungen oder übermütige Einfälle. Das alles ist für ihn nur Schnickschnack.«

Gisela hat es längst aufgegeben, ihren Georg einmal aus dem festgelegten Trott herauszureißen. Inzwischen ist es ihr auch egal. Weil sie seit vier Jahren den Buchhändler Jürgen (50) hat. Manchmal sehen sie sich nur ein- oder zweimal alle 14 Tage. Aber das macht nichts.

Denn bei ihrem Geliebten erlebt Gisela Spontaneität und bekommt all die kleinen Aufmerksamkeiten, für die ihr Mann kein Verständnis besitzt: »Jürgen hat mit der Post eine gepreßte Rose geschickt – die hatte er bei unserem letzten gemeinsamen Spaziergang im Park gepflückt. Es war ein Abend mit einem wunderbaren Sonnenuntergang! Und er hatte mich lachend hochgehoben, auf den Arm genommen und ist mit mir direkt in den Sonnenuntergang hineinspaziert. Jürgen geht mit mir in die feinsten Lokale der Stadt. Und hinterher tanzt er mit mir Walzer – mitten auf der Straße! Jürgen ist unheimlich phantasievoll. Mit ihm kann ich so herrlich unbeschwert lachen. Mit ihm fühle ich mich wieder wie ein junges Mädchen. Und glaube plötzlich wieder daran, daß manche Träume doch noch wahr werden.«

Karen (38) aus Seefeld ist seit acht Jahren verheiratet. Ihr Mann Walter (47) ist ein erfolgreicher Architekt. Sie ist Einkäuferin in einem Warenhaus. Es geht ihnen wirklich gut: eigenes Häuschen, elegante Einrichtung, netter

Freundeskreis. Walter gehört nicht zu den leichtsinnigen Männern. Das Geld, das nicht zum Leben gebraucht wird, legt er an in Aktien, Fonds und Sparbriefen. Karen: »Ich kann nicht sagen, daß Walter ein Tyrann oder Langweiler oder Geizkragen ist. Nein. Ihm fehlt nur all das, was Hans mir bietet ...«

Seit eineinhalb Jahren ist Hans (45), technischer Leiter in einer Lebensmittelfabrik, Karens Liebhaber. Er ist ebenfalls verheiratet. Unglücklich, wie er sagt. Hans ist ein echter Kavalier. Karen schwärmt: »Er bringt mir 55 dunkelrote Rosen mit. Weil wir an diesem Tag 55 Tage zusammen waren. Er nimmt nach einem wunderbaren Abendessen meine Hand und flüstert: ›In meiner Tasche sind zwei Flugtickets. Komm mit, Liebling, laß uns morgen früh in Nizza frühstücken.‹ Er hilft mir jedesmal in den Mantel, er hält mir jedesmal die Autotür auf, er schenkt mir zum Geburtstag einen Goldring mit einem Rubinherz. Er gibt mir das Gefühl, daß er mir am liebsten die ganze Welt zu Füßen legen möchte.« Und wenigstens einen kleinen Teil davon kann er sich auch leisten. Bei Hans glaubt Karen manchmal, sie sei eine Prinzessin in einem Märchen. Denn er gibt ihr das Gefühl, so kostbar wie ein Schatz zu sein. Und er möchte wirklich nur das Beste für sie – Seide, Samt, Edelsteine, Reisen, edle Liebe und wahre Gefühle.

Sex ist für Frauen im allgemeinen keineswegs der Anreiz, eine außereheliche Beziehung zu pflegen. Romantisch umworben zu werden finden sie reizvoll, und sie wollen nicht nur begehrt, sondern auch geliebt werden.

Daß Frauen in einer Affäre mehr als Sex suchen, das zeigt eine Untersuchung der University of Hawaii:

Auf die Frage einer attraktiven Interviewerin an ihr

Gegenüber, ob er mit ihr ausgehen, mit in ihr Apartment kommen und jetzt mit ihr schlafen würde, antworteten
- 50 Prozent der Männer, ja, sie wollten mit der hübschen Interviewerin ausgehen;
- 69 Prozent der Männer, ja, sie wollten mit der hübschen Frau in das Apartment gehen, und
- 75 Prozent der Männer, ja, sie wollten mit der attraktiven Dame schlafen.

Bei den Frauen sah das Ergebnis umgekehrt proportional aus:
- 56 Prozent der befragten Frauen sagten, ja, sie würden gern mit dem attraktiven Interviewer ausgehen;
- 6 Prozent der Frauen wollten mit dem unbekannten Herrn ins Apartment gehen, und
- 0 Prozent, also keine einzige Frau, wollte mit dem gut aussehenden Herrn schlafen ...

Liebhaber, von denen Frauen träumen und die sie sich auch leisten, sind Männer, die sich die Mühe machen, neben dem Körper auch die Gefühle der Frauen zu erforschen und ihre Wünsche zu erfüllen.

Denn zu Hause, da ist ja nicht mehr viel los ... Eine repräsentative Umfrage der Zeitschrift »Eltern« ergab: Jede zehnte Frau in Deutschland langweilt sich beim Routinesex mit ihrem Mann. Und jede fünfte Frau beklagt, daß ihr Mann nicht mehr um sie werbe, ihr keine Aufmerksamkeit mehr schenke.

Wo Frauen das Objekt
ihrer heimlichen Affären finden

Der Mann ihres Lebens kann einer Frau auf dem Weg zum Bäcker begegnen, weil sie, ohne nach rechts und links zu schauen, über die Straße gelaufen ist und er sie fast umgefahren hätte. Oder wenn sie gerade den Müll hinunterbringt und fast über den neu zugezogenen Nachbarn stolpert, der seit einer halben Stunde verzweifelt den Abstellraum für die Fahrräder sucht. Gelegenheiten gibt es viele.

Die Flirt-Kontaktbörse Nummer eins ist jedoch auch bei Frauen das Büro.

Nach einer Umfrage der Zeitschrift »Elle« haben 57 Prozent der betrügenden Frauen ihren Lover am Arbeitsplatz kennengelernt.

Ist ja auch verständlich – die männlichen Kollegen bemerken meist sofort, ob sie eine neue Frisur oder ein neues Kleid tragen. Das schmeichelt ihnen. Die werbenden Herren suchen in der Kantine den besten Platz für sie aus und rücken ihnen, ganz Kavalier, den Stuhl zurecht. Sehr aufmerksam!

Außerdem müssen Frauen auch nicht erst lange rätseln, welchen Job ihr Verehrer macht und womit er sein Geld verdient. Suchen sie nach einem Geliebten mit gutem finanziellen Polster, werden sie den Chef erhören. Steht ihnen der Sinn mehr nach einem rein sexuellen Abenteuer, käme auch der junge Trainee mit dem knackigen Po und den sinnlichen Lippen in Frage.

Ist der Geliebte richtig was fürs Herz, hat die Büroliebe noch einen anderen Vorteil: Das Paar sieht sich häufig.

Im Unterschied zu Männern gehen Frauen ja nicht auf die Suche nach einem Geliebten – sie lassen sich sozusagen finden. Sie möchten das Objekt der Eroberung sein. Und da bieten sich viele Möglichkeiten zum Anbandeln an: Im Verein für klassische Musik kann man sich bei verträumter Musik näherkommen; im Fitneßstudio hat man die große Auswahl zwischen muskelgestählten männlichen Traumkörpern; beim Drehbuchseminar für Hobbyautoren werden zuerst einmal die rein geistig-seelisch-intellektuellen Wünsche und dann die körperlichen erfüllt; beim Golfen treffen Frauen auf reichlich gutsituierte Herren und beim Einkaufen vielleicht auf leicht verwahrloste Junggesellen mit großen Herzen und viel Gefühl.

Es kommt allerdings auch nicht selten vor, daß der Ehemann den zukünftigen Geliebten seiner Frau sogar selbst mit nach Hause bringt. Zum Beispiel seinen besten Kumpel, den er seit 18 Jahren nicht mehr gesehen hat und der jetzt ganz in die Nähe gezogen und immer noch Junggeselle ist. Oder er lädt seinen Kollegen oder Vorgesetzten ein. Weil man ja auch berufliche Kontakte ein bißchen intensivieren und sich um seine Mitmenschen kümmern sollte. Und weil der Schweinebraten der Ehefrau so köstlich ist, daß Kollege XY oder der Vorgesetzte ihn unbedingt einmal probieren müsse.

Übrigens: Laut einer repräsentativen Umfrage von »Bild am Sonntag« hätten 23 Prozent der Männer absolut kein schlechtes Gewissen, sich besonders liebevoll um die Frau ihres besten Freundes zu kümmern!

Fangen die zwei Betroffenen also verbotenerweise Feuer, läßt sich ein Wiedersehen schnell arrangieren. Während der Ehemann im Büro ist, kann der Kumpel aus Jugendtagen in Ruhe zu Hause bei der Frau anrufen und sich mit ihr zu einem romantischen Spaziergang verabreden …

Der Prinz der heimlichen Träume kann in vielerlei Gestalt und zu den ungewöhnlichsten Zeiten und an den wirklich originellsten Orten auftauchen. Sybille (36) aus Dresden, Friseurin, seit zehn Jahren mit Heiner (42), Polizist, verheiratet, ist's passiert. Früher hat sie schon ein bißchen herablassend und verständnislos über Frauen gesprochen, die ihren Mann betrügen. Sie konnte sich das einfach nicht vorstellen. »Nein, das käme für mich nie in Frage, habe ich immer gesagt. Ich würde Heiner nie betrügen. Eine Ehe ist nun mal kein Rosengarten. Da muß man auch in den schweren und nicht so aufregenden Tagen zusammenhalten.«

Bis Sybille vor einem Jahr Rainer (38), Nachrichtensprecher bei einem Privatradiosender, begegnete. Sie holte ihre Tochter Lara (4) vom Kindergarten ab. Und Rainer seine kleine Julia (4). Sie standen beide im Regen und warteten. Sybille: »Wir redeten über den Kindergarten, das Wetter, die Kinder – und 20 Minuten später saßen wir alle vier in einem Eissalon. Rainer wartete dann jeden Tag auf mich. Er umwarb mich, er lud mich ein – und irgendwann bin ich dann schwach geworden ...«

Warum Frauen geschickter sind beim Seitensprung und beim Lügen

Bei fast allem, was Frauen tun, agieren sie mit einer breiten Gefühlspalette. Männer dagegen haben meistens gelernt, Gefühle gut zu verbergen, sich »wie ein Mann« und damit voraussehbar zu benehmen und zu verhalten. Geben Sie einem Mann einen Apfel, er wird ihn essen. Geben Sie einer Frau einen Apfel, und sie kann ihn schälen, in Spalten oder Viertel teilen oder ihn sogar zu kleinen Herzen ausstechen. Sie kann ihn als krönenden Blickfang auf die Obstschale mit den vielen Kirschen legen. Sie kann daraus eine süße Apfeltarte machen oder sogar ein natürliches und schönmachendes Gesichtswasser. Sie kann Nüsse darum herum legen und damit den Tisch dekorieren.

Frauen sind erfinderischer als Männer und werden deshalb beim Fremdgehen seltener erwischt.

Der heimliche Lover ist eine kleine Kostbarkeit, die nur ihr gehört. Und die will sie behalten. Also findet sie Mittel und Wege, sich bei ihrem Geliebten anzukuscheln, ohne daß ihr Ehemann Verdacht schöpft. Wenn Frauen etwas planen, dann genau. Das haben sie gelernt. Denken Sie an den Urlaub mit den Kindern auf dem Campingplatz in Italien zurück. Natürlich hat sie Vaters Lieblingslatschen und sein Aspirin, den Schmusebär von Tochter Gina und die Comic-Hefte für Sohn Jens dabei, und selbstverständlich hat sie zum Abendessen auf dem kleinen Propangaskocher Buletten mit Kartoffelsalat gezaubert. Sie war in den Tante-Emma-Läden von Rimini einkaufen, obwohl sie kaum ein Wort italienisch sprach oder verstand.

Irgendwie schlagen Frauen sich immer durch. Und richtig Fremdgehen muß nun einmal von kunstvoller Hand geplant werden. Der Haushalt und die Kinder – alles ist bestens organisiert. Das Essen steht fertig im Kühlschrank – denn ein hungriger Ehemann ist so gut wie unausstehlich. Der Tisch ist für ihn gedeckt. Die eingeweihte Freundin weiß Bescheid. Da kann nichts mehr schiefgehen.

Eine kluge Frau läßt sich von ihrem Liebhaber meist auch nicht zu spontanen Treffen überreden – da ist die Gefahr eines kleinen Fehlers im romantischen Lügengewebe einfach zu groß. Außerdem: Der Frau reicht es ja oft auch schon, seine geliebte Stimme zu hören, ihn zu sehen, einen Liebesbrief von ihm zu lesen, ihn kurz zu berühren. Es muß nicht immer im Bett enden.

Von großem Vorteil für betrügende Frauen ist natürlich ein argloser Ehemann, der so beschäftigt ist, daß er sich nicht für das Seelen- und Gefühlsleben seiner besseren Hälfte interessiert. Für solch einen Mann besteht auch kein Grund zur Panik oder zum Grübeln, wenn seine Frau zum drittenmal in zwei Wochen die depressive Freundin trösten muß oder der Elternabend heute so lange gedauert hat. Er schickt seiner Frau wahrscheinlich noch ein gemurmeltes »Viel Spaß!« hinterher, wenn sie bummeln gehen möchte. Es interessiert den Mann nicht wirklich, ob seine Ehefrau einen Termin beim Frauenarzt hat oder wieder einmal ein Klassentreffen angesagt ist.

Das tägliche Frauenleben ist für viele Männer wie ein Buch mit sieben Siegeln. Da geht's um Sachen wie den Kochkurs an der Volkshochschule, den Termin bei der Kosmetikerin, Schuhe, die dringend zum Schuster müssen, und um lange Einkäufe auf dem Wochenmarkt, weil es angeblich nur da frischen Salat gibt. Das alles ist eine Welt, mit der Männer nichts zu tun haben wollen. Zu manchen Zeiten ist das wirklich ein Vorteil.

Und da der Ehemann ja weiß, wie seine Frau aussieht, schaut er sie auch nicht so genau an wie die neue Kollegin oder die hübsche Nachbarin. Längst ist die eigene Frau von der Liste der bemerkenswerten und eroberungswürdigen Damen gestrichen. Und so fällt ihm natürlich auch nicht auf, wenn seine Frau plötzlich eine Vorliebe für feminine Kleider oder Pumps entwickelt. Und wenn doch, wird sie seinen Verdacht, daß ein Seitensprung dahinterstecken könnte, mit leichtem Vorwurf in der

Stimme abtun: »Ach, das Kleid hab' ich mindestens schon fünf Jahre. Die Schuhe? Die hab' ich nur neu besohlen lassen.«

Warum Frauen trotz Seitensprung meist nicht an Trennung denken

Da sind einmal ganz praktische Gründe – zum Beispiel: die Kinder, wenn sie noch nicht aus dem Haus sind. Eine Mutter macht sich eben große Sorgen, wie ihre Kinder eine Trennung verkraften. Werden sie ihren Vater sehr vermissen? Werden sie ihr die Schuld am Zerbrechen der Familie geben? Wird ihre zarte Kinderseele Schaden nehmen? Wie dann alles weitergehen, wie sie ihre Kinder anständig erziehen und durchs tägliche Leben bringen soll. Wird der Unterhalt für sie und die Kinder reichen? Die Unsicherheiten und Zweifel sind so groß, daß viele Frauen weder an Trennung noch an Scheidung denken.

Aber auch wenn die Kinder schon erwachsen sind, schrecken viele Frauen mit einem heimlichen Liebhaber vor einer Trennung zurück. Da ist in vielen Fällen die finanzielle Abhängigkeit vom Ehemann. Er hat bisher immer das Geld verdient. Und sie – wird sie überhaupt noch einen Job finden? Wer würde sie denn noch nehmen? Sie hat fast 20 Jahre lang die Familie versorgt, ist total raus aus dem erlernten Beruf.

Männer mögen es verwerflich finden, daß Frauen offensichtlich nicht aus Liebe zu ihrem Ehemann auf eine Trennung verzichten, sondern aus rein sachlichen Überlegungen heraus. Aber wer wollte einer Frau vorwerfen, daß sie jahrelang bestens für die Familie gesorgt hat und nun nicht mit leeren Händen dastehen möchte?

Zum anderen spielen bei der Entscheidung, verheiratet zu bleiben, natürlich auch Gefühle eine Rolle. Den Ehemann kennt sie gut, sie kann sich vorstellen, mit ihm alt zu werden.

Ute (45) aus Lübeck, Buchhalterin bei einer Immobilienfirma, ist seit 18 Jahren mit Paul (49), Bilanzbuchhalter in einer Metallwarenfabrik, verheiratet. Seit fünf Jahren hat Ute heimlich einen Liebhaber: Walter (43), Kriminalbeamter.

Ute: »Ja, ich liebe Walter. Ich liebe aber auch meinen Mann. Und verlassen würde ich ihn nicht. Denn er ist ja eigentlich kein schlechter Kerl. Er schlägt mich nicht. Er brüllt mich nicht an. Er betrachtet mich eben nur mehr als seine Putzfrau, seine verständnisvolle Haushälterin und seinen Kumpel in guten und schlechten Tagen. Die Anerkennung, das Ernstgenommenwerden, all die Sachen, nach denen ich mich sehne, bekomme ich von Walter, meinem Liebhaber.« Bei ihm ist sie ganz Frau. Und so hat Ute sich ihr Leben eingerichtet. Wozu eine Trennung?

Kommt es doch zur Scheidung, spielt der Geliebte dabei nur in wenigen Fällen eine zukunftstragende Rolle. Denn für die weitaus meisten Frauen ist er nur der Auslöser, derjenige, der ihnen das Tor öffnet in eine andere Welt – die ohne den nörgelnden, rücksichtslosen Ehemann. Der verbotene Lover hat ihnen die nötige innere Sicherheit gegeben, um diesen Schritt zu machen. Doch durch das Tor hindurchgehen, das neue Leben leben – das wollen die Frauen nicht selten allein.

Warum Frauen und Männer sich so gern auf eine heimliche Beziehung mit einem verheirateten Partner einlassen

Ein verheirateter Mann oder eine Frau mit Ehering und Urkunde üben vor allem auf Singles einen magischen Reiz aus. Und Singles gibt es ja nun mehr als genug, mehr als denjenigen, die für eheliche Treue einstehen, recht sein kann ... Die geheimgehaltenen Männer und Frauen für gewisse Stunden klagen natürlich oft und gern, wie demütigend es sei, sozusagen im engen Verließ der Verbote zu leben. Aber das ist bei vielen doch eigentlich nur Show-Wehgeklage. Denn eine Affäre mit einem gebundenen Partner hat vor allem für eine Frau nicht zu unterschätzende Vorteile:

- Sie wird wirklich verwöhnt. Je nachdem, wie es das Konto zuläßt, macht der verheiratete Liebhaber Geschenke wie Blumen, teure Parfüms oder gar Schmuck. Denn er will ihr ja imponieren und sie auch bei Laune halten. Schließlich hat jeder Ehemann Angst, daß ein Rivale kommen und ihm die Geliebte wegschnappen könnte.

  Ein Beispiel aus dem richtigen Leben: Clarissa (48) aus Hannover, ledig, Parfümerie-Besitzerin, eine Karrierefrau. Seit zehn Jahren ist sie die Geliebte von Siegfried (55), dem verheirateten Inhaber einer Textilfirma.

  Clarissas erster Grundsatz: »Warum soll ich mich mit dem ersten Geiger zufriedengeben, wenn ich den Dirigenten haben kann!? Ich habe mir gleich den Chef der Firma ausgeguckt. Wir haben uns in einem Restaurant bei einem Geschäftsessen kennengelernt.«

Ihre zynische Erkenntnis nach zehn Jahren als Geliebte eines wohlhabenden Mannes: »Männer sind die einzig freilebenden Tiere, die Schecks unterschreiben können.«

- Eine Geliebte muß nie, aber auch wirklich nie die herumliegenden Socken ihres Lovers aufsammeln, mühsam seine Hemden stärken oder ihn aufopfernd pflegen, wenn er vorgibt, an seiner Grippe zu sterben. Eine Geliebte nimmt und bekommt immer nur die Rosinen aus dem Kuchen.
- Mit einem Ehemann als Lover hat jede Frau genügend Zeit, stundenlang am Telefon mit Freundinnen zu ratschen, abends mit Kollegen noch einen Wein trinken zu gehen, und sie kann sich in aller Seelenruhe den vor Gefühlen triefenden Liebesfilm im Fernsehen ansehen. Geliebte zu sein, das heißt auch, nach dem Lustprinzip zu leben. Viel Genuß, viel Freiheit und so gut wie keine Verpflichtungen oder Verantwortung.

Aber natürlich ist es auch für Männer sehr angenehm, sich auf so eine heimliche Affäre einzulassen. Dem Reiz des Verbotenen erliegen sie nun einmal sehr gern. Das hat etwas von Abenteuer. Große Jungen spielen mit Begeisterung noch einmal Cowboy und Indianer. Natürlich sind sie der mutige Cowboy! Der Mann, der die schöne Squaw aus dem langweiligen und mit Kochtöpfen und Windeln vollgestopften Tipi errettet, jedenfalls zeitweilig.

Eine verheiratete Geliebte schenkt ihrem glückseligen Liebhaber all die Sinneslust, die sie ihrem Ehemann vorenthält oder nie mit ihm erlebt hat. Und sie zeigt sich immer nur von ihrer besten Seite – hübsch zurechtgemacht, fröhlich, neckisch, gefühlvoll und so charmant, daß es ihn jedesmal wieder umhaut. Mit all ihrem Alltagskummer –

über das zu knapp bemessene Haushaltsgeld, ihren Sohn, der immer nur mit dem Gameboy spielt, anstatt Schularbeiten zu machen, den Wasserhahn, der seit Wochen tropft – hat ein heimlicher Liebhaber nichts zu tun. Wie schön! Das ist ein Leben frei von Belastungen, wie es einem Mann gefällt. Kein Streit, weil sie wieder einmal ihre Migräne hat. Kein Schockerlebnis, wenn er nach Hause kommt und sie mit der Gurkenmaske im Gesicht und Lockenwicklern im Haar in der Küche steht. Keine nervenaufreibenden Gespräche, die sie ihm aufzwingt. Wie es denn im Büro gewesen sei. Warum er so still sei. Ob er vielleicht etwas habe ...?

Zur Kategorie »Genießen ohne Verantwortung« gehören auch verbandelte Partner, die eine Liaison mit einem ebenfalls verheirateten Mann oder Frau haben. Da geht die Initiative meistens von den Männern aus. Denn eine verheiratete Frau als heimliche Geliebte, da muß er keine so große Angst haben, daß sie ihn vielleicht vor lauter Sehnsucht am Sonntag morgen zu Hause anruft, daß sie Lippenstiftspuren auf seinem Hemdkragen hinterläßt, nur damit die Ehefrau das verräterische Rot entdeckt. Die verheiratete Geliebte möchte schließlich ebenso unentdeckt bleiben wie ihr verheirateter Lover.

Und bei dieser Konstellation gibt es auch keine drängenden Fragen, warum man sich nicht öfter sehen könne, warum man die Feiertage allein verbringen müsse ... Da hat jeder sein öffentliches und sein heimliches privates Leben. Gleiche Voraussetzungen bedeuten das gleiche Wissen und Verständnis. Und die gleiche Lust.

Was Seitensprung-Agenturen bieten

Für diejenigen, die ohne großen Aufwand ihre verbotenen Gelüste befriedigen möchten, gibt es inzwischen entsprechende Agenturen, die eine Marktlücke füllen, indem sie das »Fremdgehen« organisieren. Genauso wie andere Mitfahrgelegenheiten oder einen Wohnungstausch ermöglichen, bringen Seitensprung-Agenturen Männer und Frauen zusammen, die »es« eigentlich nicht dürfen, aber gern wollen.

Diese Service-Firmen heißen »Liebes-Dienst«, »Herzflimmern« oder sachlich und korrekt »Seitensprung«. Wer – im doppelten Sinne des Wortes – Lust verspürt, schaut einfach in den Anzeigenteil der Tageszeitung, der Stadtillustrierten oder ins Branchenbuch, denn die Agenturen bieten dort ihre Dienste inzwischen in jeder größeren Stadt an und werben auch mit Einwurfzetteln, Infoblättern und Postkarten, die in Kneipen, Kinos und anderen öffentlichen Orten ausliegen.

Wer sucht, der findet bei diesen Unternehmen alles, was er begehrt. Er oder sie muß nicht einmal persönlich in der Agentur vorbeischauen, ein Anruf genügt. Der Kunde nennt seine Wünsche, etwa »schwarze Haare sollte sie haben, schlank sein, nicht mehr als 1,69 Meter groß, sportlich und ebenso theaterbegeistert sein wie ich«, er gibt seine Telefon- und seine Kreditkartennummer preis, und schon läuft alles wie am Schnürchen.

Wer nicht die Katze im Sack kaufen möchte, begibt sich persönlich in die Agentur, um in reichhaltig bestückten Katalogen des Service-Unternehmens zu blättern und den Herren oder die Dame seiner Begierde per Foto auszusuchen.

Die Arbeitsweise der Agentur ist ganz einfach.

Bei ihnen melden sich Männer und Frauen, die
- zu faul sind, sich selbst ein Abenteuer-Objekt zu suchen;
- kaum eine Möglichkeit haben, jemanden für eine Liebesaffäre kennenzulernen;
- sichergehen wollen, daß strengste Diskretion gewahrt bleibt, denn Rechnungen werden entweder bar, mit Scheck oder Kreditkarte bezahlt und nur an die angegebene Adresse versandt;
- sicher sein wollen, daß die Sache keinerlei Konsequenzen oder Ansprüche zur Folge hat.

Wer über eine Agentur ein Abenteuer sucht, nennt seinem Partner entweder nur den Vornamen oder einen falschen Nachnamen. Wer sich hundertprozentige Diskretion sichern will, trifft seine Dates nur über die Agentur, die dem Liebespartner Ort und Zeitpunkt des Geschehens auf diskrete Weise vermittelt. »Grüß Gott, hier ist der Kosmetiksalon Müller«, heißt es da mitunter. »Wir möchten Sie gern an Ihren Termin bei ›Chez Pierre‹ am dreizehnten um zwanzig Uhr in der Hauptstraße fünf erinnern.« Selbst wenn der Ehepartner zufällig mithört, erweckt dieser Anruf wohl kaum Verdacht.

Da so gut wie alle Kunden der Agentur verheiratet oder fest gebunden sind und ihrer Lust ohne Folgen oder peinliche Zwischenfälle nachgeben wollen, sind die Fronten von vornherein abgesteckt. »Wir vergnügen uns, so lange, wie wir Lust aufeinander haben, ansonsten geht dich mein Leben nichts an und umgekehrt.«

Wer sich bei einer Seitensprung-Agentur eintragen läßt, bekommt auf jeden Fall, wonach er sich sehnt. Zum Beispiel ein abenteuerlustiger Ehemann eine süße Fünfundzwanzigjährige, Single, oder eine vom Eheleben gelangweilte Dreißigjährige mit Sehnsucht nach vergessen geglaubter Erotik.

Und eine vierzigjährige, ungebundene Karrierefrau mit Lust auf Lust findet hier einen charmanten, aufmerksamen und gebildeten Mann für ein paar Nächte und mehr, Status: gebunden.

Die finanzielle Seite sieht so aus: Man zahlt in der Regel eine Aufnahmegebühr zwischen 100 und 350 Mark, um auf die Liste zu kommen. Die entsprechenden Leute werden nach Vorlieben und passenden Eigenschaften verkuppelt. Die Agentur bekommt pro Treffen jedesmal eine Vermittlungsprovision, die zwischen 10 und 30 Prozent von der Aufnahmegebühr beträgt. Man verabredet sich, der »aktive Teil« bezahlt den Abend – der Rest ist rein privat.

Die ideale Geliebte

Ehrlich gesagt: Zum Glück für alle Ehefrauen ist sie heute ungefähr so selten wie ein verständnisvoller und weichherziger Finanzbeamter. Aber es gibt sie, die ideale Geliebte! Sie kennt Geheimnisse und Tricks, die direkt und ohne Umweg aus der ganz tiefen Psycho-Kiste kommen. Selbstverständlich ist ihr die Seele ihres Herzallerliebsten so vertraut wie die Kosmetik-Abteilung in ihrem Badezimmerschränkchen. Sie weiß, wie sie seine Seelenfalten glättet und seine Augen wieder strahlen läßt. Denn die ideale Geliebte denkt zuerst an ihn und dann erst an sich. Jedenfalls hat es auf den ersten Blick den Anschein ...

Nie bedrängt sie ihn, nie fordert sie etwas von ihm. Wenn, dann bittet sie ihn mit süßem Augenaufschlag um einen Gefallen. Wie man einen Mann um den Finger wikkelt, das hat sie schon als kleines Mädchen gelernt: mit Charme und Küssen und zärtlichen Worten. Aber niemals mit dem Satz: »Ich will ...«

Hat er keine Lust, über das Büro, seine Familie oder über seine Gefühle zu sprechen – bitte, dann redet sie eben über Autos, Boxwettkämpfe oder die neuesten geologischen Ausgrabungen auf Borneo. Auf jeden Fall wählt sie ein Thema, bei dem er sich auskennt und sich unheimlich klug vorkommen kann.

Elizabeth (44) aus Dortmund, Lehrerin, seit vier Jahren die Geliebte des verheirateten Wolfgang (48), Mediziner, erzählt: »Eine clevere Geliebte macht all das, was Feministinnen verdammen und wonach Männer sich sehnen – sie erfüllt seine heimlichen chauvinistischen Träume. Sie umsorgt ihn wie die Geisha einen Samurai, sie liebt und küßt ihn wie einen begehrenswerten, starken Mann, sie behandelt ihn wie eine berühmte Persönlichkeit, und seine Gedanken, Wünsche und Träume sind für sie das wichtigste auf der Welt.«

Mit ihrer eigenen Gefühlswelt geht die ideale Geliebte ungefähr so um wie mit der Straßenverkehrsordnung. Das heißt, sie schaut erst einmal nach rechts und links, bevor sie über die Straße geht. Was kann passieren? Welche Folgen hat das und das? Elizabeth: »Ich überlege genau, mit welcher Taktik erreiche ich das, was ich will? Impulsives Handeln, überschäumende Gefühle zum falschen Zeitpunkt, Tränen oder Verzweiflung machen die meisten Männer hilflos – und dann rennen sie weg. Also versuche ich, genau das zu vermeiden.«

Alles was eine ideale Geliebte tut, wird erst einmal unter folgender Prämisse analysiert: Wie kriege ich ihn dazu, daß er macht, was ich will, und er dabei glaubt, er hätte alles entschieden? Die richtige Antwort: Die Umkehrung der Wünsche. Sozusagen Manipulation in Reinkultur.

Elizabeth erklärt ein praktisches Beispiel: »Bitten Sie ihn nicht, doch noch ein bißchen länger zu bleiben! Sagen Sie ihm, er müsse doch jetzt bestimmt gehen ... Es sei Zeit ... Seine Familie warte vielleicht schon ... Das Ergebnis: Allein bei dem Gedanken an die Familie stürzen Schuldgefühle auf ihn ein. Gedanken an seine Frau, die ihm bestimmt wieder Vorhaltungen machen oder ihn mit lächerlichen und nervenaufreibenden Problemen überschütten wird. Seine Seele schreit um Hilfe. Ausweg: Er bleibt noch ein bißchen länger bei seiner Geliebten, bei Ihnen! Er hat die Entscheidung ganz allein wie ein richtiger Mann getroffen. Und er ahnt nicht mal, daß er genau das getan hat, was Sie wollten.«

Der Mann als Liebhaber einer verheirateten Frau verhält sich im Idealfall wie eine gelungene Mischung aus Albert Einstein (für die Sparte Intelligenz und Humor), Don Juan (für Verführungs- und Liebeskünste), Adonis (für Ansehnlichkeit und Körperbau) und Professor Brinkmann aus der »Schwarzwaldklinik« (allerdings nur für die Sparte Feingefühl und Verständnis). Und natürlich gelten auch für ihn die Maßstäbe seines weiblichen Pendants: Tu immer so, als sei das Objekt deiner Leidenschaft das allerwichtigste auf dieser Welt!

Fehler, die ein heimlicher Lover nie machen sollte

Die heimlichen Geliebten sind natürlich heftig daran interessiert, den Mann oder die Frau ihrer verbotenen Leidenschaft festzuhalten und irgendwann doch so weit zu bringen, daß er oder sie sich von der Familie trennt. Das neue Glück zu zweit – das ist es, wovon Geliebte träumen.

Dieser Traum ist aber sehr gefährdet: Denn laut Statistik haben 35 Prozent aller Männer auch nach der Trennung irgendwann wieder Sex mit ihrer Frau. Und außerdem hat Ihr verheirateter Liebhaber rein statistisch gesehen nur zwei bis vier Stunden pro Woche Zeit für Sie. Und wenn Sie als Geliebte in dieser knapp bemessenen Zeit auch noch in Fettnäpfchen treten, können Sie Ihren Traum schnell vergessen.

Ratschläge für eine/n gute/n Geliebte/n:
- Setzen Sie ihn oder sie nie unter Druck! Forderungen treiben nur in die Enge. Und haben manchmal übereilte und unüberlegte Entscheidungen zur Folge.
- Verschonen Sie ihn oder sie mit eigenen Sorgen oder Problemen! Davon hat der/die Betrügende selbst mehr als genug ...
- Keine verräterischen Anrufe bei ihm oder ihr zu Hause oder im Büro! Wer zu schnell auffliegt, kann schnell allein zurückbleiben ...
- Nie, aber auch wirklich nie ihn oder sie auf dem Handy, im Hotel oder sonstwo anrufen und Liebesschwüre säuseln oder sentimentale Sehnsuchtsbekundungen abgeben! Der Partner muß das Gefühl haben, daß er ständig hinter seinem/seiner Geliebten hertelefonieren muß. Ein bißchen Unsicherheit entfacht herzzerreißende Liebesgefühle ...
- Keine heimlichen Zettel mit Liebesschwüren in seine Sakkotasche oder in ihre Handtasche stecken! Sie könnten im Notfall als Beweismittel gegen die/den Geliebte/n eingesetzt werden ...

- Reden Sie nie schlecht über seine/ihre Familie! Die kennt er oder sie sowieso selbst am besten. Ein/e Geliebte/r schenkt den Himmel auf Erden – und läßt ihn/sie die Familie vergessen.
- Nie das eigene Leben völlig auf den anderen abstellen! Selbst schuld, wenn Sie stunden- und tagelang wie das Kaninchen vor der Schlange vorm Telefon hocken ... Ein guter Lover hat einen eigenen Freundeskreis, ein eigenes Leben – und ihm oder ihr immer viel zu erzählen! So macht man sich interessant und begehrenswert!

Warum das Opfer immer zuletzt von seinem tragischen Schicksal erfährt

Jeder Seitensprung ist ein Komplott von zunächst zwei Verschworenen – dem Täter und dem Lover. Wenn zwei verliebte, diskrete und geschickte Menschen sich zusammentun, dann führen sie da ein Stück auf, dessen Dramaturgie Bewunderung verdient. Und die Kulisse täuscht erst einmal für ein paar Wochen. Dann aber wird die geheime Love-Affair immer mehr und mehr öffentlich: Der beste Freund wird um ein Alibi gebeten, die Kollegin aus dem Büro hat einen eng umschlungen auf der Straße mit ihm oder ihr gesehen, der Nachbar hat das romantische Tête-à-tête in einem Weinlokal beobachtet ...

Ungefähr jeder in der Nachbarschaft, im Freundeskreis oder im Büro weiß längst Bescheid. Dem Briefträger wird's hinter vorgehaltener Hand weitergetuschelt, und im Supermarkt wird an der Fleischtheke darüber getratscht. Leise natürlich.

Und warum sagt es keiner der armen betrogenen Ehefrau oder dem gehörnten Ehemann? Erstens handeln da alle nach dem Grundsatz: Nicht die schlechten Nachrichten werden gehaßt, sondern ihr Überbringer. Wer will schon ein Opfer aufklären und sich dann mit Vorwürfen überhäufen lassen? Als Verräter und Lügner beschimpft werden? »Das stimmt ja gar nicht!« – »Du lügst!« – »Du bist doch nur eifersüchtig (oder neidisch oder selbst hinter meinem Mann her)!« Und ähnliches.

Zweitens haben sich alle gegen das Opfer verschworen, weil sie das ganze Szenario des Seitensprungs betrachten wie den neuesten Hollywoodfilm. Da wollen alle wissen, wie es weitergeht. Welche pikanten Details bekannt werden.

Ist das Opfer erst eingeweiht, hat der Fall für drei für die Zuschauer schon die größte Anziehungskraft eingebüßt. Dann beginnt meistens die Schlammschlacht. Die ist zwar für die Zuschauer auch interessant, aber nicht so delikat.

Warum man sich als Opfer so gern selbst belügt

Natürlich findet das jede Ehefrau auffallend, daß der eigene Ehemann noch schweigsamer als sonst ist. Daß er plötzlich blau gestreifte Hemden mit weißem Kragen toll findet. Und daß er so lautstark darüber jammert, daß er zu dieser blöden Tagung muß. Früher fand er es immer ganz aufregend, für ein, zwei Tage zu verreisen und nur über die Arbeit zu erzählen ...

Ganz hinten im Kopf der Ehefrau sammeln sich diese Merkwürdigkeiten zu einem nebulösen Knäuel von Gefühlen, Eindrücken und Gedanken. Ein Kokon, den man besser nicht entwirrt, wenn man sich seelisches Leid ersparen möchte. Das weiß eine kleine Ecke im Gehirn des Opfers natürlich auch ganz genau. Deshalb ist die Selbstschutz-Sicherung auch so gut ausgetüftelt. Solange Sie dieses Knäuel nicht antasten, solange kann Ihnen auch nichts passieren. Die Gefühle, Zweifel und Gedanken im Kopf auszubreiten, zu hinterfragen und zu analysieren, das bedeutet, sich der Realität zu stellen. Und die ist nicht gerade verlockend ...

Natürlich, ab und zu winden sich einige Zweifel aus diesem Kokon heraus wie eine Raupe auf der Suche nach Sonne. Und für kurze Zeit schlängeln sie sich durchs Gehirn. Lassen 100 und mehr Fragen aufblitzen. Betrügt mein Mann mich wirklich? Und wenn, mit wem?! Nein, das würde er mir nicht antun ... Aber irgendwie verhält er sich in letzter Zeit so merkwürdig, so anders als sonst ... Wie sieht die andere aus? Blond? Schwarzhaarig? Bestimmt jung, schlank und sexy. So ein kleines Miststück! – Nein, das glaube ich nicht, daß er das mir und den Kindern antun würde!

Schluß! Aus! Ende! Nicht mehr weiterdenken. Lieber das Waschbecken schrubben oder sich auf den Straßenverkehr konzentrieren.

Sich selbst zu belügen ist nicht Dummheit, sondern zuerst einmal eine Schutzreaktion. Nach dem Motto: Daß nicht sein kann, was nicht sein darf. Und natürlich wollen Sie Ihre kleine heile Welt nicht verlieren!

Häufen sich die Zweifel und vielleicht auch die möglichen Beweise, wird das Knäuel immer dicker. Und immer öfter suchen die dunklen Gedanken den Weg nach draußen ... Ihr Herz fühlt sich eiskalt an. Das Gehirn schlägt Alarm. Und Sie sagen sich: »Du mußt jetzt die Wahrheit wissen. Sonst wirst du verrückt.«

Wenn Sie sich trotz eindeutiger Beweislage jetzt noch selbst belügen – tja, dann können das vielleicht noch nicht einmal Ihre besten Freundinnen verstehen. Aber Ihr Verhalten ist erklärbar. Denn Sie als Betrogene schwanken ja in einem Strudel widersprüchlicher Gefühle. Haß und Wut, weil Ihr Mann Sie mit einer anderen Frau betrügt. Trauer und Demütigung, weil Ihr Mann Ihnen das angetan hat. Hoffnung, weil vielleicht alles doch nicht stimmt!? Liebe, weil Sie Ihren Mann immer noch lieben! Sie haben übergroße Angst davor, daß er Sie vielleicht verlassen wird. Wie sollen Sie ohne ihn leben!? Können Sie überhaupt ohne ihn leben!? Was wird mit den Kindern ...?

Die Zukunft ist ein tiefer Abgrund, der Sie zu verschlingen droht. Wer begibt sich schon freiwillig in diese Hölle? Dazu gehört viel Mut. Und ein starkes Selbstbewußtsein. Genau das aber hat ein Betrogener nicht ...

Warum Schweigen und Verdrängen manchmal ganz nützlich sind

Dem Täter sein schreckliches Vergehen unter die Nase zu reiben und ihm die Beweise gleich auftrumpfend um die Ohren zu hauen, bringt Ihnen erst einmal Befriedigung. »Ha, ich hab's dir aber gezeigt! Ich weiß alles!« Aber die Angriff-ist-die-beste-Verteidigung-Methode garantiert in so einem Fall noch lange nicht den Sieg. Denn sie birgt große Gefahren.

Erstens wird der/die Betrügende in den allermeisten Fällen alles vehement abstreiten. Und vielleicht sind seine Argumente auch so gut, daß Sie – das eigentliche Opfer – hinterher als Verleumder dastehen ... Natürlich möchten Sie als Betrogene auch gern selbst den miesesten Argumenten Glauben schenken, weil damit das Gespenst der Trennung schnell verjagt ist.

Zweitens wird der Betrügende alles abstreiten und einen großen Vortrag über mangelndes Vertrauen halten. »Wenn du es mir eh unterstellst, daß ich dich betrüge – bitte, wunderbar! Dann betrüge ich dich eben! Du scheinst es ja geradezu zu erwarten! Und ich hatte immer gedacht, unsere Ehe würde auf Liebe und Vertrauen beruhen ... Nein, das hätte ich wirklich nicht von dir erwartet!«

Auch in diesem Fall steht die/der Betrogene ganz schön dumm da ... Sie/er quält sich mit Selbstvorwürfen und muß mühsam um den Fortbestand der Ehe kämpfen.

Drittens könnte der Beschuldigte sofort oder nach ein paar anklägerischen Plädoyers alles zugeben. Und dann? Dann hat der betrogene Part vielleicht noch dem/der Geliebten und dem Ehepartner wunderbarerweise in die Hände gespielt. Die Geliebte hat ihren Lover nicht zur Trennung gedrängt. Der Mann wußte eigentlich gar nicht so recht, ob er die Ehefrau wirklich verlassen wollte. Er zweifelt, ob seine Liaison mit der attraktiven Sekretärin wirklich zu einer Dauerbeziehung werden könnte. Aber wenn die Ehefrau das Undenkbare erst ausgesprochen hat, dann hat sie damit vielleicht unabsichtlich eine Entscheidung getroffen, die nicht in ihrem Sinne war. Jetzt läßt sich der Seitensprung nicht mehr vertuschen. Jetzt müssen alle drei Betroffenen in irgendeiner Art und Weise handeln. Aber für wen wird das von Vorteil sein ...?

Schon unsere Urgroßmütter rieten den erwachsenen Kindern zur Geduld – leider oft vergeblich. Manche Dinge würden sich von selbst erledigen. Es könne ja sein, daß dieser Seitensprung eine unbedeutende, kurze Affäre sei. Sicherlich sollte man sich die Frage stellen, ob es sich wirklich lohnt, das Drama einer privaten Gerichtsverhandlung aufzuführen und den Tod von Gefühlen als Höchststrafe heraufzubeschwören.

Auch wenn es kindisch klingt, es kann mitunter sehr wirkungsvoll sein, nach dem Motto »Was ich nicht weiß, macht mich nicht heiß« zu handeln. Stellen Sie sich einmal vor: Ihr Mann hat sich von seiner kleinen Friseurin getrennt. Sie hat ihren Reiz für ihn verloren. Sie als Ehefrau haben geahnt, daß da etwas nicht stimmt. Sie haben aber geschwiegen. Jetzt ist Ihr Mann wieder ganz für Sie da. Und sein schlechtes Gewissen läßt die Liebe zu Ihnen neu erblühen. Ein Happy End. Das ist doch auch eine erwägenswerte Möglichkeit, oder?

Darf die beste Freundin oder der beste Freund das Opfer aufklären?

Ja. Denn wozu hat man beste Freunde, wenn nicht einmal die einem die Wahrheit sagen? Ein Betrogener tappt wie ein unschuldiges Kind durch die Welt und wird von allen mitleidig und scharf beobachtet. Alle tuscheln über dieses arme Kind, als hätte es einen Wasserkopf, ohne es zu wissen.

Das ahnungslose Opfer ist Gegenstand von Kneipenwitzen und hämischen Bemerkungen. Das ist demütigend. Die beste Freundin oder der beste Freund hat die Pflicht, dem Opfer die Augen zu öffnen, sofern es sich um eine ernstzunehmende und andauernde Affäre des Betrügenden handelt. Denn irgendwann wird die oder der Betrogene doch davon erfahren. Und Freunden nie zu verzeihen, auf die man sich nicht verlassen konnte, ist eine verständliche Reaktion.

Eine kleine, aber sehr wichtige Anmerkung für die beste Freundin oder den besten Freund: Rechnen Sie lieber nicht damit, daß das Opfer Ihnen tränenüberströmt in den Arm fällt und sich mit stockender Stimme dafür bedankt, daß Sie ihm die Augen geöffnet haben. Kalkulieren Sie lieber ein, daß Sie vielleicht der Lüge bezichtigt werden. Daß Ihnen erst einmal totale Ablehnung entgegenschlägt. Ruhe und eindeutige Beweise helfen in dieser Situation. Wie soll schließlich jemand reagieren, dem Sie gerade mitgeteilt haben, daß der Himmel nicht strahlend blau, sondern schwarz ist? Daß der größte Feind ausgerechnet im eigenen Ehebett liegt …?

Natürlich lohnt es sich nicht, der Busenfreundin die pikanten Geheimnisse ihres Ehegatten zu servieren, wenn es sich offensichtlich um einen einmaligen Ausrutscher handelt. Da schweigt eine wirklich gute Freundin.

Die Beichte –
die Stunde der Wahrheit

Warum der Bekenner sich für die Beichte einen neutralen Ort aussucht

Herbert (38) aus Leipzig, Chefeinkäufer für Herrenoberbekleidung in einem Warenhaus, hat sich entschieden. Für seine Geliebte Ines (32), Verkäuferin in der Lebensmittelabteilung des Warenhauses. Seit eineinhalb Jahren sind sie ein heimliches Liebespaar. Er liebt Ines und möchte mit ihr zusammenleben. Das muß er seiner Ehefrau Marie (35), Sekretärin in einem Autohaus, beibringen. Neun Jahre sind Herbert und Marie verheiratet.

Jeder mitfühlende Mensch, der sich innerlich auf die Seite der Ehefrau gestellt hat, wird natürlich sofort vorschlagen: Herbert muß mit seiner Frau zu Hause über alles reden. Weil es logischerweise zu einem gewaltigen Gefühlsausbruch kommen wird, bei dem Zuschauer eigentlich unerwünscht sind.

Und was tut Herbert? Als sei alles völlig normal, lädt er seine Ehefrau Marie abends ins Chinarestaurant um die Ecke ein. Und dort, wo an den Nebentischen lauter andere Gäste sitzen, Ente süß-sauer oder gebratene Nudeln mit Pilzen verspeisen und sich eigentlich nicht viel zu sagen haben, eröffnet Herbert seiner nichtsahnenden Gemahlin, daß es da – »ähm ... ja, weißt du, Marie ... ähm ... also ... Es gibt da eine andere Frau ...«

Was nun passiert, haben wir alle schon selbst erlebt oder im Film gesehen. Schiere Ungläubigkeit bei der betrogenen Ehefrau. Tausende von Fragen, die ihr durch den

Kopf schießen. Ganze Flutwellen von Tränen stürzen in die Augen. Und die gedemütigte Ehefrau haut ihrem betrügenden Mann gerechterweise Vorwürfe um die Ohren, bei denen selbst der Hartgesottenste erblassen würde.

Natürlich kann die betrogene Marie in dem Restaurant nicht so reagieren, wie sie möchte. Wer macht schon vor Zuschauern eine große Szene? Wer gibt sich schon die Blöße, öffentlich in einen Weinkrampf zu verfallen? Oder diesem Mistkerl von Ehemann die Augen auszukratzen? Marie hat sich mühsam zusammengerissen. Was blieb ihr auch anderes übrig? Und genau das hat Herbert einkalkuliert. Er hat an diesem Abend kein lautes Höllendrama erlebt, sondern gezischte Vorwürfe gehört, leise Warum-Fragen, er hat die zitternden Hände und mühsam zurückgehaltenen Tränen seiner Frau gesehen. Mehr nicht.

Dieser Mann hat es sich leicht gemacht. Und der Frau schwerer. Wirklich?

Vom Blickpunkt eines distanzierten Betrachters aus kann man das auch anders sehen: Sicherlich unbewußt hat der Täter einen Ort gewählt, der nicht nur ihm, sondern auch dem Opfer größten Schutz gewährt – Schutz vor sich selbst. Zu hören, daß man hinterhältig betrogen wurde, ist ein guter Grund zum Ausrasten. Da gibt's kein Zurück mehr. Raus mit den Gefühlen! Was leider aber auch bedeutet, daß man Dinge sagt, die einem irgendwann hinterher leid tun werden. Die man nicht mehr ungeschehen machen kann und die ganze Sache noch schlimmer machen, als sie ohnehin schon ist. Das Opfer rennt wie ein waidwundes Tier durch den dunklen Wald und trampelt blind alles nieder ...

Sich zusammennehmen zu müssen, auch wenn es ungeheuer schwerfällt, gibt dem Opfer die Möglichkeit, sich wenigstens ein Minimum an Haltung und damit auch Respekt zu bewahren.

Und der ist im weiteren Verlauf des Dramas von entscheidender Bedeutung. Eine Frau, die hysterisch weint und schreit oder wie ein kleines Kind bettelt, hat beim Ehemann jeglichen Respekt verspielt. Da empfindet der Mann höchstens noch Mitleid. Wie schrecklich! Aber die betrogene Ehefrau will kein Mitleid. Sie will Liebe und Achtung. Eine Frau, die ihren Mann mit Haßtiraden überschüttet und vor keinem Kraftausdruck zurückschreckt, um ihn zu beleidigen, hat keine Chance, respektiert zu werden. Sie bestätigt den Seitenspringer nur noch in seinem Tun und in dem Denken, daß seine Ehefrau tatsächlich bösartig und einfach unmöglich ist. Die Geliebte dagegen – eine wundervolle, zärtliche Frau. Für wen wird er sich da wohl entscheiden? Selbst wenn dem betrügenden Ehemann bis jetzt noch gar nicht klar war, ob er seine Frau verlassen will oder nicht – soeben hat sie sich selbst disqualifiziert und ungünstige Weichen für die Entscheidung gestellt.

Ein neutraler Kriegsschauplatz hat also durchaus seine Vorteile: Jeder von beiden wahrt den Schein und das Gesicht. Das Opfer verliert nicht die Würde und Selbstachtung. Und der Täter nicht die Achtung vor seiner Partnerin, der er so weh getan hat. Keiner von beiden sagt böse, beleidigende Worte im Affekt. Worte, die im Gedächtnis kleben bleiben, zäh und widerlich wie ein ausgespuckter Kaugummi an der Schuhsohle.

Eine mögliche Versöhnung oder eine halbwegs friedliche Trennung haben größere Chancen, wenn keiner von beiden versucht, den anderen schon beim ersten Aufeinandertreffen unter den neuen Voraussetzungen mit Worten niederzumetzeln.

Warum er sich so lange wie möglich in Lügen flüchtet

Leopold (46) aus Bern, Filialleiter bei einer Bank. Seit 14 Jahren mit Margot (45), Fotografin, verheiratet. Ein Gespräch am Freitag abend, in der Küche des Einfamilienhauses von Leopold und Margot.

Margot: »Ich bitte dich! Ich habe dich mit ihr gesehen! Mit dieser kleinen Schlampe. Wie sie dich angeguckt hat. Ach du liebe Zeit! Als wollte sie dich mitten auf der Straße vernaschen!«

Leopold: »Liebes, du irrst dich. Ich sag's dir jetzt noch mal. In aller Ruhe. Das war keine Schlampe, sondern meine Sekretärin. Und sie hatte sich den Fuß verstaucht. Deshalb hat sie sich bei mir untergehakt.«

Margot: »Den Fuß verstaucht? Daß ich nicht lache! Seit wann spielst du den Samariter?!«

Leopold: »Mußt du denn immer gleich so zynisch sein? Ich sagte es dir doch. Ich habe sie auf dem Weg zu ihrem Auto nur gestützt, mehr nicht. Wenn du gleich jedesmal eine Affäre daraus machst, wenn ich einer Frau behilflich bin … Also, weißt du …«

Margot: »Gib's doch endlich zu. Du hast was mit ihr. Sie ist deine Geliebte. Diese Schlampe mit den Stöckelschuhen.«

Leopold: »Sie ist keine Schlampe, sondern meine Sekretärin, die im übrigen sehr fleißig ist …«

Margot: »Aha! Du verteidigst sie auch noch! Na, bravo! Du stehst hier in unserer Küche, in unserem Haus, vor deiner Frau und wagst es, deine Geliebte vor mir zu verteidigen!«

Leopold: »Jetzt dreh mir doch nicht jedes Wort im Mund um! Sie ist nicht meine Geliebte …«

Doch, natürlich ist sie es. Seit sechs Monaten hat Leopold eine heimliche Affäre mit seiner Sekretärin Hilde (34).

Der oben wiedergegebene und ähnliche Dialoge werden unzählige Male pro Woche in Küchen und Wohnzimmern überall auf der Welt geführt.

Logisch, daß jemand, der ein heimliches Verhältnis hat, es so lange wie möglich geheimhalten will. Für das Opfer ist die Sachlage nach kleinen Detektivspielen und Indiskretionen von Mitwissern längst klar. Jedenfalls so gut wie. Warum lügt »das Miststück« von Ehemann nur?

Weil »das Miststück« genau weiß, daß es da in einem ziemlichen Schlamassel hockt. Aber nicht nur die Angst vor dem, was nach dem Geständnis kommt, hält den Täter von der Wahrheit ab. Es gibt noch einen weiteren, tieferen Grund, den man ehrlicherweise nicht verschweigen darf: er (oder sie) ist sich noch gar nicht sicher, ob er sich überhaupt entscheiden will. Und wie die Entscheidung genau aussieht – will er überhaupt eine Trennung von der Ehefrau? Wie ernst ist es mit der Geliebten? Ernst genug, um die Familie zu verlassen? Kann sich der Täter ein Leben ohne die Frau und die Kinder vorstellen? Ist der Sex mit der Geliebten es wert, das ganze Leben umzukrempeln?

Auch ein Mann (und eine Frau) mit einer verhängnisvollen Affäre hat eine Gefühlswelt, die man nicht einfach zertreten kann wie einen lästigen Mistkäfer auf der Terrasse. Lügen ermöglicht in diesem Fall, die Entscheidung hinauszuschieben, Zeit zu gewinnen, um sich selbst darüber klar zu werden, was man will. Den anderen und sich selbst zu schützen vor den schrecklichen Auswirkungen, die so ein Seitensprung nun einmal mit sich bringt.

Denn ist die Affäre erst eingestanden, steht sie wie ein

bedrohliches Hindernis zwischen den beiden Partnern. Sie ist nicht mehr zu verdrängen. Sie ist schwerer zu ertragen als die Ungewißheit, die einem manchmal das Herz zuschnürt. Aber eben nur manchmal. Jetzt muß man um das Hindernis herumgehen oder es überwinden, eine verdammt schwere Kraxeltour, die das Paar entweder wieder zueinander oder endgültig auseinanderführt.

Warum die Betrogene jedes Detail wissen will

Von der Haarfarbe bis zur Kleidergröße, von der Wohnungseinrichtung bis zu ihren Lieblingsbüchern, von ihren Qualitäten im Bett bis zu den Restaurants und Hotels, in denen der eigene Ehemann mit »diesem Flittchen« war – es gibt nichts, was eine betrogene Ehefrau nicht über die Geliebte ihres Mannes herausbekommen möchte. Das Opfer will ganz genau wissen, welche Rivalin ihr da erwachsen ist.

So nach und nach erfährt die Ehefrau dann alles über das »Flittchen« – so nennen Frauen die Geliebte ihres Mannes fast immer, was ein psychologischer Selbstschutz ist. Ein Flittchen ist so etwas wie ein Ding, eine Sache, keine reale Person mit Gefühlen, Ängsten und Träumen. Die Rivalin als Mensch zu sehen ist natürlich so ungefähr das letzte, was die Ehefrau will.

Durch viele hartnäckige Nachfragen erfährt die Betrogene schließlich jedes Detail. Kaum eine Ehefrau kann genau erklären, warum sie das tut. Es ist so, als gehorche sie einem inneren Zwang. Sie kann einfach nicht anders. Obwohl diese inquisitorischen Fragestunden alles andere als erfreulich sind. Zu hören, wie der Ehemann vom heimlichen Rendezvous mit seiner Geliebten in genau dem Hotel erzählt, in dem sie selbst ihn einst kennengelernt hat, ist schon mörderisch. Oder wenn er beichtet, seine Susie oder Marie oder Angela könne viel besser kochen. Und sie sei so verständnisvoll. So mitfühlend. So zärtlich. Und was nicht sonst noch alles. Furchtbar!

Die Ehefrau ist gekränkt, gedemütigt, verzweifelt und wütend. Und er wagt es auch noch, ihr zu erzählen, daß seine Geliebte täglich joggt und eine wirklich gute Figur hat. Sie würde ihm am liebsten den Hals umdrehen!

Und der Mann versteht die Welt nicht mehr ... Sie hat ihn doch ausgefragt. Und er hat nur geantwortet. Warum wird er nun dafür bestraft?

Es ist verständlich, daß eine betrogene Ehefrau so viel wie möglich über das verbotene Liebesleben ihres Mannes wissen will. Aber: Es ist nicht gut. Denn: Je mehr sie weiß, um so mehr schmerzt es auch. Aus den Antworten ihres Mannes werden in ihrem Kopf Bilder. Schreckliche Bilder, in denen der eigene Mann eine andere Frau umarmt, sie küßt, sie streichelt, ihr Geschenke macht, lachend mit ihr ein Restaurant betritt, mit ihr ins Bett geht. Sie stellt sich vor, wie er diesem Flittchen Liebesschwüre ins Ohr haucht, sich über sie beugt ... Das tut so weh, daß sie schreien könnte! Daß sie nicht mehr weiß, was sie tun soll, um diesen Schmerz loszuwerden. Darum ist es besser, so wenig wie möglich zu wissen. Auch wenn's schwerfällt – überhäufen Sie Ihren betrügenden Mann nicht mit Fragen! Das dient Ihrem eigenen Schutz. Die betrogene Frau muß jetzt zuerst an sich denken. Jede Kleinigkeit von der Geliebten des eigenen Ehemannes wissen zu wollen ist selbstzerstörerisch.

Außerdem: Je mehr Einzelheiten Sie erfahren, desto mehr schwirrt Ihnen im Kopf herum, sollten Sie sich doch wieder versöhnen. »Ob er dieses Flittchen vielleicht immer noch zum Essen trifft ...?« Es wird immer wieder Anlaß zu Vorwürfen sein. »Aber mit diesem Flittchen bist du damals ja immer liebend gern in die Sauna gegangen!« Es wird Sie immer wieder verunsichern.

Und: Es ist leichter, jemandem einen Seitensprung zu verzeihen, wenn man so wenig wie möglich über den dritten Part – die oder den Geliebten – weiß. Wenn der Ehemann fremdgegangen ist, geht es für die betrogene Ehefrau nur um das Verhältnis zu ihrem Mann. Es geht um Ihre Ehe. Nicht um das Sexleben mit seiner Geliebten. Es geht für die Ehefrau darum zu entscheiden, wie die Zukunft aussehen soll. Ihre Zukunft. Eine gemeinsame Zukunft ohne dieses Flittchen!

Die Psychodynamik der Beichte

Laut Statistik betrinken sich 33 Prozent der betrogenen Ehemänner erst einmal, wenn sie erfahren, daß ihre Frau sie hintergangen hat. Die Frauen reagieren ganz anders: 59 Prozent weinen hemmungslos über die schreckliche Nachricht.

Auf den ersten Blick sind die Rollen klar verteilt: Der betrügende Partner ist der Buhmann, der seine verwerfliche Tat mehr oder weniger kleinlaut gesteht. Dafür muß er sich die Anklage gefallen lassen.

Der Betrogene hingegen ist das Opfer, dem jedwede Reaktion zu verzeihen ist.

Ein Urteil wird allerdings am Tag der Beichte nicht gesprochen. In den meisten Fällen ist dann noch gar nichts entschieden.

Der betrügende Teil der Partnerschaft weiß sicherlich

noch gar nicht, was er wirklich will. Und derjenige, der hintergangen wurde, ist von der ganzen Situation überfordert. Das einzige, was in seinem Kopf umhergeht: Nur nicht denken! Nicht fühlen müssen! Alles ungeschehen machen können! Er/sie möchte glauben, daß das alles nicht wirklich passiert ist. Beide sind auf einem Schiff angekettet, das hilflos in einem Sturm schwankt.

Allerdings ist der Betrügende der hilflosere Teil. Ein moderner Galeerensträfling, der Böses getan hat und nun mit eingezogenen Schultern darauf wartet, was mit ihm geschieht.

Das Opfer steht sinnbildlich am Steuer des schlingernden Schiffes. Denn sein Verhalten als betrogene Ehefrau oder betrogener Ehemann entscheidet über den weiteren Kurs. Viel verlangt von jemandem, der kurz vor dem Nervenzusammenbruch steht? Der eigentlich nur wissen will, warum, wieso und weshalb das alles passieren konnte? Der sich unentwegt fragt: Warum hat er/sie mir das nur angetan? Der nicht einmal mehr weiß, ob morgen Dienstag oder Freitag ist? Der soll auch noch die Übersicht behalten?

Ja. Denn das ist eine der Chancen, daß der Partner die Hände von der oder dem Geliebten läßt und in den sicheren Heimathafen der Ehe zurückkehrt.

Um zu erklären, warum es so unheimlich wichtig ist, die schwere Gratwanderung zwischen emotionsgeladener und sachlicher Reaktion zu überstehen, hier ein Beispiel:

Ihre beste Freundin hat sich unsterblich verliebt, in einen verheirateten Mann. Und diese Freundin ist natürlich ebenfalls verheiratet. Den Ehemann konnten Sie noch nie sonderlich leiden. Halten Sie Ihrer Freundin nun eine Moralpredigt, die sich gewaschen hat? Wenden Sie sich empört von ihr ab? Verlangen Sie von ihr, sofort diesen Mann aufzugeben, den sie so liebt und mit dem sie sooo glücklich ist?

Ja, ja, wenn zwei das gleiche tun, ist es eben noch lange nicht dasselbe. Warum ist es so, daß wir bei unseren Freunden längst nicht so kritisch sind wie bei dem Partner, den wir lieben? Der hätte es doch als allererster verdient, mit so viel Rücksichtnahme, Verständnis und Toleranz wie möglich behandelt zu werden. Auch dann, wenn er das getan hat, womit er uns am schlimmsten verletzt.

Um auf das Beispiel zurückzukommen: Ihre beste Freundin hat sich Ihnen anvertraut und hofft auf Verständnis für ihre Tat.

In der gleichen Situation wie mit Ihrer besten Freundin sind Sie als Ehefrau, deren Mann gerade die moralische Beichte abgelegt hat. Er sagt die Wahrheit. Er weiß, daß er unverzeihlich gehandelt hat. Aber es ist leider passiert ...

Klar, daß Ihre Gefühle zutiefst verletzt sind. Jeder würde verstehen, wenn Sie mit einem schweren Aschenbecher den teuren Glastisch zerdepperten, auf den er immer so stolz war. Wenn Sie weinen und ihn anflehen würden: »Bitte, bitte, verlaß mich nicht!« Oder wenn sie seine Sachen aus dem Kleiderschrank zerrten, alles in den ältesten Koffer stopfen und ihm denselben vor die Füße knallen würden. »Ich will dich nie, nie wiedersehen!« Oder wenn Sie ihn eiskalt anstarrten und zischten: »Ich werde die Scheidung einreichen. Das alles wirst du bitter bereuen ...«

Aber was würden Sie mit einer dieser Reaktionen erreichen? Einzig und allein, daß die ohnehin dramatische Situation sich noch weiter zuspitzt. Und die Weichen jetzt so gestellt werden, daß es später kein Zurück mehr gibt, auch wenn Sie sich das wünschen würden.

Und die Lösung? Entziehen Sie sich dem Ganzen! Nehmen Sie der Dramatik die Spitze, die sich unweigerlich aus jedem weiteren Gespräch ergibt, das nur allzu schnell in ein Geschrei ausarten kann. Schließen Sie sich im Schlafzimmer ein, und weinen Sie sich dort erst einmal die Augen aus dem Kopf. Gehen Sie zu Ihrer besten Freundin. Sie können sich bei ihr alles von der Seele reden – oder auch nicht – und dort eine Nacht schlafen. Sie können auch ins nächste Hotel ziehen.

Damit haben Sie erreicht, daß Ihr Mann allein zu Hause hockt. Nein, nein, er wird nicht schnurstracks zu seiner Geliebten rennen. Denn er ist geplagt von seinem schlechten Gewissen. Voller Sorge um Sie, wird er sich fragen: Wo mag sie nur sein? Sie wird sich doch nichts antun? Was habe ich nur getan? Wie konnte ich ihr das antun?

Ihr Mann wird jetzt nur an Sie denken – nicht an seine Geliebte.

Und Sie haben erreicht, daß Sie allein sind und wenigstens versuchen können, nachzudenken und sich über Ihre widerstreitenden Gefühle klar zu werden. Wenn Sie allein sind, ist es egal, ob Sie weinen, schreien oder schimpfen. Tun Sie jetzt nur das, was Ihnen guttut.

Sie sind in einer Ausnahmesituation – warum sich nicht zurückziehen und so eine Eskalation verhindern? Ihr Mann, der allein zurückgeblieben ist, weiß ganz genau, daß er ein Mistkerl ist. Das müssen Sie ihm wirklich nicht auch noch sagen. Seine Schuldgefühle bringen ihn ohnehin halb um den Verstand.

Das Drama der betrogenen Frau

Für jemanden, der betrogen wird, fällt die Welt in Scherben. Alles scheint zerrüttet. Werte? Die haben sich als Trugbild erwiesen. Als gemeine Lüge. Vertrauen? Na ja, das haben Sie ja jetzt gesehen, wie weit man damit kommt ... Liebe? Eine Seifenblase, eine schmierige Illusion. Man fühlt sich wie der letzte Fußabtreter. Gedemütigt.

Die betrogene Frau schwört: Das soll er mir büßen! Jedem Satz, jeder Entschuldigung, jeder Erklärung ihres Mannes schleudert sie eine Anklage entgegen. Jedes seiner Worte legt sie auf die Goldwaage und befindet es für schlecht. Alles, was er tut oder sagt, ist verwerflich – weil es einfach nicht gut oder richtig sein kann. Jede Diskussion, jedes Gespräch – und sei es darüber, ob die Nachbarn sich ein neues Auto gekauft haben – endet in einer wütenden Vernichtungsschlacht.

Das ist die Welt eines Paares, das im Seitensprung-Drama steckt. Aber was die Frau da aufführt, hat oft wenig mit ihren innersten Gefühlen zu tun.

Fast alle betrogenen Frauen fangen sofort nach der Beichte des Ehemannes an, die Schuld für die Untreue des Mannes bei sich zu suchen. Sie glauben, sie seien nicht mehr attraktiv, nicht liebenswert, nicht charmant genug. Nicht gut genug im Bett. Nicht aufregend genug. Denn sonst hätte der Ehemann sie ja nicht betrogen...

Sie glauben auch, Sie hätten irgendwie die Schuld daran, daß er fremdgegangen ist? Falsch! Vergessen Sie das ganz schnell! Wenn Sie sich klein und häßlich und uncharmant finden, wirken Sie auf andere tatsächlich so. Die innere Ausstrahlung läßt sich durch kein Make-up dieser Welt überdecken. In Notfällen höchstens für kurze

Zeit ein bißchen vertuschen. Und glauben Sie wirklich, daß Ihr Mann zu der samariterhaften Einsicht kommt, es sei besser, bei der kleinen, verzweifelten und rotgeweinten Ehefrau zu bleiben, als sich endgültig für seine zauberhafte und selbstbewußte Geliebte zu entscheiden? Halten Sie sich immer wieder vor Augen: Ihr Mann hat Sie betrogen. Sie haben die Affäre nicht arrangiert, nicht gefördert – nein, Sie haben aber auch rein gar nichts damit zu tun! Selbstvorwürfe? Vergessen Sie's!

Mal ehrlich: Das Schlimmste am Betrogenwerden ist doch nicht, daß Ihr Mann mit einer anderen Frau gelacht hat, zärtlich zu ihr war, mit ihr Sex hatte und sich vielleicht wirklich verliebt hat. Das wirklich Schlimmste ist, daß Ihr eigenes Selbstwertgefühl durch den Seitensprung Ihres Mannes in den Keller gesackt ist. Nur noch unterirdisch mit einem Spezialradargerät zu orten. Das ist es, was so grausam weh tut. Mit Liebe und den Gefühlen füreinander hat das eigene Selbstwertgefühl aber eigentlich wenig zu tun.

Kommen Sie noch einen Schritt weiter über die Straße der Erkenntnis. Die Nachbarin, die Ihnen erzählt, daß ihr Mann sie betrügt – warum haben Sie so großes Mitgefühl mit ihr? Nicht deshalb, weil der Mann mit einer anderen Frau schläft. Nicht deshalb, weil er mit seiner Geliebten auf Mauritius oder sonstwo Urlaub gemacht hat. Nein, sondern weil Sie ahnen, wie sehr das Selbstwertgefühl der Frau verletzt worden ist und daß sie schutz- und hilflos ist wie ein neugeborenes Baby.

Das Selbstwertgefühl ist aber etwas, das aus uns selbst kommen muß. Das in all den vergangenen Jahren gewachsen ist. Vom Bäumchen zum Baum. Jetzt setzt da jemand die Säge an. Wollen Sie zulassen, daß abgesägt wird, was in all den Jahren gewachsen ist? Nein! Wehren Sie sich.

Lassen Sie das nicht zu. Halten Sie an Ihrem Ego fest. Sagen Sie sich immer wieder: »Ich bin eine liebenswürdige, attraktive Frau. Ich bin es wert, geliebt zu werden.«

Aber es gibt ja nicht nur betrogene Frauen. Sondern auch betrogene Männer. Und zu glauben, sie würden weniger unter einem Seitensprung ihrer Frau leiden, ist ein gewaltiger Trugschluß. Der Satz: »Ich habe einen anderen Mann ... einen Geliebten ...« löst sofort die höchste Alarmstufe aus. Was ihn wirklich am Boden zerstört, ist der Gedanke, daß ein anderer Mann ihm den Rang abgelaufen hat! Dieser Sch...kerl hat in meinem Revier gewildert! Und das auch noch erfolgreich. Der hat meine Frau in den Armen gehalten, sie gesehen und in intimen Momenten erlebt, wie nur ich sie sehen und erleben darf. Das männliche Selbstverständnis des Betrogenen ist zutiefst erschüttert.

Während betrogene Frauen die Schuld für den Seitensprung ihres Mannes oft im eigenen Verhalten suchen, fokussiert der betrogene Mann seinen ganzen Haß und seinen übermächtigen Kummer auf den Rivalen im Bett seiner Frau. Er fragt nur selten danach, was er in der Partnerschaft falsch gemacht haben könnte, ob er zuwenig Zeit für seine Frau hatte, etc. – er sieht nur: Da ist ein anderer Kerl besser als ich. Das darf nicht sein! Da muß ich was unternehmen! Das männliche Ego, das durch den eigenen Seitensprung in den Himmel wächst, fällt in der gegensätzlichen Situation tief in die Hölle.

Warum Sie trotz der Panik einen kühlen Kopf behalten müssen

Stellen Sie sich folgende Situation vor: Ihr Kind kommt mit rotgeweinten Augen nach Hause. Wieder einmal Ärger mit dem Lehrer. Seit Wochen schon gibt es in der Schule nichts als Streß. Ihr Kind leidet Höllenqualen. Wenn das so weitergeht, wird es seelische Störungen erleiden.

Was tun Sie? Raufen Sie sich verzweifelt die Haare? Bekommen Sie einen Weinkrampf?

Ein anderes Beispiel: Der Chef läßt Sie rufen. Sie können sich nicht vorstellen, was er von Ihnen will. Gehaltserhöhung? Wirklich nicht! Der doch nicht! Die sparen doch an allen Ecken und Enden! Haben Sie irgend etwas vergessen? Einen Auftrag liegengelassen? Oder falsch weitergeleitet? Nein, Sie können sich nicht erinnern ... Was will er dann ...?

Okay, Sie stehen im Chefzimmer. Mit einer großzügigen Geste bedeutet er Ihnen, Platz zu nehmen. Und dann sagt er es: Sie seien gekündigt. Zum 31. Dezember. Es täte ihm leid. Aber es ginge nicht anders. Rationalisierungsmaßnahmen. Dann schüttelt er Ihnen etwas peinlich berührt die Hand. Sie gehen hinaus ...

Und was tun Sie? Spüren Sie Mordgelüste? Rennen Sie wieder zurück ins Büro und machen eine Riesenszene? Schreien Sie ihn an, daß er ein Schwein, ein kaltschnäuziges Untier sei? Oder werfen Sie sich vor ihm auf die Knie und flehen ihn an, die Kündigung zurückzunehmen und Sie weiter zu beschäftigen?

Im ersten Fall sieht die normale Reaktion doch eher so aus, daß Sie beschließen, Ihr Kind auf eine andere Schule zu schicken, und so schnell wie möglich alle dafür nötigen Schritte unternehmen. Im zweiten Fall überlegen Sie sich nach einer kurzen Phase des Kummers und der Wut doch auch, wie es nun weitergehen soll. Einen neuen Job suchen!

Wer vom Partner betrogen wurde, steckt in einem ähnlichen Gefühlsdesaster. Nur scheint es ihm unmöglich, mit einem halbwegs kühlen Kopf zu reagieren. Aber es geht. Mit einem kleinen Trick der Psychologen:

Versuchen Sie, das Drama abstrakt zu betrachten, es umzubenennen, es in einen anderen Zusammenhang zu bringen. Stellen Sie sich dazu vor, das Ganze sei nicht Ihnen, sondern Ihrer Nachbarin oder Freundin passiert. Was würden Sie ihr raten? Sie wissen, daß die beiden eigentlich glücklich verheiratet waren. Und jetzt das – der Ehemann hat seine Frau, Ihre beste Freundin, betrogen. Ihre Freundin ist gekränkt, gedemütigt, verzweifelt. Aber sie liebt ihren Mann trotz allem noch ...

Wie sollte sich Ihre Freundin jetzt verhalten? Was würden Sie ihr raten? Allein in Urlaub zu fahren? Möglichst ruhig zu reagieren und die Nerven zu behalten? Mit dem Mann in Urlaub zu fahren? Zu einer Eheberatung zu gehen?

Oder Sie nehmen die Situation mit der Kündigung – malen Sie sich aus, wie das bei Ihnen wäre. Was Sie denken und tun würden, wenn Ihnen das passiert wäre. Bewerbungen schreiben, in Zeitungen nach Stellenanzeigen suchen? Vielleicht beim Arbeitsamt anrufen? Auf jeden Fall würden Sie sich doch nicht zu Hause hinsetzen, sich mit Selbstvorwürfen quälen, weinen und hilflos Däumchen drehen.

Betrogen zu werden ist wirklich furchtbar, ein Drama, welches das ganze Leben durcheinanderbringt. Aber es ist keine lebensbedrohliche Krankheit und keine Krise, die Sie nicht meistern könnten.

Das Drama des betrügenden Mannes

Da steht er nun – Ihr Mann hat die Hände in den Hosentaschen vergraben, schabt mit einer Schuhspitze nervös auf dem Boden herum und sagt mit verhaltener Stimme: »Tja ... also ... Was soll ich sagen? Es ist passiert. Tut mir leid, Liebling. Wirklich ...« Und das Ganze hört sich an, als würde er in den Abendnachrichten sprechen und sich dafür entschuldigen, daß es heute regnet, obwohl die Meteorologen Sonnenschein angesagt haben. Emotionslos. Als sei er gar nicht beteiligt.

Und währenddessen lehnen Sie weinend an der Spüle und reißen das zehnte Blatt von der Küchenkrepp-Rolle ab. Sie können kaum sprechen vor Leid. Die Augen rotgeweint, die Haare zerzaust, das Kleid zerknauscht. Sie bieten ein Bild des Jammers.

Stellen Sie sich diese Szene als Bühnenstück vor, bei dem 50 Frauen zuschauen. Jede möchte am liebsten sofort in den Raum rennen und die weinende Ehefrau umarmen und trösten. Verständlich. Und jede möchte sicherlich am liebsten dem gefühlskalten Ehemann dorthin treten, wo es am schmerzhaftesten ist. Ebenso verständlich.

Natürlich hat der Mann versagt. Schuldig im Sinne der Anklage. Aber anzunehmen, er habe kein Herz und keine Gefühle, er sitze mit stolz erhobenem Kopf auf der Anklagebank, ist falsch. Ein Vorurteil. Jeder Betrogene glaubt fälschlicherweise, dem Betrügenden gehe es in dieser Situation gut.

Den Täter und seine wahre Gefühlswelt wenigstens im Ansatz zu verstehen ist aber für Sie in dieser Situation sehr wichtig. Denn das erleichtert Ihnen den möglichen Weg zueinander ebenso wie eine vernünftig beschlossene und durchgeführte Trennung.

Natürlich wehrt sich alles in Ihnen, auch noch Verständnis für »diesen Mistkerl« zu haben. Aber es geht primär nicht darum zu verstehen, *warum* Ihr Mann das getan hat. Sondern darum, *was* er getan hat, *was* er fühlt, *was* er jetzt denkt.

Vergessen Sie deshalb erst einmal ganz das Warum. Denken Sie nur an die Frage, *was* er getan hat.

Ihr Mann hat Sie betrogen? Ja.

Er hat es Ihnen gebeichtet? Ja.

Er hat gesagt, daß es ihm leid tut? Ja.

Und er weiß nicht, wie es nun weitergehen soll ... Richtig?

Gut. Sie wissen es im Moment aber auch nicht ...

Das ist der Stand der Dinge. Glauben Sie tatsächlich, daß ihm die schreckliche Geschichte Spaß macht? Natürlich hatte er eine aufregende und schöne Zeit mit »dieser Schnepfe«, seiner Geliebten. Aber nun steht der große Verführer da wie der sprichwörtlich begossene Pudel. Meinen Sie, daß Ihr Mann es genießt, seinen Seitensprung zu beichten und einem Schwall von Vorwürfen ausgesetzt zu sein? Daß er sich in der Rolle des Schweinehunds toll fühlt? Nein. Denn dann müßte er schon ein besonders mieses Exemplar der Gattung Mann sein. Doch davon gibt es glücklicherweise wirklich nur sehr wenige.

Aber erwarten Sie nicht, daß er in dieser Situation von Gefühlsausbrüchen ebenso überwältigt wird wie Sie. Zu wissen, daß man ein Schuft ist, ist eine Sache. Das gibt er ja auch zu. Aber er möchte natürlich nicht, daß es ihm andauernd, immer wieder und mit theatralischen Gesten unter die Nase gerieben wird.

Männer sind es zudem meistens nicht gewohnt, über ihre Emotionen zu reden. Schon als Junge hat Ihr Partner gelernt, daß ein Mann Gefühle nicht zeigt. Also flüchtet er sich in eine Maskerade, die Teilnahmslosigkeit, Kälte oder Distanz vermittelt. Das ist in seinem Denk- und Verhaltensspektrum die einzige Möglichkeit, die Situation durchzustehen.

Die Bedeutung der Geliebten

Natürlich ist sie in der Stunde der Wahrheit nicht anwesend. Das wäre ja auch noch schöner, wenn »dieses Weibsstück« mit am Eßtisch säße und gelangweilt die Beine übereinander schlüge. Nein, körperlich ist die Geliebte nicht anwesend – aber ihr Geist schwebt irgendwie mit im Raum. Sie macht sich breit, verflüchtigt sich dann wieder ein bißchen und bläht sich von neuem auf.

Ob dieses nebelhafte Wesen sich in Ihren vier Wänden häuslich niederläßt und zum allgegenwärtigen Ärgernis wird, haben Sie in der Hand. Sie – die Betrogene; und Sie – der Betrügende.

Der betrügende Partner und seine Geliebte:
Je mehr Sie jetzt über Ihr verbotenes Objekt der Begierde reden, desto mehr nimmt dieser verschwommene Geist Konturen an. Er wird lebendig. Das ist sehr gefährlich für Sie. Es sei denn, Sie sind hundertprozentig entschlossen, noch an diesem Abend Ihre Koffer zu packen, zu Ihrer Geliebten zu ziehen und nach dem Motto »Nach mir die Sintflut« zu handeln. Andernfalls sollten Sie es vermeiden, Erinnerungen und Gefühle zu wecken, die Sie in dieser Situation nicht gebrauchen können! Wenn Sie reuevoll vor Ihrer Frau stehen und in Ihrem Kopf die Bilder von all den verbotenen süßen Nächten, heißen Küssen und delikaten Liebesbeteuerungen toben, wird Ihre Frau

das sehr bald spüren. Und Sie können sicher sein, daß Sie das Donnerwetter, das Sie dann erleben, so schnell nicht vergessen werden.

Also: Schweigen – über die Geliebte – ist in diesem Fall Gold. Reden Sie über was Sie wollen. Aber so wenig wie möglich über »sie«. Auch deshalb, weil Sie verständlicherweise befürchten müssen, daß alles, was Sie über »sie« sagen, nach einer eventuellen Versöhnung gegen Sie verwendet werden kann. Da kann es passieren, daß Sie jedesmal ätzende Kritik und böse Blicke ernten, nur weil Sie auf der Straße einer Frau im blauen Kleid arglos hinterher geschaut haben. Oder der Ehesegen einmal wieder schief hängt, weil Sie erwähnten, daß Ihre Sekretärin so toll abgenommen hat und jetzt Kleidergröße 38 trägt.

Und diesen ganzen Ärger kriegen Sie hinterher nur, weil Sie in der Hitze des Beichtgefechts gesagt haben, daß Ihre Geliebte so gern blaue Kleider trägt oder eine wirklich phantastische Figur hat. Natürlich haben Sie das nicht aus freien Stücken erzählt – nein, nur auf drängendes Nachfragen Ihrer Frau. Deshalb: Bleiben Sie hart und schweigen Sie. »Sie« ist hier kein Thema. Es geht nur um Ihre Frau und Sie.

Die Betrogene und die Geliebte:

Jeder wird verstehen, daß Sie alles, aber auch alles, und das haarklein über »sie« wissen wollen. Schließlich handelt es sich um Ihre Rivalin. Aber bevor Sie Ihren untreuen Gatten mit Fragen löchern und vielleicht doch nur schmerzliche Antworten bekommen, könnten Sie ja wenigstens zwei bis drei Minuten überlegen:

Was will ich eigentlich über »sie« hören? Was soll das bringen?! Was will ich mit den Informationen anfangen?! Was nützt es zu erfahren, daß »ihre« Wohnung ganz in

Weiß eingerichtet ist, daß »sie« gern Schokolade ißt oder nur lilafarbene Pumps mit Pfennigabsätzen trägt?! Wollen Sie Ihre cremefarbenen Chanel-Pumps deshalb wegschmeißen?!

Je mehr Sie fragen, desto mehr erkennen Sie »sie« als ernstzunehmende Rivalin an. Wollen Sie »ihr« diesen Status wirklich zubilligen? Ist »sie« das wert? Denken Sie ruhig boshaft! Gönnen Sie sich die egoistische Sichtweise, daß »dieses Flittchen« keine wirkliche Konkurrenz für Sie bedeutet.

Außerdem: Die traurige Erfahrung des Betrogenwerdens teilen viele Ehefrauen mit Ihnen, und viele haben erlebt, daß ihre Ehemänner reumütig zu ihnen zurückgekehrt sind ... Und sie lebten glücklich bis an ihr Lebensende!

Je mehr Sie über »sie« reden, desto mehr bläht sich dieser unsichtbare Geist seiner Geliebten in Ihrem gemeinsamen Heim auf. Sie können ihn zum Verblassen und Verschwinden bringen. Nach dem altbewährten Rezept: einfach ignorieren. Nein, nicht die verwerfliche Tat Ihres Mannes. Aber »sie«, »dieses Flittchen«. Tun Sie so, als wäre sie Luft, einfach nicht vorhanden.

Als betrogene Ehefrau sollten Sie sich bewußtmachen: In der Stunde der Beichte haben meist Sie die besseren Karten in der Hand. Die Geliebte ist nur die sprachlose Figur auf dem Schachbrett, die er nach Belieben hin- und herschieben oder vom Brett schubsen kann. Aber Sie sind die Königin, die das Spiel entscheiden kann. Alles klar, meine Damen?

»Sie« dagegen, die Geliebte, sitzt zu Hause auf der Couch und ist hin- und hergerissen zwischen Jauchzen und Mitleid. Ihr Hochgefühl kennt kaum noch Grenzen. Denn endlich ist es soweit. Sie wähnt sich am Ziel all ihrer Wünsche. Er gesteht seiner Frau alles! Und damit ist der Weg für eine gemeinsame Zukunft endlich geebnet. Glaubt sie.

Allerdings mischt sich in diese Hochstimmung auch eine ganze Menge Mitgefühl: Der arme Mann! Was er jetzt durchzustehen hat! Die schrecklichen Szenen, die sich abspielen werden! Wird er auch standhaft bleiben und seiner langweiligen Angetrauten mit der spießigen Dauerwelle erklären, wie sehr er seine Geliebte braucht? Daß er nicht mehr ohne sie leben kann? Oder wird er schwach werden und schwören, daß er sich von seiner Geliebten trennen wird? Natürlich wird er nie bei »diesem Hausmütterchen mit den Gesundheitsschuhen« bleiben – denkt sie. Und wenn, dann nur aus Mitleid. Oder weil diese Frau ihn erpreßt und droht, sich umzubringen, wenn er sie verläßt.

Die Beichte bedeutet für die Geliebte, die allein zu Hause sitzt und nicht eingreifen kann, eine hochgefährliche Situation. Die Chancen, daß der Geliebte zu Hause reinen Tisch macht, sich zu seiner verbotenen Affäre bekennt und sich offiziell trennt, sind genauso niedrig wie ein Sechser im Lotto. Oder wie die, mit vierzig als Single doch noch einen tollen Mann kennenzulernen, der weder verheiratet noch Junggeselle aus Überzeugung ist.

Deshalb sollte man seine Erwartungen nicht zu hoch schrauben, aber mit Taktik seine Chancen nutzen.

Verhaltensregeln für den Ernstfall

Für den betrogenen Partner:
Das ist erlaubt:
- Hauen Sie ihm/ihr die Liste seiner/ihrer schändlichen Taten ruhig um die Ohren. Die Vorwürfe kommen besser an, wenn sie sachlich formuliert und mit einem kleinen Schuß Sarkasmus gewürzt sind.
- Betonen Sie, wie verläßlich, vertrauensselig und treu Sie in den Jahren der Ehe waren. Soll er/sie ruhig wissen, was für ein Goldstück er/sie zu Hause hat!
- Verhaltene Liebesbekundungen. Da schlägt sein schlechtes Gewissen Purzelbäume, wenn Sie ihm/ihr mit zarter (nicht vorwurfsvoller!) Stimme sagen, daß Sie ihn/sie immer noch lieben und Sie bis zum heutigen Tag nicht einmal bereut haben, ihn/sie geheiratet zu haben. Daß er noch immer der beste und tollste Mann bzw. sie die begehrenswerteste Frau ist, den bzw. die Sie je kennengelernt haben. Und nun diese große Enttäuschung ...
- Verlassen Sie ruhig hin und wieder für kurze Zeit den Ort des dramatischen Geschehens. Im Badezimmer können Sie genauso gut weinen wie anderswo. Er/Sie soll die zarten Spuren der Tränen ruhig sehen, aber mehr auch nicht.
- Wenn Sie merken, daß Ihre Nerven mit Ihnen durchgehen, verlassen Sie die Wohnung! Ein Nervenzusammenbruch und Weinkrämpfe sind im Hotelzimmer oder im Wohnzimmer der besten Freundin/eines Freundes ebenso befreiend.
- Halten Sie ihm/ihr frühere Seitensprünge – sofern sie stattgefunden haben – anklägerisch, aber sachlich vor. Betonen Sie, daß es Ihnen da natürlich schwerfällt, an

seine/ihre Treue zu glauben. Vielleicht sei es das Beste, sich wirklich zu trennen, und er/sie solle doch zu seiner/ihrem Geliebten gehen, wenn er/sie denn unbedingt wolle ... Vermutlich wird gerade das nicht passieren, denn wer läßt sich schon gerne Vorschriften machen?
- Erlaubt ist auch, ihm/ihr das Bettzeug ins Gästezimmer oder auf die unbequeme Wohncouch zu schmeißen. Diese Nacht schläft der Täter nicht im warmen, weichen Ehebett!

Das ist verboten:
- Ihm/Ihr die Augen auszukratzen, an die Gurgel zu gehen oder ihn/sie mit Fäusten zu bearbeiten. Das weckt nicht gerade Mitgefühl oder den Teil des Herzens, der noch immer für Sie schlägt.
- Die Telefonnummer der/des Geliebten aus ihm herauszupressen und sie gleich anzurufen. Das führt wirklich zu nichts! Es wird in eine böse Beschimpfung ausarten, und sie/er wird allen Grund haben, Ihren Mann/Ihre Frau in der Meinung zu bestärken, daß Sie eine schreckliche Person sind, mit der man es wirklich nicht aushalten kann.
- Sofort seine/ihre Mutter zu benachrichtigen und ihr vorzuweinen: »Stell dir mal vor, was dein Sohn/deine Tochter getan hat ... Es ist so gemein!!« Diese Krise ist allein eine Sache zwischen Ihnen beiden!
- Sofort die schlafenden Kinder zu wecken und zum Ort des Geschehens zu zerren. »Schaut ihn euch an, euren Papa! Er ist ein mieser und gemeiner Mistkerl! Er hat uns betrogen!« Bitte leise und möglichst niemals in Anwesenheit der Kinder streiten!
- Ihn/Sie mit Generalangriffen mundtot zu machen.

Wenn Sie Ihren betrügenden Partner mit haltlosen Vorwürfen und Vorkommnissen aus der Vergangenheit überziehen, die gar nichts mit dieser Geschichte zu tun haben, verringern Sie Ihre Chancen, sich über das gegenwärtige Problem vernünftig auszusprechen. Lassen Sie auch ihm/ihr einen Rest Würde und Selbstachtung!

- Sich selbst zu erniedrigen nach dem Motto: »Ich weiß, ich bin klein, unattraktiv, dumm, langweilig und frigide …« Wenn Sie sich selbst für ein häßliches Entlein oder einen Versager halten – was sollte Ihren Mann/Ihre Frau dann veranlassen, Sie attraktiv und liebenswert zu finden?
- Ihm/Ihr um den Hals zu fallen und ihn verzweifelt anzuflehen, er möge Sie bitte nicht verlassen. Wahrscheinlich denkt er/sie nicht im Traum daran, Sie zu verlassen. Warum wollen Sie ihn/sie auch noch auf diese Idee bringen?! Und: Vor Partnerinnen, die bitten und betteln, haben Männer nur wenig Achtung.
- Zu erpressen. »Wenn du diese Schlampe/diesen Mistkerl nicht sofort verläßt, werde ich mir etwas antun … dich beim Chef anschwärzen … etc.« Durch Erpressung bekommen Sie keine Liebe zurück, im Gegenteil, Sie bestärken ihn/sie in den negativen Gefühlen Ihnen gegenüber.
- Ihm/Ihr die gepackten Koffer vor die Füße zu schmeißen und zu sagen: »Hau ab! Ich will dich nie wiedersehen!« Keine Panikreaktionen! Kann ja sein, daß Sie das bereuen. Vermutlich sind Sie sich noch gar nicht im klaren darüber, wie es weitergehen soll. Also keine voreiligen Entscheidungen treffen und Tatbestände schaffen, die nicht in Ihrem Sinn sind!

Für den Betrügenden:
Das ist erlaubt:
- Kleine und mittlere Notlügen: »Ich kenne sie/ihn doch erst seit zwei Monaten ...« – »Ehrlich, sie hat wirklich nur ganz kleine Geschenke von mir bekommen ... Pralinen, Blumen und so ...« – »Glaub mir, ich wollte ja gar nicht. Aber er hat nicht lockergelassen ...«

  Aber Vorsicht bei dieser Strategie der kleinen Halbwahrheiten! Verheddern Sie sich nicht in Lügen, die schnell auffliegen können!
- Dem Opfer Komplimente zu machen. »Wirklich, sie ist längst nicht so attraktiv wie du ...« – »Natürlich hat er nicht deine Klasse ...« Jeder hört so etwas gern. Auch wenn Ihr Partner abwehrend die Hände hebt und mit kalter Stimme sagt. »Ach, das fällt dir aber früh ein!« Lassen Sie sich davon nicht beirren!
- Treueschwüre. Daß so etwas nie wieder vorkommt. Daß Sie aus dieser schrecklichen Sache gelernt hätten. Und nie wieder so etwas machen werden.
- Berühren Sie Ihren Partner, sehen Sie ihm/ihr tief in die Augen, streicheln Sie ihn/sie, umarmen Sie sie/ihn sanft. Berührung kann helfen, wenigstens für Sekunden den Abgrund zwischen Ihnen beiden zu überwinden. Auch wenn das Opfer sich wegdreht und zischt: »Faß mich ja nicht an!« Schon Ihr Wunsch, sie/ihn anzufassen und ihr/ihm nah zu sein, zeigt, daß Sie noch Gefühle für sie/ihn empfinden. Das besänftigt ein winziges bißchen. Aber sie/er ist natürlich zu tief verletzt, um sich selbst oder Ihnen das einzugestehen.
- Details zu verschweigen. Auch wenn Sie nach allen Regeln der Kunst ausgehorcht werden, auch wenn es Sie noch so sehr juckt, endlich zu sagen, daß Ihre Geliebte immer wunderbar glattrasierte Beine hat oder er

immer perfekt rasiert ist und Sie nie pieksende Stacheln gespürt haben – kein Wort darüber!

Das ist verboten:
- So zu tun, als ob ein Seitensprung völlig normal sei und millionenmal pro Tag auf der Welt passiert. Ja, Sie wüßten sogar mit ziemlicher Sicherheit, daß die XY drei Häuser weiter ihren Mann schon seit vier Wochen betrügt. Oder der YZ aus dem Tennisclub bringe seine Geliebte auch ab und zu mit auf den Platz. Und Mick Jagger betrüge seine Frau am laufenden Band – aber die verzeihe ihm auch immer wieder ... Für Ihren Partner ist Ihre Beichte ein ganz persönlicher Schicksalsschlag. Und die anderen interessieren sie/ihn nicht.
- Zu erklären, daß die Gene schuld an allem seien. Sie könnten nichts dafür. Männer seien nun mal leider von Natur aus so.

  Es gibt zwar Forschungsergebnisse, die besagen, daß Männer zur Untreue neigen, weil es evolutionsbedingt das männliche Interesse sei, mit möglichst vielen Frauen möglichst viele Nachkommen zu zeugen, um den Fortbestand der Art zu sichern. Aber darum geht es in diesem Fall ja nicht. Und wenn Ihre Frau in dieser Situation noch Humor aufbringen kann, lacht sie über diese blödsinnige Theorie. Schlimmstenfalls droht sie Ihnen eine mit dem Küchenmesser ausgeführte Operation an, um Sie ein für allemal von diesem evolutionsbedingten Trieb zu befreien.
- Wütend aus der Tür und in die nächste Kneipe, zur Freundin oder zur/zum Geliebten zu rennen. Nur weil Sie diese Streiterei und die scheinbar endlose Diskus-

sion nicht mehr ertragen können. Sie haben sich die Suppe eingebrockt – jetzt löffeln Sie sie gefälligst auch aus!
- Ihrer Frau/Ihrem Mann Vorhaltungen zu machen, daß sie/er selbst schon einmal interessiert mit einem Kollegen/einer Kollegin geflirtet und ihn/sie auf dem Sommerfest vor zwei Jahren sogar geküßt habe. Sie sind hier der Angeklagte! Da gibt es keine Verteidigung durch Gegenangriffe!
- Mitwisser zu verraten. Wenn der beste Freund Sie bei Ihren verbotenen Dates gedeckt hat, müssen Sie das Ihrer Frau ja nicht unbedingt auf die Nase binden. Sonst wird sie mit Recht diesem Herrn in Zukunft den Zutritt zu Ihrem Haus verwehren.
- Die Geliebte/Den Geliebten anzurufen und ihr/ihm den Stand des Desasters mitzuteilen. Das würde nun wirklich von Kaltschnäuzigkeit zeugen.

Für die Geliebte/den Geliebten:
Das ist erlaubt, wenn Ihr Lover gerade gebeichtet hat:
- Ihn zu verwöhnen. Nehmen wir an, er hat Sie angerufen und sich für den Abend angekündigt. In dürren Worten hat Ihr Lover geschildert, was zu Hause los war. Aber über den Ausgang des Ehetheaters, über irgendeine Entscheidung hat er Ihnen nichts erzählt. Und nun kommt er ...
- Ihre Wohnung ist natürlich aufgeräumt. In der Küche brutzelt sein/ihr Lieblingsessen. Sie haben seine/ihre Lieblingsplatte aufgelegt. Und Sie tragen das Outfit, in dem er/sie Sie am liebsten sieht. Sie sind ganz verliebt, ganz verständnis- und rücksichtsvoll. Die/Der perfekte Geliebte eben!
- Sie verführen ihn/sie, so daß er/sie keinen Gedanken

mehr an all die Sorgen verschwendet. Bei der Liebe vergißt man Probleme nun einmal am schnellsten.
- Sie erzählen ihm/ihr von Ihrem geplanten Kurztrip nach Madrid. Die Picasso-Ausstellung, die Sie unbedingt sehen müssen! Na ja, natürlich haben Sie davon geträumt, sich gewünscht, mit ihm/ihr zu fahren. Aber das geht selbstverständlich nicht ... Das sehen Sie ja ein. Gern fahren Sie nicht allein ... Doch es geht wohl nicht anders ... – Wenn er/sie wirklich in Sie verliebt ist, kocht in ihm/ihr jetzt die Eifersucht hoch. Er sieht Sie schon allein in Madrid und all die feurigen Spanier/innen, die Ihnen schöne Augen machen ...
- Spätestens nach drei Stunden sagen Sie mit zauberhafter Stimme: »Liebling, ich weiß, du willst mir nicht weh tun. Deshalb sagst du nichts. Aber ich weiß, daß du jetzt langsam nach Hause gehen mußt. Und das solltest du auch tun ... Ich liebe dich. Ich denke immer an dich. Und ich weiß, daß du mich auch liebst. Doch glaube mir – es ist wohl besser, wenn du jetzt gehst.« Wie ein geprügelter Hund wird er/sie gehen. Nach Hause. Dahin, wo ihn/sie nur Streit, Ärger, Vorwürfe und Tränen erwarten. Wo ihn/sie Schuldgefühle überwältigen. Er/Sie wird sehnsüchtig an Sie denken ... Sie sind so mitfühlend, so mutig, so selbstlos. Und überdies so sexy ...

Das ist verboten:
- Ihn/Sie über die Beichte auszufragen. Fragen hat er/sie genug gehört. Und er/sie will das leidvolle Thema so gut wie möglich verdrängen. Bei Ihnen geht das. Zu Hause nicht ...
- Ihn oder sie mit Fragen und Bemerkungen zu bedrängen. Wenn er/sie von sich aus etwas über das häusliche

Drama erzählt – geben Sie keinerlei Kommentare ab. Sagen Sie nicht: »Aber warum hast du ihr denn nicht erzählt, daß …?« – »Wie kann er nur so gemein zu dir sein …!« – »Was kannst du denn dafür, daß sie so dick geworden ist?!« Kleine, interessierte Bemerkungen wie »Aha … hm … ja, ja … und was meinst du dazu … ich verstehe« sind erlaubt.

- Ihm/Ihr gleich etwas von einer gemeinsamen Zukunft vorzusäuseln und mit Fragen der Art »Und wie geht es nun weiter?« zu bestürmen. Er/Sie weiß es auch nicht. Von der Ehe hat er/sie sicherlich erst einmal genug. Lassen Sie sich Zeit!
- Ihn/Sie sofort mit ins eigene Leben einzuplanen. »Du, Liebling, am übernächsten Sonntag kommen meine Eltern zum Essen. Es wäre so schön, wenn du auch kommen könntest! Sie würden dich sooo gern kennenlernen! Ich würde mich sooo freuen!« Da können Sie sicher sein, daß er/sie so schnell wie möglich die Flucht ergreift!
- Schlecht über den Ehepartner zu reden. »Na ja, er ist eben ein Langweiler …« – »Anscheinend reicht es ihr, den ganzen Tag mit Schürze rumzurennen und Staub zu wischen …« – »Ich weiß wirklich nicht, womit Hausfrauen sich den ganzen Tag die Zeit vertreiben …« Damit erreichen Sie nur, daß sie/er seine/n Angetraute/n vor Ihren Angriffen verteidigt und an sie/ihn denkt. Das ist nicht gut für Sie!

Und wie soll es jetzt weitergehen?

Warum ein bißchen Abstand jetzt wichtig ist

Da haben wir den Salat. Und die groteske Situation, daß Sie als Opfer reden, reden und nichts als reden wollen. Der betrogene Partner will alles verstehen, hat plötzlich 1033 Fragen und wühlt in der Erinnerung wie in einem riesigen Wäscheberg. In Ihrem Kopf kreist alles um das Thema: »Er hat mich betrogen. Warum?!« Ihr Partner allerdings hat nur eines im Sinn: Er möchte die Schrecknisse so schnell wie möglich hinter sich bringen. Will so wenig Worte wie möglich über diese Angelegenheit verlieren. Will sich ablenken, an was anderes denken, einmal wieder lachen und über etwas anderes reden können.

Aber Sie leben ja nun einmal miteinander, sehen sich jeden Tag für mindestens drei bis vier Stunden oder sogar länger. Diese Situation ist ungefähr so, als ob man den Kerl, der den geliebten Dackel der Nachbarin angefahren hat, und das empörte Frauchen dieses Dackels zusammen in ein Zimmer sperren würde.

Die Betrogene und der Betrügende, das sind zwei, die sich zerfleischen, obwohl sie es gar nicht wollen. Jede Geste, jedes Wort, jeder Blick wird zum Anlaß, um dem anderen eins überzubraten. Jeder Vorwurf hat zur Folge, daß sich der andere wehrt. Was nichts als neue Angriffe, beleidigte Mienen und verletzte Gefühle nach sich zieht. Eine Schraube ohne Ende ...

In dieser Zeit, nach dem Eingeständnis eines Seitensprungs, fahren Ihre Gefühle Achterbahn mit Ihnen. Was

Sie auch tun – Sie werden von Ihren Empfindungen davongetragen. Was hilft? Ein Therapeut? Selbsthilfe-Crash-Kurse gibt es leider noch nicht. Beruhigungsmittel? Die lösen das Problem nicht, sondern verdecken es nur. Dasselbe gilt für Alkohol.

Allerdings: Miteinander reden bringt Sie auch nicht weiter. Am besten wäre es, wenn Sie beide ein bißchen Abstand voneinander halten könnten, um das, was passiert ist und was Sie denken und fühlen, erst einmal sakken zu lassen. Schließen Sie doch ein Waffenstillstandsabkommen. Sie können es auch weniger martialisch den Nachdenk-Vertrag nennen. Er könnte so aussehen:

- Auch wenn es schwerfällt – wir breiten ein Tuch des Schweigens über den Seitensprung. Daran zu denken ist erlaubt, aber nicht, darüber zu sprechen. Und: keine Vorwürfe!
- Wer das Verbot bricht – was selbstverständlich vorkommen wird –, bekommt vom anderen fünf Mark. Das hört sich vollkommen widersinnig an? Vielleicht. Aber es ist doch so: Für die Übertretung eines Verbots sozusagen auch noch bezahlt oder »belohnt« zu werden ist doch ziemlich peinlich. Und wer setzt sich schon freiwillig einer unangenehmen Situation aus? Psychologen nennen so etwas eine Änderung der zweiten Ordnung oder Umkehrung der Situation. Auch wenn es lächerlich klingt – ausprobieren können Sie es doch!
- Nach außen hin wird die Fassade einer normalen und halbwegs harmonischen Ehe gewahrt. Kein Wort zu den Nachbarn, den Freunden oder Kollegen! Heiliges Versprechen! Natürlich möchte das Opfer die furchtbare Wahrheit am liebsten lauthals in die Welt hinaus schreien. »Seht her, so ein Mistkerl ist mein Mann! Er

hat mich betrogen!« Aber wollen Sie wirklich, daß das die ganze Stadt erfährt? Sie sind mit diesem Mann verheiratet. Und wollen es vielleicht auch bleiben.
- Getrennte Schlafzimmer einzurichten ist eine gute Entscheidung. Irgendwo müssen Sie ungestört ins Kissen heulen oder Ihre Wut abreagieren können.

Der Hintergrund eines Nachdenk-Vertrages ist, daß Sie beide versuchen, so fair und respektvoll wie möglich miteinander umzugehen. Und sich selbst und den anderen vor Verletzungen zu schützen, die mit Sicherheit Wunden und Narben hinterlassen werden. Sie brauchen Zeit, bis die Gefühle von Eifersucht, Haß und Trauer nicht mehr so heiß lodern, sondern nur noch glimmen und Ihnen besonnenes Handeln erlauben.

Fluchtmöglichkeiten

Nicht jeder ist von seiner Psyche her so gestrickt, daß er einen Nachdenk-Vertrag durchhalten könnte. Vielleicht halten Sie ihn auch für unsinnig und denken nicht daran, das mitzumachen. Dennoch werden Sie spätestens nach zwei Wochen des Kampfes, nach unzähligen Tränen und lauten Krächen, wissen, daß es so nicht weitergehen kann. Weil Sie mit Ihren Nerven am Ende sind.

Nein, Sie müssen nicht leidend ausharren und warten, bis der Arzt die Vorratspackung Beruhigungspillen verschreibt oder Ihnen mitfühlend zu einer Kur in Oberstaufen rät. Sie haben Anspruch auf beste Behandlung! Warum gehen Sie nicht schnurstracks ins nächste Reisebüro und buchen einen zweiwöchigen Urlaub in Griechenland oder auf einer Karibik-Insel? Oder auf Mallorca? Das Geld dafür nehmen Sie vom Haushaltskonto. Sagen Sie Ihrem Mann, daß Sie Abstand brauchen und deshalb die nächsten zwei oder drei Wochen unter südlicher Sonne verbringen werden. Soll er doch sehen, wie er allein zurechtkommt!

Sie glauben, Sie könnten das nicht tun? Weil Sie Angst haben, zu Hause etwas zu verpassen. Weil er seine Geliebte dann noch viel öfter treffen kann und er Sie darüber vielleicht völlig vergißt? Sie fürchten, daß Dinge passieren, bei denen Sie unbedingt anwesend sein müssen, um notfalls eingreifen zu können? Möglich. Aber eher unwahrscheinlich. Sie verpassen nichts als Streitereien und eine spannungsgeladene Atmosphäre. Wenn Ihr Mann seine Geliebte sehen will, tut er es sowieso – unabhängig davon, ob Sie zu Hause sind oder nicht. Und er wird Sie nicht vergessen, gerade weil Sie fort sind! Jedes Usambaraveilchen auf dem Fensterbrett und der gähnend leere Kühlschrank erinnern ihn an Sie!

Eine andere Möglichkeit, um der Höllenstimmung, die zu Hause herrscht, zu entfliehen: Besuchen Sie wenigstens übers Wochenende eine alte Schulfreundin in einer anderen Stadt. Zwingen Sie sich selbst, so oft wie möglich unter Menschen zu gehen – kaufen Sie Karten fürs Theater oder Kino, sehen Sie sich die neue Ausstellung im Stadtmuseum an, verabreden Sie sich zum Shopping oder zur Fahrradtour mit einer Kollegin. Jedenfalls nichts wie weg aus der gewohnten Umgebung! Auch wenn Sie am liebsten nur daheim auf dem Sofa sitzen und grübeln würden. Auf ihn zu warten und ihn mit Fragen zu überfallen, das wirft Sie im Moment nur zurück.

Wie man sich selbst zuerst helfen kann

Sie sind betrogen worden und fühlen sich hundsmiserabel. Sie bewegen sich, als ob Sie krank wären – alle Glieder fühlen sich so schwer an und lassen sich nur im Zeitlupentempo bewegen. Dann allerdings oft so unkontrolliert, daß Ihnen andauernd irgendwelche Mißgeschicke passieren – mit dem Staubsauger schmeißen Sie die Kristallvase von Oma vom Tisch oder vergessen, den Salat zu waschen, bevor Sie ihn mit einer viel zu sauren Marinade übergießen. Schon wieder zuviel Essig erwischt ...

Sie sind ein Mensch am Abgrund seiner Gefühle. Und Sie sehen aus, daß einem die Tränen kommen können – rotgeweinte Augen, zerzauste Haare, zerknitterte Bluse, und auf dem Ärmel vom Blazer prangen noch immer die häßlichen braunen Flecken von der gestrigen Fleischsoße ... Na klar, wer denkt in so einer bedrohlichen Situation schon an so banale Dinge wie gebügelte Blusen? Abgesehen davon, wie unwichtig es Ihnen erscheint, jetzt gut auszusehen, wollen Sie natürlich auch unbewußt klarmachen: Schaut her! Ich leide! Es geht mir verdammt schlecht! Habt Mitleid!

Ja, es ist ja gut. Ein bißchen Selbstmitleid kann man Ihnen nicht verwehren.

Aber es gäbe einige Fragen dazu:

Wollen Sie wirklich, daß jeder sieht, daß es Ihnen schlechtgeht? Und daß Sie damit Gegenstand des öffentlichen Mitleids und Interesses werden? Andauernd diese Fragen: »Ach Gott, wie geht es Ihnen ...? Sind Sie krank?! Sie sehen so ... na ja, so aus, als ob Sie sich gar nicht gut fühlen ...« Und kaum gehen Sie weiter, hören Sie noch mit halbem Ohr, wie diese Zicke von Nachbarin flüstert:

»Die arme Frau ... Schon schrecklich, wenn der eigene Ehemann ... Na ja, es gehören ja immer zwei dazu!« Ja, die Menschen sind manchmal grausam. Oder: »Der arme Kerl! Kein Wunder, daß er so ungepflegt aussieht und nach Alkohol riecht, er muß seinen Kummer wohl ersäufen!«

Haben Sie sich nicht selbst erst vor kurzem noch darüber mokiert, daß die Frau aus Haus Nummer 27 immer so schlampig im ausgebeulten Jogginganzug und mit ungewaschenen Haaren herumläuft?

Haben Sie Ihren fast erwachsenen Kindern nicht immer wieder gepredigt, wie wichtig ein anständiges Äußeres ist?

Sorgen Sie nicht immer noch dafür, daß Ihr Mann (»Dieser Mistkerl!«) mit sauberen Hemden und geputzten Schuhen zur Arbeit geht?

Warum sind Ihnen andere wichtiger als Sie sich selbst?!

Ein Stück Ihres verletzten Selbstbewußtseins können Sie auch damit zurückerobern, wenn Sie sich mehr Zeit für sich selbst nehmen. Morgens nicht nur husch-husch waschen. Eine Feuchtigkeitsmaske? Etwas Make-up? Vielleicht mal wieder zum Friseur gehen? Ein neuer Haarschnitt? Ziehen Sie sich so an, daß Sie sich schön und attraktiv fühlen. Denken Sie nicht an Hausarbeit und Kochen und die möglichen Konsequenzen für Ihr cremefarbenes Seidenkleid! Nur Sie sind jetzt wichtig! Polieren Sie Ihr Ego mit einem neuen Sommerkleid oder tollen Pumps auf. Schenken Sie sich ein neues Parfüm. Lassen Sie eine Maniküre machen. Gehen Sie ins Sonnenstudio. Tragen Sie mal wieder Seidenstrümpfe.

Auch als Mann können Sie einiges für Ihr Äußeres tun. Gehen Sie wieder regelmäßig zum Sport, wenn Ihnen das früher auch Spaß gemacht hat. Gönnen Sie sich einen modischen Anzug, oder buchen Sie ein Fitneßwochenende.

Diese Kur für das Ego hat zwei Vorteile: Sie fühlen sich nicht mehr wie ein graues Mäuschen bzw. ein elender Versager, sondern attraktiv. Und das strahlen Sie auch aus. Diese Veränderung wird auch Ihr Partner sehen und spüren. Wie Sie aussehen, wie Sie sich bewegen – das ringt ihm Bewunderung ab. Wow! Diese Frau/Dieser Mann hat Würde und Klasse. Und sie ist meine Frau, er ist mein Mann!

Warum Freunde nicht immer die besten Ratschläge erteilen

Arzthelferin Gina (41) aus Hameln ist seit sieben Jahren in zweiter Ehe mit Hans (40) verheiratet. Der Anlageberater hat sie mit der Aerobic-Lehrerin Christiane (36) aus seinem Fitneßclub betrogen.

Gina spricht mit ihrer besten Freundin Ilka (39), Creative Director in einer Werbeagentur, Single. Die beiden kennen sich seit ihrer Kinderzeit. Sie sind früher zusammen durch die Diskotheken gezogen, haben sich alles über ihre jeweiligen Lover erzählt. Und Ilka war selbstverständlich Trauzeugin bei der Hochzeit von Gina.

Ilka: »Ich sag's dir – schmeiße diesen beschissenen Macho raus! Das kannst du dir doch nicht gefallen lassen?! Der betrügt dich, und du spielst auch noch die brave Hausfrau!«

Gina: »Was heißt hier brave Hausfrau? Ich muß ja sowieso kochen. Da kann er doch mitessen ... Und soll ich die Wohnung vielleicht verrotten lassen?«

Ilka: »Wenn du ihn schon noch da wohnen läßt, soll er doch mal selbst saubermachen. Da sieht er mal, wie sehr du jeden Tag schuftest. Oder er engagiert eine Putzfrau! Am Geld packst du die Männer immer!«

Gina: »Ach, ich weiß überhaupt nicht mehr, was ich noch denken soll ...«

Ilka: »Das weißt du nicht? Der hat dich betrogen! Schmeiß ihn raus! Laß ihn zahlen! Das wird er büßen! Und ich sage dir: Du wirst es eines Tages noch genießen, nicht mehr für einen Mistkerl von Mann sorgen zu müssen, sondern zufrieden und glücklich allein zu leben!«

Gina: »Aber irgendwie ... Na ja, liebe ich Hans ja noch ... Trotz allem ...«

Ilka: »Lieben? Ich hör' wohl nicht richtig!«

Gina: »Ach, Ilka, das verstehst du nicht ...«

Richtig.

Sich dem besten Freund oder der besten Freundin anzuvertrauen ist für Sie natürlich verlockend. Bei wem sonst sollen Sie Ihre Zweifel, Ihre geheimen Ängste, Ihre widersprüchlichen Gefühle und Ihre vielleicht irrwitzigen Hoffnungen abladen? Der beste Freund/die beste Freundin versteht Sie. Kennt Sie. Weiß, wie Sie sich fühlen, denken und reagieren. Da müssen Sie nicht bei Adam und Eva anfangen, um zu erklären, warum es Sie auf die Palme bringt, wenn Ihr Mann/Ihre Frau wieder einmal zu spät kommt. Einem besten Freund/einer besten Freundin verheimlicht man so gut wie nichts. Und natürlich erst recht nicht eine so niederschmetternde Tatsache wie einen Seitensprung.

Wenn Sie sich bei dem besten Freund/der besten Freundin einfach nur ausweinen und aussprechen wollen – okay. Aber mit den Ratschlägen, die Sie da hören, sollten Sie sehr vorsichtig umgehen. Auch Ihre nächste Vertrauensperson kann Ihnen nicht bis mitten ins Herz sehen. Und nicht immer ist das, was man Ihnen rät –

auch wenn sie es natürlich nur gut meint –, auch wirklich das Beste für Sie.

Grundsätzlich gilt hier die Regel: Anderen etwas zu raten ist einfach. Selbst in so einer Situation zu stecken und selbst richtig zu handeln, das ist etwas ganz anderes! Klug daherreden kann so ziemlich jeder. Klug handeln können nur wenige.

Wenn Ihr bester Freund/Ihre beste Freundin Ihnen geraten hat, sich das alles nicht gefallen zu lassen, Ihrem Mann/Ihrer Frau die Koffer vor die Tür zu stellen und jeden Kontakt abzubrechen – na ja, das hört sich mutig an. Aber das bedeutet vermutlich den endgültigen Bruch!

Oder wenn Sie hören: »Mach ihm/ihr das Leben zur Hölle!«, dann ist das rachsüchtig. Vielleicht hat Ihr betrügender Partner so eine Behandlung auch verdient. Aber hilft Ihnen das, mit der Situation fertigzuwerden? Dient es einer möglichen Versöhnung? Werden da der heimlichen Geliebten nicht kampflos strategisch wichtige Gebiete überlassen?

Sollen wir es den Kindern sagen?

Darauf gibt es nur eine salomonische Antwort: ja und nein.

Sie sagen es den Kindern, wenn das Familienleben ohnehin schon so außer Kontrolle ist, daß sich sowieso nichts mehr verheimlichen läßt. Der ständige Streit spät abends, wenn die Kleinen bereits schlafen, aber bösartige Wortfetzen bis in die Kinderzimmer dringen. Wenn Sie und Ihr Mann sich mit vernichtenden Blicken anstarren, nur weil er die Butter gereicht haben möchte und Sie es satt haben, sein Dienstmädchen zu spielen.

Versuchen Sie, sich einmal selbst im Alltag zu beobachten. Stellen Sie sich neben sich und schauen Sie sich zu. Finden Sie alles normal? So wie immer? Merken Sie, daß Ihre Stimme manchmal so schrill klingt? Daß in Ihnen Mordgelüste toben, wenn Ihr Mann morgens im frisch gewaschenen Hemd das Haus verläßt? Und daß Sie ihm am liebsten beim Abendessen den heißen Nudelauflauf mit Tomatensoße vor die Füße schmeißen würden, anstatt ihm seine Portion mit verächtlichem Blick auf den Teller zu knallen?

Kinder haben ein sehr feines Gespür für die emotionalen Spannungen im Elternhaus. Sie schauen aufgeregt kichernd oder peinlich berührt zur Seite, wenn Mama und Papa knutschen. Darüber können sie sich kaputtlachen, daß – in ihren Augen – alte Leute »so etwas« tun. Aber die Augen Ihrer Kinder werden groß und ungläubig, wenn Mama und Papa sich streiten. Wenn stets das Kriegsbeil in der Luft hängt und ohne Vorwarnung auf den einen oder anderen Elternteil niedersaust, bekommen Kinder Angst. Besonders kleinere Kinder haben zudem häufig das Gefühl, daß sie schuld an diesem unerträglichen Zustand sind, daß sie irgend etwas falsch gemacht haben ...

In so einem Fall ist es sicher besser, die Kinder so sachlich und feinfühlig wie möglich aufzuklären. Aber bitte nicht mit der Tür ins Haus fallen! Und bitte keine Anklagen! Sagen Sie nicht: »Dein Papa ist ein ganz gemeiner Kerl!« Oder: »Dein Papa hat uns nicht mehr lieb.«

Lassen Sie sich im Notfall, wenn Sie gar nicht weiter wissen, von einem Kinderpsychologen beraten, den Sie über Familienberatungsstellen oder die Gelben Seiten finden. Denn Sie lieben Ihre Kinder doch und wollen sie nicht auch noch seelisch belasten.

Ist es allerdings so, daß Sie und Ihr Mann/Ihre Frau sich so gut im Griff haben, daß wirklich keiner etwas von dem Höllenspektakel hinter der sauberen Fassade mitbekommt, ist es wohl besser zu schweigen. Bis Sie sich wirklich einig sind, wie es weitergehen soll.

Wenn Sie ganz hinten in Ihrem Herzen spüren, daß Sie Ihrem Mann/Ihrer Frau vielleicht verzeihen können, daß Sie wenn möglich unter allen Umständen diese Ehe weiterführen wollen und daß Sie Ihren Mann/Ihre Frau trotzdem noch lieben und nicht aufgeben wollen – dann wäre gegenüber den Kindern Schweigen angeraten.

In dieser Situation die richtige Verhaltensweise zu finden ist wirklich schwer. Weil Kinderseelen so verletzlich sind. Weil sie absolut nichts mit diesem persönlichen Gefühls-GAU zu tun haben und sie keinerlei Schuld trifft. Aber dennoch hineingeraten in diesen Strudel der Ereignisse. Machen Sie daraus eine Entscheidung des Herzens und des Kopfes – denken Sie nur daran, was für Ihre Kinder das Beste ist. Versuchen Sie nie, die Kinder gegen den Partner auszuspielen oder auf Ihre Seite zu ziehen, auch wenn Ihnen das mit Sicherheit sehr schwerfallen wird. Natürlich ist es sehr leicht, den Partner unter Druck zu setzen, indem man die Kinder, die er/sie noch innig liebt, ins Spiel bringt. Doch das wäre wirklich unverantwortlich. Die Kinder haben einen ungeteilten Anspruch auf die Liebe von Vater und Mutter, einerlei, wie Ihnen im Augenblick zumute ist.

Will ich mit ihm/ihr überhaupt noch zusammenleben?

Der Betrogene ist wirklich in einer nicht nur schrecklichen, sondern auch noch verzwickten Lage. In einem Satz zusammengefaßt lautet Ihr Problem: Sie sind betrogen worden – und dann sollen Sie dem Menschen, der Sie so enttäuscht hat, auch noch verzeihen?

Sie haben furchtbare Tage und Nächte hinter sich. Seelisch, nervlich und körperlich ein Wrack, haben Sie sich doch immer wieder zusammenreißen müssen, um die einfachsten Dinge des Alltags zu erledigen. Daneben haben Sie sich das Hirn zermartert, wie es weitergehen soll und wie das alles passieren konnte. Fragen über Fragen. Und kaum Antworten.

Aber eine Frage müssen Sie sich dringend beantworten. Und natürlich haben Sie sich die auch schon wiederholt gestellt: Wie sind meine Gefühle für ihn/für sie? Sie müssen in sich hineinhorchen, um festzustellen, ob sie ihren Mann/ihre Frau noch lieben und sich vorstellen können, weiterhin zusammenzuleben.

Helfen Sie sich selbst, eine Antwort darauf zu finden. Immer weiter im Kreis herum zu denken, macht Sie auf Dauer nur wahnsinnig und löst das Problem nicht.

Vergessen Sie für eine Stunde lang Ihren verletzten Stolz und Ihre gedemütigten Gefühle. Setzen Sie sich mit Block und Kugelschreiber ins Wohnzimmer. Legen Sie Ihre Lieblings-CD auf. Wenn Ihnen danach ist, weinen Sie ruhig. Sie sind allein, also lassen Sie Ihren Gefühlen freien Lauf. Schreiben Sie nacheinander alles auf, was Ihnen jetzt so einfällt. Egal, was es ist. Egal, ob Sie es peinlich, komisch oder dumm finden. Seien Sie so ehrlich wie möglich.

Und was ist dabei herausgekommen? Vielleicht so etwas Ähnliches wie: »Das kann ich ihr/ihm nie verzeihen. Sie/Er hat mir so verdammt weh getan! Wie konnte sie/er mir das antun? Pah, wenn ich daran denke, wie viele Frauen/Männer ich hätte haben können ... Aber nein, ich Dummkopf war ja treu. Was er wohl an dieser dämlichen

Schnepfe mit den Schlafzimmeraugen findet? Männer! Was reizt sie bloß an diesem schwindsüchtigen Kerl mit dem angeberischen Schnauzbart? Aber – tja, damals ... Ach, was waren wir verliebt ... Sie ist eine blöde Kuh! Er ist ein Sch...kerl! Was mach' ich nur ohne sie/ihn?!?! Wenn ich sie/ihn doch nur nicht immer noch lieben würde! Aber sie/er hat ja alles versaut! Alles kaputt gemacht! Das kann ich ihr/ihm niemals verzeihen ...« Und so weiter.

Wenn Sie wollen, lesen Sie Ihre Sätze ruhig noch einmal durch. Aber nichts wegstreichen!

Dann kommt Punkt zwei der Antwortsuche: Schreiben Sie Ihre besten Eigenschaften und Ihre Schwächen auf. Die guten Eigenschaften links auf die Seite, die Schwächen rechts. Ja, Sie können ruhig zugeben, daß Sie harmoniesüchtig oder manchmal vielleicht etwas naiv sind. Dafür können nur wenige Frauen/Männer so charmant und herzlich lachen wie Sie. Und Sie haben wirklich eine klasse Figur! Das hat Ihre Frau/Ihr Mann auch immer gesagt. Auf das nächste Blatt schreiben Sie die guten Eigenschaften und die Schwächen Ihres Partners. Bitte bei den guten Eigenschaften nicht ganz so knauserig sein!

Tun Sie einfach so, als seien Sie ein berühmter Psychiater, der viel Geld für seine genaue Analyse bekommt. (Und das bekommen Sie! Vielleicht gönnen Sie sich auch ein Honorar und schenken sich am nächsten Tag einen himbeerfarbenen Seidenschal/eine Kiste Havannas oder ein zartes Nichts von einem Nachthemd bzw. einen tollen Seidenpyjama?)

Lassen Sie das Geschriebene in der hintersten Schublade des Sekretärs liegen, oder verstecken Sie es irgendwo. Holen Sie es ein paar Tage später hervor, und lesen Sie es sich genau durch.

Was fühlen Sie? Was denken Sie über sich? Über Ihre

Frau/Ihren Mann? Über Ihre Liebe? Was sagt Ihnen Ihr Herz? Was der Kopf? Was würden Sie empfinden, wenn sie/er jetzt hereinkäme, Sie in den Arm nähme und Sie um Verzeihung bäte? Ihnen sagen würde, wie sehr sie/er Sie liebt. Wie leid ihr/ihm das alles tut. Wenn sie/er Ihre Tränen sanft fortstreicheln würde ...

Haben Sie die Antwort gefunden? Sie ist vielleicht nicht ganz eindeutig und nicht endgültig. Aber Sie haben einen Weg, auf dem Sie sich vorantasten können. Aus dem verwirrenden Kreis, in dem Sie bisher wie blind herumgetappt sind, ist jetzt zumindest ein grober Zickzackkurs geworden, der einer Richtung folgt.

Ganz wichtig: Verschwenden Sie im Moment noch keinen Gedanken daran, wie die praktische Umsetzung Ihrer vagen Entscheidung aussehen soll! Darum werden Sie sich später kümmern. Nehmen Sie sich jetzt erst einmal Zeit, sich an Ihre Entscheidung zu gewöhnen. Spielen Sie damit, lächeln Sie ruhig darüber, wenn Ihnen danach ist, oder freuen Sie sich darüber. Sie sind dabei, einen wichtigen Entschluß zu treffen. Machen Sie es sich selbst nicht zu schwer!

Wie Ehetherapeuten Ihnen helfen können

In den USA gilt der Gang zum Therapeuten längst als gesellschaftsfähig. Bei uns leider noch nicht. Viele Menschen schämen sich, daß sie »so etwas nötig haben«. Andere dagegen lehnen es strikt ab, mit einem Fremden über die Privatsphäre und gar über Intimitäten zu reden.

Dabei sind die Ergebnisse der Ehe- und Paarberatungen wirklich beeindruckend: Die Erfolgsquote liegt zwischen 65 und 80 Prozent. Vielleicht ist diese Einrichtung auch eine Chance für Sie und Ihren Partner. Auf jeden Fall eine Möglichkeit, sich bei geschultem Fachpersonal aussprechen zu können, die Fehler in Ihrer Beziehung zu finden und zu lernen, wieder respekt- und liebevoll miteinander umzugehen.

Angeboten werden im wesentlichen drei verschiedene Therapien, aus denen Sie sich heraussuchen können, welche Ihnen und Ihrem Partner am meisten zusagt:

- Die Psychoanalyse
  Bei dieser Form sprechen Sie und Ihr Partner gemeinsam mit dem Therapeuten. Sollten Sie es wünschen oder sollte es notwendig sein, sind auch Einzeltermine möglich. Im Gespräch geht es bei dieser Therapie vor allem darum, unbewußte Konflikte aus der eigenen Kindheit aufzudecken und als Verursacher der heutigen Probleme zu entlarven.
- Die Verhaltenstherapie
  Der Therapeut versucht in gemeinsamen Gesprächen mit Ihnen und Ihrem Partner, die Streitpunkte zu finden und zu schlichten, das eigene Verhalten und das des Partners neu zu überprüfen und eventuell zu ändern. In gemeinsamen Übungen können Sie lernen, harmonischer und neu aufeinander zuzugehen. Der Therapeut macht Ihnen außerdem praktische Vorschläge zur Lösung Ihrer Probleme.
- Die Systemische Therapie
  Daran wird die ganze Familie beteiligt – Sie, Ihr Partner und auch Ihre Kinder. Denn dieser Therapieansatz sieht die Familie als kompliziertes Kräftesystem, das nur funktioniert, wenn alle miteinander an einem Strang ziehen. Der Therapeut versucht gemeinsam mit Ihnen, die Konflikte aufzudecken, den Hintergrund zu

ermitteln und Ihnen neue Handlungsmöglichkeiten zu geben.

Fragen Sie Ihren Partner, ob er Sie nicht zur Therapie begleiten möchte. Es ist eine große Chance, die Sie beide nutzen sollten. Adressen finden Sie im Telefonbuch oder über Familienbildungsstätten.

Falls Sie Probleme haben einzugestehen, daß Sie sich einem Therapeuten anvertrauen, erzählen Sie Ihren neugierigen Nachbarn und Freunden doch einfach, daß Sie zu einem Arzt oder zum Volkshochschulkurs gehen.

Verboten: die Macht der Vorstellung

Ob Sie wollen oder nicht – es passiert einfach: Sie stehen da und schälen die Kartoffeln, und plötzlich schießen Ihnen diese Bilder durch den Kopf. Sie sehen Ihren Mann. Mit der anderen Frau. Wie er ihr zärtlich den Nakken küßt. Sie auf seinen starken Armen ins Schlafzimmer trägt. Sie aufs Bett legt. Sich über »dieses Weibsstück« beugt. Wie er stöhnt. Sich auf und ab bewegt. Immer schneller atmet ...

Aus! Schluß! Klappe! Ende der Szene!

Oder: Sie gehen zum Einkaufen. Laue Frühlingsluft liegt über der Stadt. Alle haben so ein versonnenes Lächeln auf den Lippen. Nur Sie nicht. Ihnen ist zum Heulen zumute. Aber Sie reißen sich zusammen. Da! Da vorn! Ein verliebtes Pärchen. Wie sanft, aber besitzergreifend er den Arm um sie gelegt hat ... Wie sie diesen Kerl (na ja, er sieht schon gut aus!) anhimmelt. Wie beide mitten auf der Straße stehenbleiben und sich tief in die Augen sehen. Seine Lippen bewegen sich. Er flüstert ihr etwas zu ...

Und Sie? Ihre Beine werden plötzlich bleischwer. Diese Frau da vorn verwandelt sich. Wird zu Ihrer Ehefrau. Ob sie mit ihrem Geliebten auch mitten auf der Straße lacht und knutscht? Hat er sich bei ihr auch wie ein verliebter Pennäler benommen? Ihr geklaute Rosen gebracht? Mit ihr zusammen an einem Vanilleeis geschleckt? Sich mit ihr über einen kleinen Yorkshire-Terrier kaputtgelacht, obwohl sie Hunde eigentlich nicht ausstehen kann ... Na ja, jedenfalls früher nicht ausstehen konnte ...

Aus! Schluß! Klappe! Mit solchen Phantasien machen Sie sich nur selbst das Leben schwer.

»Aber ich kann nicht anders ... Es passiert einfach ...«, antworten Sie. Ja. Es geschieht leider. Im menschlichen Gehirn lassen sich bestimmte Programme eben nicht einfach löschen wie auf der Festplatte des Computers. Und wenn Sie im Gehirn-Menüfeld »Wollen Sie wirklich löschen?« anklicken, passiert absolut gar nichts. Die Gedanken verschwinden nicht auf wunderbare Weise im unergründlichen Daten-Raum.

Aber Sie können Gedanken – zum Teil wenigstens – verschwinden lassen. Ein kleiner, aber wirkungsvoller Psychotrick macht es möglich. Dieser Psychokniff wird meistens bei Patienten mit großen Ängsten angewendet, für die es im Moment keine andere und konkrete Lösung ihres Problems gibt.

Das Ganze funktioniert so:

Stellen Sie sich ein Ding vor, in dem man etwas ganz sicher verstecken kann, einen Tresor, eine große Holzkiste oder einen Mini-Container aus Stahl. Ein Ding, dem Sie vertrauen, von dem Sie glauben, daß es wirklich sicher ist.

Jetzt kommt der schwierigere Teil. Benennen Sie all Ihre Ängste und Vorstellungen, die Sie mit dem betrügenden Partner und der/dem Geliebten in Verbindung bringen. Kleben Sie diese Bilder wie einen Film aneinander. Und packen Sie den ganzen Krempel in den Tresor oder die Holzkiste oder was auch immer Sie sich als Versteck ausgesucht haben. Stopfen Sie die Bilder ganz tief nach unten. Schließen Sie den Safe. Finden Sie, es ist alles sicher genug verpackt? Nein? Gut, dann kommt noch eine Extra-Sicherung darum herum. Vielleicht eine dicke Eisenkette?

Die Kiste der Ängste ist gepackt. Wohin damit? Überlegen Sie sich eine Stelle in Ihrem Körper, an dem diese Kiste am sichersten aufbewahrt wird. So, daß sie nicht stört. Im rechten großen Zeh vielleicht? Unter dem linken Hüftgelenk? Packen Sie in Gedanken die Kiste an diesen Ort, und lassen Sie sie dort. Steht sie gut? Ist sie unauffindbar? Gut. Dann machen Sie sich bewußt, daß die grauenhaften selbstquälerischen Bilder jetzt so sicher aufbewahrt sind wie das Gold in Fort Knox.

Gestatten Sie sich nur dann, wenn Sie es wirklich wollen und Sie sich stark genug dazu fühlen, die Kette abzunehmen, das Schloß und die Kiste zu öffnen. Vielleicht gehen Sie in Gedanken erst ein paarmal um die Kiste herum. Wägen Sie ab, ob Sie wirklich den Schritt wagen und einen Blick hinein werfen wollen. Sie brauchen keine Angst zu haben – die Schrecknisse sind gut und sicher aufgehoben. Sie können Ihnen nichts anhaben. Sie können also genausogut wieder davongehen, ohne sie anzusehen ... Probieren Sie's! Es hilft.

Soll ich ihm etwa noch die Hemden bügeln?

Typisch! Ihr Mann hat es gut – er kann jeden Tag ins Büro flüchten und sich in die Arbeit stürzen oder mit Kollegen scherzen und sich über den geistig minderbemittelten Chef aufregen. Wer sitzt allein zu Hause und muß sich um die Kinder und den Haushalt kümmern? Sie. Womöglich haben Sie auch noch einen Drei-Tage-Job? Wirklich eine tolle Rollenverteilung!

Und Sie ertappen sich dabei, wie Sie manchmal die getragene Unterwäsche Ihres betrügenden Partners – die er natürlich wieder einmal achtlos im Schlafzimmer hat herumliegen lassen! – wütend in die Ecke schmeißen. Soll er doch sehen, wer ihm die Wäsche wäscht! Sie nicht! Aber letztendlich tun Sie es doch ...

Beim Einkaufen greifen Sie fast automatisch zu der teuren italienischen Tomatensoße, weil Ihr Mann die so gern ißt. Wenn Sie es bemerken, denken Sie wahrscheinlich: »Wie komm' ich denn dazu?! Diesen treulosen Hund auch noch verwöhnen?! Wirklich nicht!« Und Sie gehen entschlossenen Schrittes weiter zu den Billigsoßen. Die kann Ihr Mann nämlich nicht ausstehen! Schadenfreude zaubert die Andeutung eines Lächelns auf Ihr Gesicht. Aber beim Abendessen, wenn er mühsam versucht, sein Grauen vor Ihren Spaghetti Carbonara zu verbergen, tut's Ihnen irgendwie auch wieder ein klitzekleines bißchen leid, daß Sie ihm das angetan haben.

Nach einem Seitensprung weiter zusammenzuleben und so normal wie möglich zu reagieren ist anscheinend nur etwas für Heilige ...

Also: Es muß sich etwas ändern! Damit Sie sich nicht wie seine Putzfrau vorkommen, die nicht einmal anständig bezahlt wird. Aber wie?

Ein Beispiel: Hilde (46) aus Berlin, seit 16 Jahren mit Bernd (44) verheiratet. Der Computerfachmann muß beruflich viel reisen. Sechs Monate hatte er eine heimliche Affäre mit Annegret (36).

Als Hilde vom Seitensprung ihres Mannes erfuhr, griff sie zu einer ziemlich ungewöhnlichen, aber erfolgreichen Maßnahme. Sie führte zu Hause einen Schichtdienst ein. Hilde: »Eine Woche lang war mein Mann für alles, was das Heim betraf, zuständig. Dann wieder ich eine Woche. Bevor ich meinen Plan in die Tat umsetzte, schrieb ich meinem Mann fein säuberlich auf, was in ›seiner‹ Woche alles erledigt werden mußte: Schuhe vom Schuster holen; Salz für die Geschirrspülmaschine beschaffen und einfüllen; Klempner wegen des defekten Abflußrohrs im Badezimmer anrufen; die Einkäufe für den täglichen Bedarf; was er abends kochte, habe ich ganz Bernd überlassen.«

Natürlich hat Hilde ihrem erstaunten Mann vor Einführung des Schichtdienstes sachlich und einfühlsam mitgeteilt, warum sie auf diese Lösung verfallen ist. Sie hat ihm von ihren widerstreitenden Gefühlen erzählt. Hilde: »Ich habe ihm erklärt, daß ich immer für die Familie gesorgt habe. Nie um seine Hilfe gebeten habe. Aber jetzt, in dieser besonderen Situation, da wolle ich schon, daß er auch einmal merkt, was ich da alles zu Hause leiste. Und daß ich nicht nur sein Fußabtreter sein mochte, sondern auch eine Frau, die respektiert wird.« Bernd blieb bei seinen Schuldgefühlen gar nichts anderes übrig, als einzuwilligen.

Natürlich ging jedesmal, wenn er Hausfrau spielte, so ziemlich alles schief, was nur schiefgehen konnte. Das berüchtigte Murphysche Gesetz war auch Bernds Gesetz. Aber Hilde blieb angesichts des häuslichen Chaos hart: »Ich kaufte nur dann ein, kochte nur dann und räumte auch nur dann auf, wenn ich ›Dienst‹ hatte. Drei Monate hielt ich eisern an meinem Plan fest. Erst dann ließ ich mich von Bernd erweichen, doch wenigstens wieder halbwegs zu dem alten Zustand zurückzukehren. Aber noch immer ist es bei uns heute ein unumstößlicher Brauch, daß mein Mann jeden Tag zumindest eine Kleinigkeit im Haushalt macht – die Geschirrspülmaschine einräumen, den Müll rausbringen, die Kinderzimmer aufräumen, die Terrasse fegen oder einen Kasten Limonade einkaufen.«

Eine Frage des Geldes ist die Lösung, die Lilo (39) aus Ulm eingefallen ist. Die Krankenschwester, seit acht Jahren verheiratet, mußte erfahren, daß Ihr Mann Horst (45), Chefarzt am Städtischen Krankenhaus, eine viermonatige Affäre mit der Anästhesistin Conny (35) hatte.

Kaum war Lilo hinter den Seitensprung ihres Mannes gekommen, hatte sie bereits eine Putzfrau engagiert, die natürlich Horst bezahlen mußte. Und Lilo – eine begeisterte Cellistin – nutzte die gewonnene Freizeit, um sich einem Orchester anzuschließen, mit dem sie heute noch viele Auftritte hat. Die Affäre ihres Mannes ist beendet, aber die Putzfrau gibt es noch immer.

Für welche Lösung Sie sich auch entscheiden: Bedenken Sie dabei, daß Sie zu Ihrem Recht kommen wollen und daß jeder Verständnis für Ihre Zerrissenheit hat. Aber erstens sollten Sie über alles mit Ihrem Noch-Mann sprechen. Und zweitens nicht vergessen, daß es Ihnen nicht hilft, wenn er irgendwann verzweifelt aus einem Müllberg von Zuhause flieht ...

Als betrogener Ehemann können Sie natürlich mit barschen Worten ablehnen, wenn Ihre Frau Sie bittet, den Rasenmäher zu reparieren oder den neuen Wasserhahn für die Küchenspüle einzubauen. Sie sind sicher nicht erfreut, jetzt auch noch Liebesdienste zu erbringen, so notwendig die Arbeiten auch sein mögen. Sie denken vielleicht: »Ach ja, dazu bin ich ihr noch gut genug! Pa! Soll sie doch sehen, wie sie klarkommt!«

Wenn es Ihnen für Ihr Selbstwertgefühl notwendig erscheint, verweigern Sie diese Leistungen ruhig. Dann muß Ihre Frau den Rasenmäher eben zur Reparatur bringen. Das muß Ihnen die Sache wert sein. Wenn Sie den tropfenden Wasserhahn allerdings satt haben und beschließen, die Bitte Ihrer Frau zu erfüllen, dann verlangen Sie doch eine Gegenleistung dafür. Sie könnten beispielsweise sagen: »Dann will ich aber in Zukunft kein Gemekker mehr hören, wenn ich meine Sportzeitung auf der Couch liegen lasse« oder »Dein Wort darauf, daß du nicht mehr jeden Sonntag deine Eltern einlädst«.

Wenn Sie etwas geben, ist es Ihr gutes Recht, auch etwas dafür zu bekommen. Aber bitte im Rahmen des Vernünftigen.

Ausmisten ist angesagt!

Natürlich ist es unmöglich, so zu tun, als sei überhaupt nichts passiert, wenn der Partner gerade einen Seitensprung gebeichtet hat. Und selbstverständlich ist es nötig, gewisse Dinge zu ändern. Fangen Sie doch einmal bei sich selbst an. Nein, nicht grübeln, *warum* sie/er Ihnen das angetan hat! Dafür ist später immer noch Zeit. Vergessen Sie alle Warum-Fragen. Machen Sie mit sich selbst eine Was-und-wie-Fragestunde.

- Stellen Sie sich vor den großen Spiegel im Schlafzimmer. Was gefällt Ihnen an sich selbst? Was nicht so

gut? Wie können Sie Ihr Aussehen ändern, wenn Sie es wollen?
- Probieren Sie sämtliche Sachen aus Ihrem Kleiderschrank an. Was steht Ihnen nicht so gut? Worin fühlen Sie sich am wohlsten? Welche Kleidung verändert Sie positiv? Welche Farben schmeicheln Ihrer Haut?
- Was Sie nicht mehr anziehen wollen, weil es Ihnen nicht mehr gefällt oder weil es mit unangenehmen Erinnerungen verbunden ist – weg damit in die Altkleidersammlung! Oder wenn es teure Sachen waren, ab in den Secondhand-Laden!
- Schauen Sie sich das Fotoalbum an. Bilder aus vergangenen, glücklichen Tagen. Versuchen Sie, sich so genau wie möglich zu erinnern. Was war damals anders als heute? Was haben Sie gefühlt? Worüber haben Sie gelacht? Waren Sie selbstbewußter? Haben Sie die Dinge leichter genommen als heute? Wovon haben Sie geträumt? Und: Wie ist das heute …? Wie fühlen Sie sich? Was tun Sie heute? Wann und worüber haben Sie zuletzt mit Ihrer Frau/Ihrem Mann gelacht? Wann etwas gemeinsam unternommen? Was können oder möchten Sie an sich selbst ändern? Haben Sie bisher zu sehr auf Ihre Schwächen gesetzt und Ihre Vorteile vernachlässigt? Möchten Sie wieder so werden, wie Sie einmal waren? Was können Sie an Ihren Charaktereigenschaften ändern?
- Schreiben Sie einen tröstenden Brief an sich selbst. Was würden Sie sich selbst in dieser Situation raten? Welche Worte können Sie trösten? Wie sehen Sie Ihre Zukunft? Was wünschen Sie sich? Was würden Sie gern ändern?
- Machen Sie eine Liste mit allen Menschen, die Sie kennen, mit denen Sie befreundet sind. Egal, ob der

fröhliche Studienfreund aus Frankfurt oder die cholerische Tante am Stadtrand oder der Kumpel aus den Kindertagen Ihres Mannes, der immer seine Dreckschuhe auf den Wohnzimmertisch legt – schreiben Sie alle auf. Und dann wird sortiert. Wen Sie lange nicht gesehen haben und in Zukunft gern öfter treffen würden. Wen Sie nicht mehr so oft einladen oder besuchen wollen. Von wem Sie sich beim nächsten Treffen nicht mehr alles gefallen lassen werden. Wen Sie nur noch selten oder gar nicht mehr sehen wollen.

- Gehen Sie in aller Ruhe durch die Wohnung. Sehen Sie sich die Dinge, die Sie umgeben und mit denen Sie leben, ganz genau an. Welche Sachen liegen Ihnen am Herzen? Was ist mit dem Aschenbecher von Onkel Johann? Finden Sie das Ding mit den Briefmarken unter Glas wirklich schön, oder hat er Sie schon immer gestört? Sortieren Sie aus, was Sie behalten wollen. Alles andere wandert in den Müll, hinaus aus Ihrem Leben!
- Schauen Sie sich in Ihrem Heim um: Was gefällt Ihnen und was nicht? Vielleicht steht die Couch besser vor dem Fenster anstatt an der Wand. Vielleicht paßt der Fernseher besser in die andere Ecke. Vielleicht fanden Sie die Vorhänge schon lange nicht mehr schön. Und es kann ja sein, daß Sie immer von zart sonnengelben Wänden in der Küche geträumt haben. Möbelrücken und ein paar neue Einrichtungsgegenstände beschäftigen Sie und sorgen dafür, daß Sie sich wohler fühlen. Es hat sich wieder was geändert!

Vor allem Männer sind befremdet, wenn sie nach Hause kommen und bemerken, daß der Lieblingssessel an einem anderen Platz steht. Sie verbringen ihr Leben nun einmal gern in gewohnter Weise. Aber in

Anbetracht der Schuldgefühle wird Ihr Mann wohl nicht viel anderes sagen als: »Ach ... Aber! Warum? Na ja, sieht ganz hübsch aus ...« Er wird sich ein paarmal die Füße am umgestellten Couchtisch stoßen, mehr wird nicht passieren.

- Gibt es Dinge, die Sie in Ihrem täglichen Leben wirklich hassen? Egal, was es ist – ändern Sie es! Fenster putzen erledigen heute Firmen zu wahren Sparpreisen. Gewaschene Bettwäsche können Sie auch mangeln lassen. Einkäufe werden von vielen Läden auch nach Hause geliefert. Organisieren Sie einen Fahrdienst in der Nachbarschaft, der die Kinder vom Tennisunterricht oder von der Schule abholt. Autos muß man nicht selber reparieren, auch wenn die Angetraute einem das nur zu gerne zutraut. Auch Klempnerarbeiten kann man von Fachleuten erledigen lassen. Dasselbe gilt für das Anstreichen, Warten der Heizungsanlage, kurzum alle Tätigkeiten, die frau von einem Ehemann erwartet. Also nehmen Sie sich ruhig heraus, ihr die Bitte abzuschlagen, meine Herren!
- Sie haben einen Job, der Sie fertigmacht? Suchen Sie sich einen neuen! Nicht einfach – zugegeben. Aber versuchen sollten Sie es wenigstens. Vielleicht probieren Sie auch etwas völlig anderes aus? Vielleicht haben Sie sich heimlich schon lange gewünscht, in einem Reisebüro oder einem Feinkostladen, bei einer Schallplattenfirma oder bei einem Radiosender zu arbeiten?

Wichtig ist jedenfalls das Gefühl, daß Sie etwas an Ihrem Leben geändert haben. Daß es durch irgend etwas neu und damit wieder aufregend geworden ist. Das kann Ihre Laune und das Selbstbewußtsein heben!

Klarheit in die eigenen Gefühle bringen

Eben noch haben Sie mit heißem Herzen an den Urlaub vor drei Jahren gedacht. Als Sie mit Ihrem Mann/ Ihrer Frau wie ein jungverliebtes Pärchen am mondbeschienenen Strand von Barbados entlang spazierten. Oder wie Sie sich unter der Platane auf dem Boule-Platz von St. Tropez küßten. In der nächsten Sekunde schießt ein schmerzender Blitz durch Ihren Kopf. Ihr Mann/Ihre Frau hat Sie betrogen! Er/sie war mit einer anderen Frau/einem anderen Mann im Bett! Ich könnte ihn/sie umbringen!

In Ihrem Kopf summt und surrt ein Bienenschwarm. Alles flirrt und sirrt. Und Sie glauben, Sie würden noch wahnsinnig werden.

Dann macht sich Trauer breit. Wie soll das alles nur weitergehen? Sie fühlen sich zu leer und krank und schwach, um auch nur denken zu können – und sehen keinen Ausweg, um aus diesem Drama zu entfliehen.

Doch, der Ausweg liegt in Ihnen. Tupfen Sie sich die Tränen ab, schniefen Sie ins Taschentuch und seufzen Sie einmal tief. Beantworten Sie sich nun eine einfache Frage: Was möchten Sie? Was ist jetzt im Augenblick Ihr Herzenswunsch?

Sie antworten vielleicht: »Ich will, daß das alles nicht passiert ist!!!«

Sie wissen selbst, daß das nicht geht. So etwas passiert nur in Filmen, daß jemand ein schreckliches Drama nur geträumt hat, aufwacht und das Leben völlig normal weitergeht.

Also zweiter Anlauf. Was wünschen Sie sich?

»Wieder glücklich zu sein!!!«

Gut. Aber was meinen Sie mit Glücklichsein? Was

stellen Sie sich genau darunter vor? Bitte erklären Sie das ganz eindeutig.

Vielleicht so: »Also – ja ... Na ja ... Ich meine ...«

Klingt nicht sehr verständlich. Anderer Versuch: Was genau müßte sich ändern, damit Sie wieder glücklich sind?

Vielleicht: »Ja ... Was müßte sich ändern? Ich weiß auch nicht so genau ... Eigentlich vieles. Aber was genau ...? Soll ich das alles aufzählen?«

Ja, bitte.

Ganz schön schwer, nicht wahr? Das Glück oder das Glücklichsein zu erklären. Es ist für jeden etwas anderes und darüber hinaus auch noch ziemlich verschwommen. Das ist das Problem mit dem Glücklichsein.

Jeder glaubt, einen einklagbaren Anspruch auf Glück zu haben. Jeder will große Gefühle erleben. Jeder baut sich seine Utopie vom berauschenden, wunderbaren Paradies auf Erden.

Wer erreicht es? Keiner. Weil Utopien sich nicht verwirklichen lassen. Es gibt kein Paradies auf Erden. Und keinen Menschen, der immer und jeden Tag berauscht ist vom Glück.

Wir glauben aber, das eigene Leben müsse wunderbar und herrlich und voller großer Gefühle sein. Ist es aber nicht ... Also gibt man sich selbst die Schuld. Mein Leben ist fad ... Ich bin unfähig zu tiefen Empfindungen ... Ich bin unzulänglich, nichts wert, unfähig ... Und so jagen Sie weiter den Illusionen hinterher und enden in Verzweiflung, Traurigkeit, Betrug und vielleicht Scheidung ...

Psychologen beschreiben das Utopie-Syndrom so: Das Ziel, das Glück, ist für den Betroffenen realer als die Wirklichkeit. Und natürlich scheitert jeder bei dem Versuch, immer glücklich zu sein. Die Schuld daran sieht aber keiner in der absoluten Absurdität des angestrebten Ziels, sondern in der eigenen Unzulänglichkeit.

Die Menschen wollen eben einfach nicht wahrhaben, daß es unmöglich ist, jeden Morgen glücklich aufzuwachen und einen ungetrübten Tag zu erleben.

Unklare und illusionistische Ziele kann niemand erreichen. Nur klar definierte realistische Vorstellungen lassen sich verwirklichen. Eine könnte lauten: Ich möchte meinem Mann/meiner Frau verzeihen können. Dann tun Sie's! Bemühen Sie sich intensiv darum. Ich möchte wieder einmal lachen. Ich möchte, daß sie/er mich in den Arm nimmt. Ich möchte einmal wieder bei Kerzenlicht mit ihm/ihr in einem schicken Restaurant zu Abend essen. Ich möchte einmal wieder Sex mit ihr genießen. Ich will mich trennen. Ich will jetzt allein leben. Ich möchte auch einen heimlichen Liebhaber.

Das alles sind Wünsche, die sich verwirklichen lassen. Und vielleicht bedeutet das ja für Sie das Glücklichsein?

Wie soll ich mich dem betrügenden Partner gegenüber verhalten?

Über Ihre Gefühle sind Sie sich jetzt halbwegs im klaren. Aber was machen Sie nun mit Ihren Sehnsüchten, Wünschen und Hoffnungen? Ihrem Mann heute abend, wenn er nach Hause kommt, gleich um den Hals fallen und sagen: »Ach, wie schön, daß du endlich da bist! Ich liebe dich, mein Schatz!«

So einfach geht es ja leider nicht. Dafür ist zuviel und zu Entscheidendes passiert. Und Ihre Gefühle, die er mit Füßen getreten hat, erblühen nicht plötzlich wieder wie der Rosenstrauch im Frühjahr, nur weil Ihr Mann Sie anlächelt oder Ihnen einen kleinen Goldring schenkt.

Es ist völlig in Ordnung, wenn Sie schweigsamer sind als sonst. Und Sie müssen auch nicht gleich angerannt kommen, nur weil Ihr Mann seine Joggingschuhe gerade nicht findet. Es ist verständlich, wenn die Mahlzeiten nicht so schmackhaft wie früher geraten, wenn Sie abends hundemüde sind und früh schlafen gehen wollen, um allein zu sein.

Wenig sinnvoll ist, den täglichen Terror immer wieder neu zu inszenieren und aus Rache, Wut oder Kummer ein Höllenspektakel zu machen. Fortwährender Kleinkrieg in den eigenen vier Wänden reibt Sie nur auf, und bei ihrem Partner wächst vielleicht die Erkenntnis, daß der/die Geliebte doch die erste Wahl ist.

Natürlich haben Sie das Recht, das, was Sie fühlen, auch – im Rahmen! – auszuleben. Und es ist nun einmal ein psychologisches Grundgesetz, daß auch private Beziehungen dem »Etwas-für-Etwas-Gesetz« unterliegen. Das heißt: Wenn du *dies* für mich bist, werde ich *das* für dich sein. Wenn du mir *das* gibst, gebe ich dir *dieses*.

Sie glauben, etwas Wunderbares wie die Liebe sei über solchen Tauschhandel erhaben? Dann denken Sie doch einmal an den Beginn Ihrer Partnerschaft. Er hat Sie von zu Hause abgeholt und ausgeführt. Dafür haben Sie sich schön gemacht und sind nett zu ihm gewesen. Er hat endlich den klappernden Fensterladen repariert. Dafür haben Sie ihm sein Leibgericht gekocht. Oder Sie haben seine geliebte, aber schon arg zerschlissene Jeans zum sechsten Mal geflickt. Dafür hat er Ihnen Blumen mitgebracht. Sie begleiten ihn zu einem langweiligen, aber für ihn furchtbar wichtigen Geschäftsessen. Dafür massiert er Ihnen abends den verspannten Rücken.

Das alles sind stillschweigende Übereinkünfte, die von beiden akzeptiert werden und sich im Laufe der Zeit wandeln und den jeweiligen Lebenssituationen anpassen.

Sie beide leben gerade in einer Zeit der Veränderungen, in der die bisher geltenden Übereinkünfte offensichtlich keine Gültigkeit mehr haben.

Sie können sich deshalb neue Etwas-für-Etwas-Regeln suchen, zum Beispiel:
- »Wenn du mir heute in Ruhe zuhörst und meine Probleme ernst nimmst, lächle ich dich beim Abendessen an.«
- »Wenn du mir sagst, daß du bereust und mich noch immer liebst, ohne mich gleich küssen zu wollen, schlucke ich beim nächsten Mal meinen Vorwurf hinunter.«
- »Wenn du dir den Sonntag für mich und die Kinder freihältst, hole ich endlich deine reparierte Taschenuhr vom Uhrmacher.«

Sie fordern aber nicht direkt verbal von dem anderen, daß er sich so und so verhalten soll. Würde er Ihre ausdrücklich genannten Wünsche erfüllen, wären Sie ohnehin nicht zufrieden. Denn er hätte es ja nur gemacht, weil Sie es von ihm verlangt haben ...

Sie aber wünschen sich ja, daß sie/er aus freien Stücken etwas gibt. Das erreichen Sie nur, wenn Sie zuerst etwas geben. Die spontane Reaktion ist es, die einen neuen unausgesprochenen Vertrag möglich macht und mit Leben erfüllt.

Wie es im Kopf
des betrügenden Ehemannes aussieht

Sie müssen sich das ungefähr vorstellen wie eine dunkle Rumpelkammer. Da türmen sich in einer Ecke die Schuldgefühle. Wild durcheinander gewürfelt hat er dort all seine Missetaten der vergangenen Wochen und Monate gestapelt. Dieser Berg ist so hoch, daß er ihn manchmal fast erdrückt.

In der dunklen Kammer findet sich auch eine Truhe voller wehmütiger Erinnerungen. An seine Studentenzeit, als er Sie kennenlernte. An den Abend, als er Sie mit seinem nagelneuen Cabrio im strömenden Regen nach Hause brachte, das Dach klemmte und Sie beide klatschnaß im Auto saßen. An den Sommerabend, als Ihr Sohn geboren wurde. Wie klein er war! So süß! So verletzlich. Und er, der stolze Vater, hatte sich geschworen, für immer und ewig dafür zu sorgen, daß es seiner Familie gutgeht. Daß er Sie beschützen werde.

Da hätten wir dann noch einen kleinen Reisekoffer. Er sieht noch ganz neu aus. Nicht so gebraucht und abgewetzt wie die anderen Sachen in der Kammer. In diesem Koffer sind die Gedanken an seine Geliebte. Manchmal macht er ihn auf und freut sich an den schönen Bildern – die aufreizende Art, wie sie lachte. Ihre mädchenhafte Ungezwungenheit. Wie aufregend alles war! Wie sie ihn immer spöttisch anlächelte, wenn er seine Hose und sein Hemd ordentlich zusammengefaltet über den Stuhl im Schlafzimmer legte. Sie hat ihre Sachen immer achtlos auf den Boden geworfen ...

In der Rumpelkammer finden Sie außerdem mehrere Umzugskartons. Da hat er seine Zukunft hinein gepackt, Pläne für sein Leben. Alles war bisher geordnet. Aber jetzt sind die Papiere durcheinandergewirbelt. Nichts ist mehr da, wo es sein sollte.

Sehen Sie diese Kammer und all das Gerümpel vor sich? Dann umgeben Sie dieses Bild mit der Gestalt Ihres Mannes.

Ein Partner, der einen Seitensprung begangen hat, ist eben nicht durch und durch schlecht. Er hat – genau wie Sie – eine Krise zu meistern, der er sich eigentlich nicht gewachsen fühlt. Der springende Punkt ist nur, daß er bei dieser Gefühlsschlacht offensichtlich über etwas ganz anderes spricht und denkt als Sie ...

Dabei wollen Sie sich ja in der Mitte treffen.

Versuchen Sie, einen Blick mitten in die Seele Ihres Mannes zu werfen. Angenommen, es tut ihm wirklich leid, daß er auf »die andere« reingefallen ist. Dann fragt er sich jetzt selbstverständlich, was er tun kann, damit Sie ihm verzeihen, ihm wieder vertrauen, ihm wieder Ihre Zuneigung schenken. Da er weiß, daß er Ihr Vertrauen mißbraucht hat, gibt er sich selbst die Antwort auf seine Fragen. »Nie wird sie mir verzeihen ... Wie soll sie auch? Das kann man wohl nicht verlangen ...« Ihr Mann hat Angst, daß Sie ihm nicht verzeihen, und deshalb bittet er Sie gar nicht erst darum, denn er hat Angst vor einer Abfuhr. Wenn Sie wissen, daß Sie ihm vergeben wollen, so sollten Sie ihm deutlich signalisieren, daß Sie zur Versöhnung bereit sind. Das kann auf vielfältige Weise geschehen. Ersparen Sie ihm aber nicht, daß er Sie darum bittet, sonst machen Sie sich später vielleicht den Vorwurf, Sie hätten ihm alles zu leicht gemacht.

Angenommen, er sieht seinen Seitensprung als Kavaliersdelikt, das nun wirklich nicht der Rede und all der Streitereien wert ist, dann gleicht sein Kopf eher dem aufgeräumten Büro eines städtischen Beamten. Nichts ist durcheinander, alles wohlgeordnet. Das eine hat mit dem anderen nichts zu tun. Sagt er.

Diesem Mann sollten Sie das Büro so verwüsten, daß nicht einmal eine Putzkolonne noch Ordnung hineinbringen kann. Beschimpfen Sie ihn. Verlassen Sie ihn. Es sei denn, Sie können und wollen mit diesem Mann, der Sie vermutlich nicht das letzte Mal betrogen hat, weiter zusammenleben.

Daß viele Männer es mit ihren Gefühlen schwer haben, ist Ihnen bekannt. Was Sie aber absolut nicht verstehen, ist, daß Ihr Mann gerade in dieser Situation noch zurückhaltender ist als sonst. Auf Fragen bekommen Sie nur einsilbige Antworten. Und wenn Sie insistieren, verschließt er sich ganz ... Da fragen Sie sich: »Warum?!? Er hat eine Geliebte! Er hat mich betrogen! Ich habe nichts getan. Und er verhält sich wie der dämliche Vogel Strauß: Kopf in den Sand. Das verstehe ich einfach nicht!«

Es liegt am männlichen Ego. Ihr Mann hat das Gefühl, daß Sie sowieso gleich wütend davonlaufen, wenn er Ihnen auch nur zwei Zentimeter zu nahe kommt. Daß es gleich wieder Vorwürfe hagelt, wenn er Sie nur berührt. »Wie kannst du es wagen! Faß mich bloß nicht an!« Die Angst, abgewiesen zu werden, ist im Moment ein fester Bestandteil seiner Erlebniswelt. Also riskiert Ihr Mann es lieber erst gar nicht, einen Korb zu kriegen. Er sucht den Rückzug in die halbwegs sichere Apathie – da kann ihm nicht viel passieren.

Nicht nur jede Annäherung, auch jeder Satz, den Ihr Mann sagt, wird für ihn zu einer Bedrohung. Erzählt er eine harmlose Begebenheit aus dem Büro und Sie haben eine Frage, schließen Sie vielleicht gleich die Feststellung an: »Na ja, ich weiß schon. Deine Tusnelda hat so was nie gefragt. Die wußte ja alles!« Oder er erzählt, daß er auf dem Heimweg seinen alten Freund Dieter getroffen hat und mit ihm noch ein Bier trinken war. Da kontern Sie vielleicht. »So, so ... Dieter. Ich nehme an, er trägt Minikleider, teures Parfum und hört auf den Namen Susanne. Oder wie deine Flittchen sonst so heißen!«

Was kann Ihr Mann überhaupt noch erzählen? Welche Verhaltensweise zieht nicht gleich ein Unwetter nach sich? Jedes Terrain scheint derzeit mit Tretminen übersät zu sein, für Sie und für ihn. Aber Sie wollen jede Mine hochgehen sehen, damit sie endlich explodiert und die Gefahr vorüber ist. Ihr Mann hingegen sucht einen sicheren Weg, um an den gefährlichen Stellen vorbeizusteuern. Und deshalb zieht er sich weiter von Ihnen zurück.

Warum er weder für die Ehefrau noch für die Geliebte Zeit hat

Patrick (39) aus Bamberg, Kfz-Mechaniker, ist seit neun Jahren mit Angela (35), Schuhfachverkäuferin, verheiratet. Sieben Monaten hatte er ein Verhältnis mit der Rechtsanwaltsgehilfin Ute (29).

Als Angela vermutete, daß eine andere Frau im Spiel sei, hetzte sie ihrem Mann einen Detektiv hinterher. Die Beweise waren so erdrückend, daß Patrick alles zugeben mußte.

Patrick: »Es war grauenvoll! Nie hätte ich gedacht, daß Angela sooo wütend werden könnte. Sie hatte an diesem Abend sogar all meine Fußballpokale, auf die ich wirklich stolz war, aus dem Regal gerissen und vom Balkon geschmissen. Na ja, und die nächsten drei Wochen waren die Hölle. Zu Hause ständig Streit mit Angela. Ich konnte sie ja verstehen. Natürlich habe ich sie verletzt. Aber wie sollte ich ihr erklären, in welcher Klemme ich mich befand? Ich wußte ja selbst nicht so richtig, was ich wollte. Angela achtete wie ein Schießhund darauf, was ich anzog, wann ich nach Hause kam, was ich sagte, ob ich lachte, ob ich schwieg.«

Und dann war da ja noch seine Geliebte.

Ute: »Ich habe genau gespürt, daß mit Patrick irgend etwas nicht stimmt. Und ich habe ihn so lange umgurrt und umsäuselt, bis er schließlich mit der Wahrheit rausgerückt ist. Ja, seine Frau habe alles rausgekriegt. Ja, er habe ihr alles gebeichtet. Von diesem Moment an war ich natürlich verständnisvoll. Ich bedrängte ihn nicht. Ich forderte nichts. Ich war einfach für Patrick da – begehrenswert, sexy und fröhlich.«

Patrick: »Ute brachte sich ständig in Erinnerung. Rief an. Schickte Briefchen oder Kinokarten. Wartete nach der Arbeit auf mich, rief: ›Überraschung!‹ und küßte mich. Es war einfach alles zuviel für mich. Ich wollte Angela nicht weh tun. Ich wollte, daß sie bei mir bleibt. Aber ich kam irgendwie nicht von Ute los.«

Ein Mann zwischen zwei Frauen ist wirklich nicht beneidenswert. Er ähnelt zuweilen einem kleinen Jungen, der sich nachts vor lauter Angst die Decke über den Kopf zieht, nach dem Motto: »Wenn ich den Einbrecher nicht sehe, sieht er mich auch nicht.« So kann es geschehen, daß der betrügende Partner sich sowohl aus der Ehe als auch aus der außerehelichen Beziehung zurückzieht, wahrscheinlich im hintersten Winkel seines Herzens hoffend, daß sich die Dinge schon von selbst erledigen werden. Ein wahnwitziger Traum ... Aber das wird er noch früh genug merken.

Zu Hause sitzt die weinende Ehefrau und könnte den Salat fürs Abendessen in ihrem Tränenmeer waschen, während die Geliebte mit vollem Make-up und im seidenen Morgenmantel sprungbereit auf der Couch sitzt und auf einen Anruf ihres Geliebten wartet.

Die Ehefrau ist traurig, weil ihr Mann sie einfach allein läßt.

Die Geliebte ist sauer, weil ihr Lover nicht einmal mehr anruft.

Aber wo ist er?

Er hat sich ganz einfach abgesetzt. Er hat schließlich auch nur einen Satz Nerven, sagt er sich zur Beruhigung. Und macht jetzt endlich einmal, wonach er sich schon seit langem sehnt: mit Kumpeln auf den Fußballplatz gehen; mit einem Kollegen joggen; allein mit dem Motorrad durch die Gegend fahren; im Café sitzen und den hübschen Mädchen hinterhergucken; sich im Fachgeschäft die neuesten Computer erklären lassen. Oder – wie schon vor fünf Jahren versprochen – die Regenrinne an Tante Luzies Haus säubern und reparieren.

Wenn die betrogene Ehefrau und die Geliebte erfahren, was er wirklich getrieben hat, während sie allein zu Hause warteten, sind sie fassungslos. Wie konnte er nur?! Das darf doch nicht wahr sein!

Doch. Und es ist gar nicht so verwerflich, wie es auf den ersten Blick aussieht. Auch der Täter braucht Zeit und Orte, an denen er einmal richtig durchatmen kann. Einmal nicht »daran« denken, nicht »darüber« reden. Sich nicht für alles rechtfertigen oder entschuldigen müssen. Selbst im Hochsicherheitstrakt des ehemaligen Staatsgefängnisses von Alcatraz durften die Gefangenen ab und zu hinaus aus der Zelle und auf dem Hof Basketball spielen oder im Gemüsegarten Unkraut jäten.

Warum übermächtige Schuldgefühle so gefährlich sind

Fast jeder hat das als Kind oder im Teenageralter einmal erlebt: Sie brauchen unbedingt diese rosarote Schreibmappe mit dem kleinen Plastikschloß, diese neonfarbenen Strumpfhosen, die neueste Platte von den »Stones« oder einen tollen Lippenstift. Das Taschengeld war natürlich wieder einmal aufgebraucht. Die Eltern um Geld bitten? Die würden eh »nein« sagen, um dann hinzuzufügen: »Du mußt endlich lernen, mit deinem Geld auszukommen.«

Also haben Sie versucht, irgendwie an diese Objekte der Begierde heranzukommen. Allein oder zu zweit, einer steht Schmiere und lenkt den Verkäufer ab, fand sich da vielleicht eine – selbstverständlich verbotene – Möglichkeit. Hinterher raste Ihr Herz, als hätten Sie einen Tausendmeterlauf hinter sich. Die Knie fühlten sich an wie Götterspeise. Sie waren glücklich, aber auch fix und fertig.

Peinlich, wenn Sie erwischt worden wären ... Sie wären vor Scham im Boden versunken. Das Theater im Geschäft, das Theater zu Hause. Und die nächsten Wochen hätten Sie sich vor lauter Schuldgefühlen nur noch auf Zehenspitzen durch das Haus bewegt, kaum gewagt, den Mund aufzumachen. Und wenn, dann nur, um etwas Nettes zu sagen. Sie wären nicht mehr Sie selbst gewesen, nur ein Häufchen Elend.

Irgendwann wäre dann Gras über die elende Geschichte gewachsen. Sie hätten sie vergessen und Ihre Eltern auch. Denn Vater und Mutter sind glücklicherweise meist nicht so nachtragend wie enttäuschte und betrogene Liebende.

Das soll nicht heißen, daß Sie Ihren betrügenden Partner ohne Vorwürfe davonkommen lassen sollen. Das eine oder andere Mal können Sie ihn ohne schlechtes Gewissen an seinen Fehltritt und damit an sein schlechtes Gewissen erinnern.

Ihn jedoch immer wieder in ein Meer der negativen Gefühle zu stürzen läßt ihn vielleicht irgendwann darin ertrinken. Ein Mensch, der sich selbst schon fast zuwider ist, weil er »das« getan hat, und der auch noch ständig zu spüren bekommt, daß er ein »dreckiger Mistkerl« oder eine »widerliche Schlampe« ohne Verantwortungsgefühl ist – der glaubt irgendwann selbst daran und handelt künftig danach.

Wenn er sich zu Hause nicht einmal mehr traut, den Fernseher einzuschalten, ohne zu fragen, ob das in Ordnung sei – dann ist aus dem Partner ein Waschlappen geworden.

Und wer will schon mit so einem Menschen verheiratet sein?

Natürlich ist der Partner in so einer Situation auch überfordert. Auf der einen Seite will er, daß der andere ständig und möglichst laut um Verzeihung bittet und Reue zeigt. Das verschafft eine Art von Genugtuung. Auf der anderen Seite vermißt man dann wieder seine fröhliche Art, seine Meinung zu einem bestimmten Thema, seine Durchsetzungskraft, seinen Mut, eben all die Charaktereigenschaften, auf die man stets stolz war.

Ein bißchen Selbstmitleid und ein guter Brocken Schuldgefühle sind anerkennenswert und üblich. Aber es ist für ein harmonisches Zusammenleben auf die Dauer untragbar, wenn einer der Partner sich ständig gezwungen sieht, sich wie ein verschüchtertes Kind in eine dunkle Ecke zurückzuziehen und zu allem nur noch »ja« und »amen« zu sagen.

Die Zeit der Entscheidung

Für die meisten Geliebten ist das ein sicheres Zeichen: Er hat zu Hause gebeichtet, also hat er sich für mich entschieden. Jetzt braucht er nur noch ein bißchen Zeit, um seine Entscheidung auch in die Tat umzusetzen. Und die Geliebte sagt sich: »Dabei werde ich ihm helfen!«

Also wird sie dem Mann zuerst einmal beweisen, daß er es in Zukunft richtig gut und heimelig bei ihr haben wird. Daß sie wirklich die bessere Frau für ihn ist und er seine Entscheidung nicht bereuen wird.

Halt! Fangen wir damit an, daß es für Sie als Geliebte im Laufe der Affäre mit ihm zu einem Problem geworden ist, daß er verheiratet ist. Jetzt denken Sie, daß dieses Problem so halbwegs aus der Welt geräumt sei, weil seine Ehefrau von Ihrer Existenz weiß und Sie sich Ihrer Sache ganz sicher sind.

Auch Ihr Gehirn funktioniert in dieser Situation so wie das aller anderen Menschen: Allein das Wissen, daß ein Problem schon halb gelöst ist, beeinflußt Ihr Denken und verändert damit Ihr Verhalten.

Was immer Sie bisher getan haben, um Ihren Geliebten fester an sich zu binden, haben Sie im Hinblick darauf getan, daß er sich irgendwann für Sie entscheiden soll. Nun ist der Zeitpunkt da – so glauben Sie –, an dem sich alles zu Ihren Gunsten wenden wird. Doch Vorsicht! Mit dieser Gewißheit werden Sie in winzigen, aber sichtbaren Bereichen Ihre Gestik, Ihren Ausdruck und Ihr Verhalten ändern.

Ein erklärendes Beispiel: Nehmen wir einmal an, Ihr Vermieter ist ein rechthaberischer Choleriker. Und jedesmal, wenn Sie ihn sehen, würden Sie ihm am liebsten einmal gehörig die Meinung sagen. Sie tun es aber nicht, weil Sie nicht aus der Wohnung fliegen wollen.

Jetzt aber haben Sie eine andere, ganz tolle und auch noch preiswertere Wohnung in Aussicht. Es fehlt nur noch der Vertrag. Wenn nun Ihr Vermieter kommt, werden Sie sich nicht mehr alles von ihm gefallen lassen wie bisher. Sie werden selbstbewußter wirken und vielleicht auch ein paar sarkastische Bemerkungen machen. Das alles nur, weil Sie glauben: »Pa! Du blöder Hund! Ich brauche dich bald sowieso nicht mehr. Ich ziehe nämlich aus!«

Auf Ihre Situation übertragen, könnte das so aussehen: Bisher haben Sie sie überschwenglich und innig geküßt, wenn sie zur Tür hereinkam. Und sie fand das ganz toll, weil Sie offenbar schon sehnsuchtsvoll gewartet haben. Jetzt küssen Sie sie auch noch. Aber nicht mehr so lange, weniger intensiv. Nicht mehr mit dieser Hingabe. Weil Sie ihr unbedingt erzählen müssen, daß Sie sich schon nach einer gemeinsamen Wohnung umgesehen haben und zufällig gleich in der Nachbarschaft eine Drei-Zimmer-Wohnung zu vermieten ist.

Oder Sie haben Ihrem Geliebten, bevor er kam, immer schon die Zeitung hingelegt, weil er es so entspannend fand, mit einem Glas Sherry in der Hand in Ruhe bei Ihnen auf der Couch zu sitzen und erst einmal den Wirtschaftsteil zu lesen. Sie legen ihm immer noch die Zeitung hin, Sie schenken ihm immer noch den Sherry ein. Aber jetzt setzen Sie sich neben ihn, legen den Kopf an seine Schulter, zupfen an seinen grauen Schläfen und würden so gern mit ihm besprechen, wohin Sie morgen abend zum Essen gehen wollen.

Ein anderes Beispiel: Bisher fanden Sie es phantastisch, wenn Ihre Geliebte eintraf, und Sie haben sich als erstes wild geliebt. Dann bestellten Sie gegen 22 Uhr telefonisch beim Chinesen Rindfleisch süß-sauer oder Glasnudeln mit Schweinefleisch und Sojasprossen. Noch nackt, nur in Decken gewickelt, saßen Sie lachend auf dem Wohnzimmerteppich und vertilgten das Essen mit Stäbchen. Heute: Wenn sie kommt und gleich mit Ihnen ins Bett will, möchten Sie vielleicht erst über Ihren Tag im Büro erzählen. Wenn sie das Essen bestellt, sagen Sie mit leicht enttäuschter Stimme: »Ach, schon wieder chinesisch?« Und wenn sie, wieder auf dem Boden sitzend, zu essen beginnt, zerren Sie sie liebevoll zum Eßtisch. »Ach, komm, hier ist es doch bequemer!«

Unbewußt haben Sie sich selbst aus der Rolle des begehrenswerten Geliebten in die Rolle des biederen Ehemannes katapultiert. Und das ist eigentlich genau das, was sie in Ihnen nie gesucht hat ...

Machen Sie sich klar: Auch wenn der andere Ihre Existenz gebeichtet hat, noch ist gar nichts entschieden! Wenn, dann steht die Punkteverteilung wahrscheinlich 70 zu 30 für den Ehepartner. Nicht, weil Ihr verheirateter Geliebter sich plötzlich vor Gefühlen für seine Angetraute geradezu verzehrt, sondern weil da eben auch noch die Kinder, die finanzielle Seite (Unterhalt!) und sein schlechtes Gewissen zu berücksichtigen sind.

Wie kann die/der Geliebte ihre/seine Chancen vergrößern?
- Weiterhin das Ego des anderen streicheln. Es gibt unendlich viele Möglichkeiten dazu. Bitten Sie ihn nachzusehen, was mit Ihrem Auto nicht stimmt. (Natürlich fehlt nur Benzin.) Bitten Sie ihn, den neuen Premiere-Decoder anzuschließen – Sie schaffen das einfach nicht. (Jetzt kann er bei Ihnen immer in Ruhe Fußball gucken, wenn er das will.) Geben Sie ihm weiterhin das Gefühl, daß er ein ganz toller Hecht ist.

Bitten Sie Ihre Geliebte, doch auch einmal mit Ihnen auf eine Vernissage zu gehen, damit auch andere die schöne Frau an Ihrer Seite bewundern können. Gehen Sie mit ihr in schöner Umgebung auf eine Fotosafari. Vor die Linse kommt nur sie. Sie können ihr erklären, daß Sie Angst haben, sie zu verlieren, und sie auf diese Weise festhalten wollen ...
- Bei allem, was Sie tun: Bewahren Sie Ihre Selbständigkeit, Ihr eigenes Leben. Er/Sie soll ruhig weiterhin unruhig nachdenken, was Sie am Samstag abend machen. Wirklich nur mit der besten Freundin/einem alten Kumpel essen gehen? Und wenn sie/er dabei einen tollen Mann/eine zauberhafte Frau kennenlernt?
- Sex steht auf der Lust-Liste Ihrer/s Geliebten immer noch ganz oben. Zu Hause läuft im Moment sicher nichts mehr ... Also wecken und erfüllen Sie entsprechende Wünsche.
- Versuchen Sie, mit Ihrem Geliebten zusammen gesehen zu werden. Und zwar dort, wo man ihn kennt. Fragen Sie ihn ganz beiläufig, wo er häufig mit seinen Geschäftsfreunden essen geht. Wo er mit seinen Freunden ein Glas Bier trinken geht. Welches der beste Italiener in der Stadt sei. Und eine angemessene Zeit später – so zwei bis drei Wochen – bugsieren Sie ihn unter einem Vorwand in die Gegend des betreffenden Restaurants. Weil vielleicht zufällig genau daneben ein wunderschönes Antiquitätengeschäft oder eine Galerie ist. Und dann haben Sie plötzlich furchtbaren Hunger oder Durst. Übermütig wie ein kleines Kind und mit bittenden Augen werden Sie ihn zu dem Restaurant führen. »Schau mal, Schatz! Da könnten wir doch eine Kleinigkeit essen. Du eine Minestrone, die du doch so gern magst! Und ich vielleicht eine Gor-

gonzola-Pizza?! Ach, bitte, Schatz!« Reden Sie und reden Sie. So daß er keine großen Chancen für Einwände hat. Dazu ein paar süße Worte und zarte Küsse. Und schon sind Sie im Lokal.

Was Sie davon haben? Nun, Sie werden zusammen gesehen! Vielleicht ist ein Bekannter von ihm da. Und irgendwann später wird dieser Bekannte Ihren verheirateten Geliebten beiseite nehmen und voller Neid und Bewunderung sagen: »Sag mal, was war das denn für eine tolle Frau, mit der ich dich neulich gesehen habe?! Alle Achtung. Wirklich klasse!« So etwas hört doch jeder Mann gern.

Warum die Chance auf ein gemeinsames Leben vielleicht gar nicht so verlockend ist

Für die Geliebte:
Bisher hatten Sie mit Ihrem Geliebten mit ziemlicher Sicherheit eine tolle Zeit. Zugegeben, ein paar heimlich vergossene Tränen, manchmal ein bißchen Einsamkeit und vielleicht auch Eifersucht auf seine Ehefrau waren auch dabei. Aber die meiste Zeit haben Sie zusammen gelacht, stunden- und nächtelang geredet, sind Sie viel zu oft mit zu wenig Schlaf ausgekommen und gerade deshalb glücklich gewesen. Er hat Sie mit Blumen, Schmuck und kleinen Reisen verwöhnt, Sie in die romantischsten Hotels und Restaurants geführt. Er konnte es jedesmal kaum erwarten, Sie zu sehen, Sie zu umarmen.

Nun träumen Sie von einer Zukunft zu zweit. Aber was wartet da auf Sie? Im besten Fall eine Ehe, die in ein paar Jahren so ähnlich sein wird wie seine jetzige.

Mit Ihrem Geliebten zusammenzuleben, das heißt:
- Seine Wäsche zu waschen, Hemden zu bügeln, für die Steuer benötigte Tankquittungen aus fluseligen Hosentaschen zu fischen und ständig zu wissen, wo er die rote Krawatte mit den gelben Blümchen hingelegt hat.
- Nicht mehr so oft auszugehen, dafür beinahe täglich für ihn zu kochen. Und sich immer etwas einfallen lassen müssen, das er auch mag. Sie werden entdecken, daß er bestimmte Sachen gar nicht mag, wovon Sie bisher keine Ahnung hatten, da er in Restaurants immer nur bestellte, was ihm schmeckte.
- Ihn auch zu ertragen, wenn er den ganzen Sonntag nörgelt, weil er so furchtbare Kopfschmerzen hat. Wenn er schnarchend vor dem Fernseher eingeschlafen ist. Wenn er schwitzend vom Jogging kommt und keine Lust zum Duschen hat.
- Sich mit ihm darüber zu streiten, ob Sie die neuen Seidenkissen für das Sofa oder die Damasttischdecke wirklich brauchen. Wohin Sie in den Urlaub fahren. Nach Venedig oder in den Schwarzwald. Es wird endlose Diskussionen geben, weil Sie wieder einmal ausgehen, er dagegen in Ruhe zu Hause bleiben möchte. Und auch bei Ihnen werden dann möglicherweise die Fetzen fliegen – weil Sie einen phantastischen Schweinsbraten und als Nachtisch ein Himbeersoufflé zubereitet haben, er an diesem Abend aber ein wichtiges Geschäftsessen hatte und leider vergaß, Ihnen Bescheid zu sagen ...
- Nicht mehr stundenlang und herrlich ausführlich mit der besten Freundin über das Leben, die Männer, Ihre Sorgen und Träume zu ratschen ... Selbst wenn er im Wohnzimmer noch über ein paar Akten grübelt und Sie in der Küche hocken und telefonieren, wird er alle paar Minuten kommen und mit genervtem Blick sa-

gen: »Ach, du meine Güte! Wie lange soll denn das noch gehen?«

Für den Geliebten:
Wie Ihr Leben mit ihr aussehen könnte:
- Bisher haben Sie sie nur von ihrer Schokoladenseite gesehen. Aber ohne die segensreichen Erfindungen der Kosmetikindustrie sind nur sehr, sehr wenige Frauen wirklich schön. Also müssen Sie sich bei einem gemeinsamen Leben mit Ihrer noch verheirateten Herzensdame daran gewöhnen, daß sie plötzlich mit giftgrünen oder knallblauen Masken im Gesicht herumläuft, die langsam abbröckeln wie trockener Schlamm. Sie werden lernen, daß Frauen auch Rasierschaum und scharfe Klingen, vielleicht sogar Ihren Rasierapparat brauchen, um samtig weiche Beine zu bekommen. Daß Nagellackentferner furchtbar stinkt und Frauen mit öligen Haarpackungen nicht gerade schön aussehen.
- Bisher war Ihre verheiratete Geliebte leidenschaftlich, wild und süß zugleich. Und sie hat es genossen, das Objekt Ihrer Begierde zu sein. Wenn Sie wollen, daß sich Ihre Träume vom gemeinsamen Glück erfüllen, denken Sie daran, daß sie in Zukunft wie alle anderen Frauen auch mindestens einmal die Woche ihre Migräne haben wird. Oder daß sie sich im Bett einfach nur umdreht und sagt: »Heut' nicht, Liebling. Hab' keine Lust. Gute Nacht.« Und auch wenn Sie sich bisher an den ungewöhnlichsten Orten geliebt haben, kann es sein, daß sie später, wenn Sie einmal wieder mit ihr im Lift fahren und Sie ihr nur kurz über den Po streicheln, Ihre Hand energisch wegnimmt und zischt: »Nicht hier! Nicht jetzt!«

- Sie werden mit ihr Gespräche über Themen führen, von denen Sie wahrscheinlich noch nicht einmal geahnt haben, daß sie existieren, geschweige denn, daß man darüber reden muß. Sie möchte mit Ihnen über ihre engstirnige Mutter sprechen, über die faule Kollegin im Büro, ihre Freundin, die sich jede Woche in einen anderen Mann verliebt und dauernd unglücklich ist. Sie diskutieren mit ihr darüber, wer den wöchentlichen Großeinkauf erledigt, warum Sie immer das falsche – nämlich zu teure – Klopapier kaufen und daß im Supermarkt jetzt genmanipulierte Sojasprossen verkauft werden.
- Bisher konnten Sie Ihre Freizeit nach Lust und Laune einteilen. Jetzt ist sie aber da und fordert ihren Tribut. »Wieso mußt du ausgerechnet heute mit deinem dämlichen Freund zum Segeln gehen? Wo ich mich doch so auf einen kuscheligen Tag mit dir gefreut habe. Wir könnten spazierengehen. Mal wieder in einem Café sitzen und Cappuccino trinken. Abends essen gehen …« – »Aber ich hab's Willy schon vor drei Wochen versprochen …« – »Na, bitte! Dann geh doch!« Die Tür knallt ins Schloß …

Warum Ihr Glück jetzt gefährdet ist

Der Ist-Zustand des Dreier-Verhältnisses ist folgender:
- Die Ehefrau kämpft um ihren Mann. Oder der betrogene Ehemann um seine Frau.
- Der Täter sitzt zwischen allen Stühlen – möchte es beiden recht machen. Was er natürlich nicht kann.
- Sie, die Geliebte/der Geliebte, wollen mit allen Mitteln um Ihre/n Herzallerliebste/n kämpfen. Aber Ihre

Möglichkeiten sind eingeschränkt. Weil der Mann/ die Frau Ihrer Träume entweder im Büro ist oder meistens zu Hause. Sie sehen ihn/sie jetzt nicht mehr sehr häufig ...

Die größte Gefahr für Sie als Lover ist ein verständnisvoller Ehepartner, der dem betrügenden Gefährten das Leben nicht zur Hölle macht, sondern es so normal wie möglich weiterlaufen läßt. Wenn die betrogene Ehefrau ihrem Mann sozusagen zeigt: »Du hast dich schändlich benommen! Sieh her – trotzdem sorge ich für dich und trotzdem empfinde ich noch so etwas wie Liebe für dich.«
Stellen Sie sich vor: Sie wären in der Lage eines betrügenden Mannes. Sie haben eine entzückende und begehrenswerte Geliebte. Und eine Ehefrau, mit der Sie zwar schon fünfzehn Jahre verheiratet sind und mit der das Leben in der letzten Zeit nicht gerade aufregend war. Aber irgendwann waren Sie auch einmal heiß verliebt in diese Frau. Sie konnten sich immer auf sie verlassen. Sie hat Ihnen immer den Rücken freigehalten und sich allein um den Alltagskram gekümmert.
Wenn Sie nach Hause kommen, sehen Sie an ihren Augen, daß sie geweint hat. Aber sie macht Ihnen keine Vorwürfe. Und das zerreißt Ihnen fast das Herz. Ihre Frau, die Sie betrogen haben, ist im Moment nur noch ein Nervenbündel – Sie sehen das ganz genau. Aber sie reißt sich mühsam zusammen. Und Sie möchten nichts lieber, als diese Frau in die Arme nehmen und alles ungeschehen machen ...
Wenn Sie das Gefühl haben, Ihr verheirateter Geliebter ist in der oben beschriebenen Lage und flüchtet nicht ständig vor häuslichen Dramen in Ihre zärtlichen Arme, dann sollten Sie etwas unternehmen! Natürlich nur, wenn

Sie wollen, daß Ihr Geliebter irgendwann mit seinem Laptop vor Ihrer Tür steht.

Als erstes müssen Sie wieder an seinen Jagdinstinkt appellieren. Ab und zu lassen Sie locker ins Gespräch einfließen, daß zum Beispiel Kollege XY Ihnen in letzter Zeit schöne Augen mache und Sie schon mehrmals zu einem Kaffee eingeladen habe.

Erzählen Sie ihm irgendwann ganz beiläufig, daß Sie vor kurzem im Café einen sehr netten Mann kennengelernt hätten. »Weißt du, Liebling, das war an dem Mittwoch, an dem wir verabredet waren und du nicht kommen konntest. Na ja, ich saß allein da, und plötzlich stand dieser Mann vor mir ...« Tragen Sie ruhig ein bißchen auf bei der Beschreibung dieses imaginären Verehrers. Er sei Arzt. Oder Rechtsanwalt. Geschieden. Sehr attraktiv. Er hätte Ihnen schon gefallen ... Ihr Geliebter wird sich sehr schnell was einfallen lassen, wenn er Sie nicht verlieren will!

Bei jedem zweiten Mal, wenn Ihr Geliebter Sie treffen möchte, haben Sie leider keine Zeit. »Oh, Liebling, das tut mir leid ... Dienstag abend kann ich nicht ...« Er: »Wieso? Wo bist du denn? Was machst du denn?!« Stottern Sie jetzt ruhig ein bißchen herum: »Ja, weißt du ... Also ... Es ist so ... Ich ... Ja, ich habe Tante Elly versprochen, nach ihr zu sehen. Sie hat nämlich einen Oberschenkelhalsbruch, mußt du wissen.« Er: »Tante Elly? Von der hast du mir nie etwas erzählt ...« Sie: »Doch, doch. Ganz bestimmt. Sie hat ja nur noch mich.« Dann versichern Sie ihm, daß Sie ihn sehr vermissen, ihn sehr lieben und daß es Ihnen unendlich leid tut, daß Sie Dienstag abend keine Zeit für ihn haben.

Natürlich wird Ihr Lover vermuten, daß Sie ihn angelogen haben. Daß Sie sich mit einem anderen Mann treffen. Weil Sie so gestottert und offensichtlich nach Worten gesucht haben. Damit ist der Zweifel und vielleicht auch die Verlustangst angelegt. Ihr Lover wird sich bemühen, Sie häufiger zu sehen. Natürlich auch, um Sie besser kontrollieren zu können.

Jetzt, da die Affäre ja sozusagen offiziell ist, weil Ihr Geliebter ja gebeichtet hat und Sie weiterhin trifft, dürfen Sie auch ruhig zu kleinen Taschenspielertricks greifen. Versuchen Sie, beim Abschiedskuß etwas Lippenstift seitlich auf seinem Kragen zu plazieren. Natürlich so, daß er es im Spiegel nicht sehen kann. Aber seine Frau zu Hause!

Und später, wenn er Ihnen davon erzählt, daß seine Frau die Lippenstiftspuren entdeckt hat, entschuldigen Sie sich natürlich zerknirscht.

Stecken Sie ihm ein kleines Foto von Ihnen beiden in die innere Manteltasche oder in die Reißverschlußtasche seines Portemonnaies. Wenn seine Frau das findet, wird sie natürlich Theater machen. Und Sie antworten auf seine Frage: »Warum hast du das getan?!« naiv: »Entschuldige, Liebling. Ich dachte, ich würde dir eine Freude machen ...« Heißer Kuß, zarte Umarmung!

Schenken Sie ihm Krawatten, Socken oder sogar Unterhosen. Die muß er selbstverständlich mit nach Hause nehmen. Die darf er nicht bei Ihnen deponieren. Und bestehen Sie beim übernächsten Treffen darauf, daß er unbedingt die hübsche Elefanten-Krawatte umbinden müsse! Die stehe ihm so gut!

Wenn seine Frau die Sachen sieht und er hilflos erklärt, er habe sie sich selbst gekauft, wird seine Frau nur höhnisch lachen und ihm eine Szene machen. Weil sie ganz genau weiß, daß er sich in den vierzehn Ehejahren noch nicht ein einziges Mal eine Krawatte mit Elefanten, Socken mit rotem Rand oder getigerte Minislips gekauft hat.

Was Sie mit den Spielchen erreichen: Sie sind so oft wie möglich in seinen Gedanken und in seinem Leben präsent. Und Sie verärgern selbst die geduldigste Ehefrau.

Haben Geliebte denn gar kein Gewissen?!

Betrogene Ehefrauen und -männer beantworten diese Frage ganz eindeutig mit: »Nein!« Denn wer einem anderen Menschen hemmungslos den Ehepartner ausspannt, der handelt niederträchtig.

Zur Ehrenrettung der meisten Geliebten muß man allerdings sagen, daß sie bei der Eroberung der eher passive Teil waren ...

Ein Beispiel: Sie sitzen im Bistro und merken, daß der gutaussehende Mann Sie schon die ganze Zeit anschaut und Ihnen zulächelt. Dann kommt er zu Ihnen, verwickelt Sie in ein Gespräch, flirtet mit Ihnen, lädt Sie ein. Eine Liebelei beginnt.

Nach den ersten Küssen und der ersten Liebesnacht wissen Sie natürlich noch nicht, daß dieser Mann verheiratet ist. Aber alle Anzeichen sprechen dann langsam dafür – Sie sollen ihn nicht zu Hause, sondern immer im Büro anrufen. Er kann nicht die ganze Nacht bei Ihnen bleiben, sondern muß spätestens gegen zwei Uhr nachts gehen. Und so weiter.

Irgendwann gesteht Ihr Liebhaber Ihnen dann die Ehefrau. Doch er versichert zugleich, daß er Sie liebt. Er sagt bestimmt: »So wie mit dir war es noch mit keiner Frau!« Wie sollen Sie ihn dann zurückweisen?! Schließlich sind Sie ja auch ein Mensch mit Gefühlen. Und die wickeln sich im Moment eben eng, süß und zart um diesen Mann.

Abgesehen vom Herzklopfen befragt jede Geliebte ja auch ihr hübsches Köpfchen und gibt sich zur Antwort: »Wenn zu Hause bei ihm alles stimmen würde, ginge er bestimmt nicht fremd. Offensichtlich ist da aber irgend etwas nicht in Ordnung. Und bevor er sich in eine andere Frau verguckt – kann ich auch die Glückliche sein.«

Für Sie als Geliebte geht es letztendlich nicht darum, Ihren Herzbuben einer anderen Frau wegzunehmen. Denn wenn Ihr Geliebter nicht will, dann können Sie veranstalten, was Sie wollen – dann bleibt er verheiratet. Wenn er sich von seiner Frau trennt – dafür können Sie schließlich nichts, daß er sich in Sie verliebt hat und nun den Rest seines Lebens mit Ihnen und nicht mit seiner Ehefrau verbringen will.

Gefühle lassen sich nicht ein- und ausschalten wie ein Toaster. Und es kann wirklich jedem passieren, daß er sich über Nacht in eine andere Frau oder einen anderen Mann verliebt. Auch den Ehefrauen und -männern, die heute auf die Geliebten herabsehen.

Verzeihen oder trennen?

Wann lohnt sich eine Versöhnung?

Als Gerlinde (35), Friseurin aus Weilheim, erfuhr, daß ihr Mann Gerhard (36), von Beruf Koch, seit fünf Jahren verheiratet, sie betrogen hatte, kam sie sich vor wie in einem Film. Gerlinde: »Mir war, als sei das nicht wirklich mir passiert, sondern einer Frau, die zufällig so hieß wie ich und zufällig genau dasselbe Leben führte. Aber es war mir passiert, verdammt noch mal! Gerhard hatte ein Verhältnis mit einer jungen Kosmetikerin angefangen, die er in einem Café angesprochen hatte. So, wie er das erzählte, hat diese Janine ihn richtig angemacht, immer wieder ihre fein maniküre Hand auf seine gelegt und ihn um ein Wiedersehen gebeten.«

Gerhard erzählt: »Ich habe Janine wirklich ohne Hintergedanken angesprochen. Ich schwöre es! Ich wollte einfach mit jemandem quatschen. Janine hat mich gefragt, ob ich auch ein Boxfan sei. Sollte ich da etwa nicht antworten? Ja, habe ich geantwortet. Und sie hat mich dann strahlend angesehen und gesagt: ›Das ist ja phantastisch! Ich auch! Mein großer Bruder trainiert hier in einem tollen Studio. Wollen Sie nicht mal mit mir dorthin gehen? Ich stelle Sie allen vor! Sie werden begeistert sein!‹ Na ja, ich bin halt mitgegangen … Es hat mich eben interessiert. Das Boxstudio, meine ich …«

Sechs Monate dauerte die Affäre. Mit reuevoller Stimme beichtete Gerhard dann alles, als Gerlinde ihm auf den Kopf zu sagte, was sie bisher nur vermutet hatte.

Gerhard bereute diesen Seitensprung zutiefst: »Ich wünschte, diese Geschichte mit Janine wäre nie passiert. Ich schwor Gerlinde, daß so etwas nie, wirklich nie wieder geschehen würde. Ich wollte meine Frau trösten, als sie weinend wie ein kleines Kind auf dem Sofa saß. Aber sie wehrte mich ab ... ›Faß mich nicht an‹, sagte sie mit gequälter Stimme. Und sie fragte mich, wie ich ihr das nur habe antun können ... Darauf habe ich bis heute keine richtige Antwort ...«

Gerhard hoffte, daß der Kummer, in dem seine Frau Gerlinde gefangen war, sich langsam verflüchtigen würde. So wie Morgennebel auf einer Wiese. Aber das geschah nicht. Er erzählt: »Ich verhielt mich wie ein mustergültiger Ehemann – machte sogar morgens das Frühstück und räumte manchmal den Eßtisch ab. Ich verzichtete auf meine Sportsendungen im Fernsehen und schaute mir mit meiner Frau Liebesfilme an. Ich lud Gerlinde zum Essen ein, wollte mit ihr ausgehen. Aber sie lehnte jedesmal mit eisiger Miene ab. Sie brauchte gar nichts zu sagen. Der Gesichtsausdruck verriet alles ... Er bedeutete, ich solle sie in Ruhe lassen ...«

Natürlich redeten Gerlinde und Gerhard auch über seinen Seitensprung. Nächtelang. Über das Warum, Wieso, Weshalb. Wie es weitergehen solle. Aber irgendwie waren sie beide hinterher nur noch weiter voneinander entfernt als vorher.

Gerhard versuchte seiner Frau immer wieder verzweifelt klarzumachen, daß sie zwar in einer Krise steckten, an der er allein schuld sei, aber das müsse doch nicht das Ende ihrer Ehe bedeuten ...

Zwei Menschen, die in dem Drama Seitensprung verfangen sind, stehen beide am Ufer eines breiten Flusses. Aber leider auf verschiedenen Seiten.

Gerhard bereut sein verbotenes Liebesspiel wirklich ehrlich. Er würde seiner Frau alles versprechen, damit sie auf sein Ufer überwechselt.

Aber Gerlinde, die Betrogene, kann nicht einfach sagen: »In Ordnung, ich schwimme jetzt zu dir rüber!« Oder: »Nun komm schon rüber. Ich warte auf dich!« Sie wägt ab, ist von Zweifeln geplagt. Verratene Liebe und verletzter Stolz kämpfen in ihrer Seele miteinander.

Wenn Sie die betrogene Ehefrau sind: Machen Sie es sich doch nicht selbst so schwer. Vergessen Sie für einen Moment, was Ihr Mann Ihnen angetan hat.

Stellen Sie sich – natürlich nur in Gedanken – in die Mitte des breiten Flusses, an dessen Ufer Sie bisher beide gestanden haben. Stellen Sie sich vor, Sie würden auf einem sicheren Ponton stehen. Es kann Ihnen nichts passieren! Schauen Sie auf die Wellen, die auf Sie zufließen. Jede Welle steht für ein Ereignis, ein Gefühl aus der Vergangenheit. Aus der Ehe mit Ihrem Mann.

Denken Sie an die Zuneigung, die Sie einmal für ihn empfunden haben. Wie Sie sich gefreut haben, wenn Sie ihn nach einem harten Tag im Büro zum Lachen bringen konnten. Wie Ihr Herz vor Glück jedesmal bis zum Hals klopfte, wenn er am Heiligabend staunend wie ein sechsjähriger Junge vor den wunderschönen Geschenken stand, die Sie ausgesucht und so liebevoll verpackt hatten. Erinnern Sie sich, was Sie einmal für diesen Mann empfunden haben. Was Sie so an ihm liebten. Und was davon noch übriggeblieben ist.

Was sehen Sie, wenn Sie die Wellen anschauen? Sind es viele? Sind sie groß? Oder klein? Kommen sie Ihnen langsam oder ziemlich rasch entgegen? Sind sie eher kristallblau oder dunkelblau? Ihr Herz schlägt einen Takt schneller? Sie möchten weinen? Vielleicht kommen Sie zu der Erkenntnis, daß Sie

- gar keine so schlechte oder vielleicht sogar eine sehr glückliche Ehe mit ihm erlebt haben, und daß
- er eigentlich nicht das Monster ist, für das Sie ihn in den vergangenen Tagen und Wochen gehalten haben. Auch wenn er Sie auf das Schändlichste betrogen hat.

Drehen Sie sich jetzt um und schauen Sie die Wellen an, die weiter den Strom hinunterfließen. Stellen Sie sich vor, das sei Ihre Zukunft. Wollen Sie, daß die Wellen sich teilen – die einen fließen in einen rechten und die anderen in einen linken Nebenarm des Flusses, der irgendwann am Horizont versickert? Oder stellen Sie sich eher vor, daß sie langsam und gleichmäßig weiterfließen? Sehen Sie irgendwie große Felsbrocken, die den Weg des Flusses behindern? Schauen Sie angestrengt zum Horizont, ob das Wasser dort rauh und ungestüm wird.

Denken Sie daran: Es geht nur um Ihre Wunschvorstellung! Nicht darum, was wirklich möglich ist oder Ihnen im Moment unmöglich erscheint.

Wenn Sie den Strom weiterhin gleichmäßig dahinfließen sehen, können Sie sich ein weiteres Leben mit Ihrem Mann vorstellen.

Keine Angst vor ehrlichen Antworten. Diese ganze Szenerie geht erst einmal nur Sie allein etwas an. Es sind Ihre geheimsten Gefühle, über die Sie sich Klarheit verschaffen wollen. Sie müssen wissen, wie Ihre Zukunft aussehen soll.

Ihr Herz würde am liebsten entscheiden, daß Sie mit Ihrem Mann verheiratet bleiben und wieder ein glückliches Paar werden. Aber Ihr Kopf hat vielleicht noch nicht »ja« gesagt.

Überzeugen Sie Ihren Kopf.

Beantworten Sie folgende Liste:
- Glauben Sie ihm, daß er ehrlich und von Herzen bereut, was er getan hat?
- Glauben Sie, daß er durch diese Krise gelernt hat, bei der nächsten Verlockung »nein« zu sagen?
- Sind Sie davon überzeugt, daß er Sie immer noch liebt?
- Können Sie sich vorstellen, daß dieser Seitensprung nichts mit Ihrer Person zu tun hat? Daß es für Ihren Mann nicht darum ging, daß die andere Frau vielleicht attraktiver, schlanker oder klüger war als Sie? Daß er da irgendwie hineingerutscht ist?
- Glauben Sie, daß ihm seine Familie – Sie und die Kinder – wesentlich wichtiger ist als diese Frau es ihm jemals sein könnte?
- Sind Sie der Meinung, daß es Situationen im Leben gibt, die man plötzlich nicht mehr beeinflussen kann? Ereignisse, von denen man genau weiß, daß man sie nicht geschehen lassen dürfte – und trotzdem wird man von ihnen überrollt?
- Gab es nicht auch in Ihrem Leben schon Situationen, in denen Sie etwas angestellt und hinterher verzweifelt gehofft haben, daß man Ihnen verzeihen möge?

Bei Ihrer Entscheidung, kommt es nur darauf an, was Sie fühlen und denken! Vergessen Sie unbedingt, was Ihre Freunde und Nachbarn, die Verwandten oder eingeweihte Arbeitskollegen meinen oder sagen könnten. Setzen Sie sich nicht selbst mit Fragen unter Druck wie: »Was sollen die nur von mir denken?! Vor kurzem noch habe ich meinen Mann vor ihnen als den letzten und miesesten Typen der Stadt hingestellt. Und wenn wir jetzt zusammenbleiben, uns versöhnen und ich sage, daß ich ihn immer noch liebe – die halten mich ja für verrückt!« Vergessen Sie all das. Es geht allein um Ihre Ehe!

Wenn Sie sich für eine Versöhnung entschieden haben, weil Sie Ihren Partner trotz allem noch lieben und nicht ohne ihn leben möchten, hilft Ihnen vielleicht folgender Psychotrick weiter, mit der Krise besser fertigzuwerden. Die Experten nennen das Umdeuten einer Situation. Dem liegt zugrunde, daß uns nicht die Dinge selbst beunruhigen, sondern die Meinungen, die wir über diese Dinge haben.

Das hört sich erst einmal kompliziert an, ist es aber gar nicht. Ein Beispiel: Sie glauben, ein Stotterer habe es immer sehr schwer auf dieser Welt? Weil er eben nicht so fließend wie die Mehrheit sprechen kann?

Das kann man auch anders sehen: Alle hören ihm sehr aufmerksam, geduldig und interessiert zu. Wenn er etwas Neues erzählt, kann er sich der ungeteilten Aufmerksamkeit seiner Zuhörer hundertprozentig sicher sein.

Was Menschen an einem Stotterer beunruhigt, ist nicht sein Sprachfehler, sondern daß wir glauben, daß Stottern schlecht ist und sehr mühsam, daß andere – und vielleicht auch wir selbst – darüber mitleidig lächeln, uns gar lustig machen.

Ein anderes Beispiel: Sie haben keine große Lust, jeden Abend für Ihren Mann zu kochen. Und eigentlich würden Sie zwischendurch lieber etwas vom Pizzaservice bestellen oder essen gehen. Trotzdem kochen Sie jeden Abend für Ihren Mann.

Das Kochen beunruhigt Sie nicht. Sondern daß Sie

keine Lust zum Kochen haben, es lassen und natürlich nichts zu essen auf dem Tisch stehen würde, wenn Ihr Mann nach Hause kommt. Er könnte Sie dann ja für eine schlechte Hausfrau halten. Und er könnte vielleicht sauer sein, wenn Sie sagen: »Laß uns doch schnell eine Pizza bestellen.« Diese Gedanken sind es, die Sie beunruhigen.

Auf den Seitensprung bezogen bedeutet das: Das Fremdgehen, die Tat an sich, beunruhigt Sie nicht. Erst das, was diese Tat in Ihnen wachruft – Haß, Enttäuschung, Verzweiflung, Gekränktsein und all die Ängste, die plötzlich in Ihnen auftauchen.

Und die allgemeingültige Meinung übers Fremdgehen beunruhigt Sie – das ist verboten, hinterhältig, gemein, unfair. Es widerspricht unseren Moralvorstellungen.

Daß ein verheirateter Mann mit einer anderen Frau als der eigenen ins Bett steigt, kommt vor. Auch, daß eine verheiratete Frau sich mit einem anderen als dem eigenen Mann auf heiße Schäferstündchen einläßt.

Die Krise, der große Eklat, entsteht aber erst dann, wenn die heimliche Affäre publik wird und den ganzen beunruhigenden Rattenschwanz widerstreitender Gefühle nach sich zieht. Für den betrogenen Menschen stellt sich demnach die Frage, ob er den Seitensprung so umdeuten kann, daß ihm das Ereignis nicht mehr ganz so tragisch erscheint.

Wenn der Stotterer seinen offensichtlichen Makel in einen Vorteil verwandeln kann, ganz einfach durch eine andere Sicht der Dinge, können Sie vielleicht auch der kurzzeitigen Untreue Ihres Partners oder Ihrer Partnerin – die nie wieder vorkommen soll – eine andere Deutung geben.

Sie könnten sich zum Beispiel sagen, daß dieser attraktive und kluge Ehemann eben auch von anderen Ehefrauen begehrt wird. Aber in Zukunft wird dieses Begehren unerfüllt bleiben! Vielleicht können Sie sogar stolz sein, einen Mann zu haben, um den andere Frauen Sie beneiden. Aber er gehört eben zu Ihnen!

Oder durch einen Seitensprung der Ehefrau kann dem Mann vielleicht wieder klar werden, was für eine tolle Frau er hat.

Um das Drama des Seitensprungs einmal mit anderen Augen zu betrachten, müssen Sie sich nur freimachen von den gängigen Meinungen.

So ermöglichen Sie eine Versöhnung und vergrößern die Chance, mit Ihrem Partner wieder glücklich zu werden.

Notarin Ruth (46) aus Königswinter weiß einfach nicht mehr weiter. Es ist wieder passiert. Zum dritten Mal in 17 Ehejahren. Ihr Mann Herbert (47), Rechtsanwalt, hatte einmal wieder eine Affäre gehabt. Diesmal handelte es sich um Helga (41), die geschiedene Besitzerin einer großen Parfümerie.

Herbert: »Diese Frau sieht einfach toll aus. Und Helga hat Geld. Sie führt ein Leben, von dem Ruth und ich nur träumen können. Das hat mich fasziniert.«

Ruth: »Mich hat es bisher nie gestört, daß Herbert als angestellter Rechtsanwalt nun mal nicht das große Geld verdient.«

Auch diesem Seitensprung ihres Mannes war Ruth nur durch einen Zufall auf die Spur gekommen. Er hatte nämlich die Liebesgaben seiner heimlichen Affäre stolz mit nach Hause gebracht. Ruth: »Plötzlich trug er rosé-weiß gestreifte Hemden mit Monogramm und meckerte gleich, wenn seine Schuhe mal nicht blitzblank geputzt waren. Er redete plötzlich über sündhaft teure Lokale, überbackene Austern und Champagner und sprach von einer ›Dienstreise‹ nach Teneriffa. Ich glaubte, nicht richtig zu hören, und konnte mir nicht erklären, wieso mein Mann von den Inhabern der Kanzlei plötzlich in so exklusive Restaurants eingeladen wurde. Und Austern hatte er früher immer ekelhaft und glibberig gefunden …«

Als Herbert mit so einem arroganten Ton in der Stimme sagte, daß er mal wieder ein Geschäftsessen im exklusiven Restaurant XY habe, folgte Ruth ihm heimlich. Sie erzählt: »Ich wußte, daß es kindisch ist, dem eigenen Mann hinterherzuspionieren. Aber ich mußte Gewißheit haben. Natürlich saß Herbert nicht mit seinen Vorgesetzten in diesem Restaurant, sondern mit einer großen, eleganten Frau mit langen braunen Haaren. Das Kostüm, das sie trug, wirkte edel. Und der Schmuck – na gut, selbst wenn es Modeschmuck sein sollte, so war er von der feinsten und teuersten Sorte.«

Als Herbert nach Hause kam und seine Frau in der Küche fand, wo sie nachts um zwei Uhr mit der Kaffeetasse in der Hand steif am Tisch saß, ahnte er schon, was passieren würde.

Er gab alles zu. Seit zehn Monaten ginge das so. So lange habe er eine Beziehung mit Helga.

Herbert: »Nie, nein, nie sollte Ruth von diesem Verhältnis erfahren. Ganz bestimmt nicht! Ich sagte ihr, daß diese Sache doch nichts mit ihr und meiner Liebe zu ihr zu tun habe. Helga ist … ja, etwas ganz anderes eben. Es war eine kleine Flucht in ein Leben, das ich bisher nicht gekannt hatte. Eine neue Welt, in die ich nur mal hineinschnuppern wollte. Mehr nicht. Ich habe Ruth geschworen, daß ich Schluß mache mit Helga. Ich liebe nur Ruth! Wirklich! Und es wird nie wieder vorkommen. Sie kann mir vertrauen – ich werde ihr treu sein. Ich schwöre es bei unserer Liebe!«

So ähnlich war das auch bei Herberts Affäre mit einer Immobilienmaklerin gewesen. Herbert hatte auch nach diesem Seitensprung seiner Frau Treue geschworen und ihr versichert, er liebe nur sie. Ruth hatte ihm geglaubt und ihm verziehen. Ebenso wie die Affäre mit der Graphikerin Claire. Und nun war es schon wieder passiert ...

Kann sie ihm noch einmal verzeihen? Sie weiß es nicht.

Ruth: »Selbst wenn ich es könnte, denn ich liebe Herbert auf eine zärtliche Art, mit ziemlicher Wahrscheinlichkeit würde es sehr bald doch wieder passieren. Daß Herbert sich in fremden Betten verlustiert, meine ich. Wer weiß, ob er mich nicht sowieso öfter als nur dreimal betrogen hat? Vielleicht waren seine anderen Seitensprünge nur kurze Affären? Zu kurz, als daß Herbert sich hätte verraten können ...«

Die viel wichtigere Frage für Ruth aber ist: Lohnt eine Versöhnung sich überhaupt?

Versöhnung bedeutet eine wochen- oder monatelange schwere Zeit, in der beide miteinander umgehen müssen, als seien sie rohe Eier. Und dann – selbst wenn sie wieder zueinander finden – wie sieht für Ruth diese gemeinsame Zukunft mit ihrem Mann Herbert aus? Will und kann sie damit leben, daß er immer wieder aus der Ehe ausbrechen wird?

Wenn Sie vor der Frage stehen, welche Chancen eine Versöhnung hat, dann sollten sowohl die emotionalen wie auch die sachlichen Faktoren eine Rolle spielen.

Überlegen Sie, wie wichtig Ihr Mann Ihnen ist. Ob Sie Ihre Gefühle für ihn höher und stärker einschätzen als seine für Sie. Was geben Sie ihm an Zuneigung? Und was bekommen Sie zurück? Ist Ihre gegenseitige Zärtlichkeit für Sie ausreichend? Wünschen Sie sich mehr Zuneigung von ihm, mehr Streicheleinheiten, ein besseres Eingehen auf Ihre emotionalen Bedürfnisse? Liebe ist schließlich kein einseitiges Geschäft.

Vielleicht verwechseln Sie Liebe auch mit Gewohnheit, mit Sicherheit? Es könnte ja sein, daß es nicht die Gefühle für Ihren Mann sind, die Sie dazu drängen, ihm zu verzeihen.

Eventuell ist es Ihre Angst vor dem Unbekannten. Angst davor, was jetzt werden wird. Wie Ihr Leben überhaupt aussehen soll. Kleinigkeiten wie die Vorstellung, allein einzuschlafen und aufzuwachen, allein abends im Wohnzimmer zu sitzen, niemanden zu haben, dem man sich zu jeder Zeit anvertrauen kann – diese Vorstellungen können eine gewaltige Panik auslösen. Und um der zu entkommen, fügen Sie sich vielleicht lieber in das Gewohnte. Manche Übel ertragen wir lieber, als daß wir aufbrechen ins Unbekannte.

Denken Sie darüber nach, wie Ihr Mann ist, was er denkt, was er sich wünscht. Ist er leicht zu begeistern? Ist er immer auf der Suche nach Abenteuern? Können Sie sich in wichtigen Dingen hundertprozentig auf ihn verlassen? Nimmt er Ereignisse und Verhaltensweisen wesentlich leichter als Sie?

Wie sähe denn ein weiteres Leben mit Ihrem Mann aus? Unterscheidet es sich in grundlegenden Dingen von dem bisherigen? Ist Ihnen das Haus oder die Wohnung, in der Sie mit ihm wohnen, so wichtig, daß Sie lieber bei ihm bleiben und noch einige unglückliche Tage, Wochen, Jahre in Kauf nehmen? Ist das Geld, das er verdient und mit dem die Familie versorgt wird, es wirklich wert, mit einem Mann zusammenzuleben, den Sie offensichtlich mehr lieben als er Sie?

Die andere Seite: Sie haben auch schon gelebt, bevor Sie Ihren Mann kennenlernten. Warum sollte das nicht wieder so sein? Natürlich können Sie das. Sie haben den ganzen Haushalt gemanagt – also können Sie Ihr eigenes Leben in Zukunft auch auf die Reihe kriegen. Sie wissen, wie man Betten überzieht, Überweisungen ausschreibt, einkauft, kocht, wohin Sie das Auto zur Winterinspektion bringen müssen und wie man Geld verdient. Mit diesen Voraussetzungen sind nicht einmal Teenager ausgestattet, die mit 18 oder 20 aus dem Elternhaus in die erste eigene Bude fliehen. Sie dagegen haben alles, was Sie zum Leben brauchen.

Wenn Sie der Meinung sind, daß eine Versöhnung nichts an Ihrer unglücklichen Lage ändert und vor allem Ihr Mann sich nicht ändert – dann hat die Versöhnung keine Chance auf Erfolg.

Und die Zahlen des bayerischen Justizministeriums und anderer Bundesländer beweisen: Immer mehr Frauen fassen Mut und stellen sich auf eigene Füße. Das schaffen Sie auch. Allein in Bayern wurden fast zwei Drittel der 24356 Scheidungen (1996) von Frauen eingereicht.

Natürlich muß auch ein betrogener Mann sich konsequent fragen, ob seine Ehe überhaupt noch eine Chance hat. Gerade Männer finden sehr viel leichter zu einer neuen Beziehung. Schließlich werden Kinder immer noch in der Regel der Mutter zugesprochen, so daß die Männer nach der Scheidung ungebunden wie Singles leben können und über Freizeitaktivitäten natürlich viel schneller wieder Anschluß finden als geschiedene Frauen. Und eine Beziehung nur aus Bequemlichkeit aufrecht zu erhalten, das bedeutet, die Chancen auf das Lebensglück der großen Liebe zu verspielen.

Der Unterschied zwischen verzeihen und vergessen

Auf die Frage, die Ihr Mann mit treuem und liebenswertem Blick vorbringt: »Liebling, kannst du mir noch einmal verzeihen?«, gibt es eigentlich nur zwei Antworten. Ein liebevolles, aber unter starken Zweifeln hervorgebrachtes »Ja« oder ein bestimmtes »Nein«.

Nehmen wir an, daß Sie letztendlich mit »ja« geantwortet haben. Und in dem Moment, als Sie es sagten, meinten Sie es auch ehrlich. Sie waren überzeugt davon, daß Sie es auch können.

Unbewußt haben Sie Ihre großzügige Haltung natürlich mit einigen Bedingungen verknüpft. Wenn Sie ihm schon die Gnade erweisen, erwarten Sie natürlich eine Vorzugsbehandlung, besondere Aufmerksamkeit, kleine Gesten, Rücksichtnahme. Ein Lächeln und einen zarten Kuß am Frühstückstisch, ein heiteres Wort, wenn Ihr Mann von der Arbeit heimkommt. Einen Rosenstrauß – ganz einfach so, weil Dienstag ist.

Er wird Ihnen aller Wahrscheinlichkeit nach auch einige Ihrer Wünsche erfüllen. Denn wenn er klug ist, akzeptiert Ihr Mann die unausgesprochene Regelung. Er weiß: Meine Frau hat mir verziehen, aber ich muß mir ihre Zuneigung und ihr Vertrauen zurückerobern.

Die meisten betrogenen Partnerinnen sind sich allerdings leider nicht über diesen Handel im klaren. Sie sagen, daß sie ihrem Mann verzeihen – aber immer wieder, zu jeder passenden und unpassenden Gelegenheit, bringen sie seine Verfehlungen aufs Tapet. Ein Blick von ihm, ein Wort, das falsche Hemd, eine lustig gemeinte Bemerkung beim Familienfest oder einer Party – schon verengen sich ihre Augen, und sie erinnern den Herrn Gemahl an seine Missetat. Und damit verdüstert sich bei beiden schlagartig die Stimmung. Sie wird davongetragen von all den negativen Gefühlen, die sich mit dem Seitensprung verbinden, und er empfindet Wut, weil sie ihn in den unpassendsten Situationen an seinen Fehltritt erinnert.

In dem Moment, wo die Verzeihung erbeten und gewährt wird, ist den meisten Beteiligten leider nicht klar, daß verzeihen eben nicht auch automatisch vergessen bedeutet.

Ihr Ehemann hat seine Erinnerung an seine Geliebte vielleicht schon längst ad acta gelegt. Weil er diese unselige Geschichte auch so schnell wie möglich der Vergangenheit zuordnen möchte. Und er sagt: »Ach, komm, Schatz, das ist doch längst vorbei! Jetzt sollten wir nur noch an uns und die Zukunft denken! Ich liebe dich doch.«

Sie als betrogene Ehefrau können die Erinnerung allerdings nicht so leicht abschütteln, was zur Folge hat, daß Ihr Ehemann die Welt gar nicht mehr versteht. Er hat alles längst vergessen, verhält sich geradezu mustergültig – und trotzdem erwischen ihn Ihre Vorwürfe immer noch wie ein Dampfhammer.

Was ist da falsch?

Die Erwartungshaltung.

- Sie haben Ihrem Mann verziehen – können aber nicht vergessen. Und Sie verstehen nicht, daß er glaubt, er könne so einfach mir nichts, dir nichts zur Tagesordnung übergehen.
- Er ist bereit, Buße zu tun – und versteht überhaupt nicht, warum Sie das vergangene Drama immer wieder zur Sprache bringen müssen.

Wie kann man das vertrackte Problem lösen?

Erklären Sie Ihrem Partner in aller Ruhe, daß der Seitensprung zwar verziehen werden könne, daß das Vergessen jedoch eine langer Prozeß sei, und bitten Sie ihn um Geduld.

Er soll nicht jedesmal, wenn Sie eine spitze Bemerkung machen, entnervt mit den Augen rollen und stöhnen: »Kommt das jetzt schon wieder …?« Mit viel Toleranz und etwas Einfühlungsvermögen auf seiten Ihres Mannes, aber auch mit dem Vorsatz, dem Partner nicht ständig wieder Vorhaltungen zu machen, werden Sie diese Zeit viel besser überstehen.

Wenn wieder einmal ein Angriff voll in Ihrer Magengrube landet – nehmen Sie Ihre Frau in den Arm. Antworten Sie ihr ganz ruhig und voller Gefühl: »Aber Liebling, das ist doch vorbei. Das weißt du doch. Und du weißt, wie schrecklich leid es mir tut und daß ich nur noch eines möchte – mit dir wieder glücklich werden.« Flüstern Sie ihr ins Ohr: »Habe ich dir heute schon gesagt, daß ich dich liebe?«

Sie als betrogene Ehefrau können sich selbst helfen. Jedesmal, wenn die Erinnerung in Ihnen wie eine dunkle, schwere Blase hochsteigt, dann schweigen Sie erst einmal und überlegen. Wenden Sie die Worte hin und her. Spielen Sie mit ihnen. Was klingt besser? Ist das nicht zu verletzend? Nein, das ist vielleicht zu harmlos. Wie klingt es ein kleines bißchen gemeiner? Aber auch nicht zu gemein …

Durch diese innere Vorarbeit haben Sie den größten Gefühlsstau schon abgebaut. Und wenn es dann unbedingt sein muß – nun, dann raus mit dem Vorwurf!

Schlucken Sie einen Tag lang alles hinunter, was Ihnen an Vorhaltungen und Sticheleien auf der Zunge liegt. Und abends setzen Sie sich hin und schreiben alles auf, was Ihnen davon im Gedächtnis geblieben ist.

Einige Vorwürfe fallen Ihnen nicht mehr ein? Auch wenn Sie sich noch so anstrengen und nachdenken? Dann wird das auch nicht so wichtig gewesen sein. Wieder einige Gefühlsklippen erfolgreich umschifft!

Lesen Sie die Vorwürfe, an die Sie sich erinnern konnten, noch mindestens zwei- bis dreimal langsam durch. Welcher Vorwurf war berechtigt? Welcher nicht? Welchen Vorwurf brauchen Sie für Ihr Selbstbewußtsein? Lassen Sie nur den wichtigsten stehen, und streichen Sie die anderen.

Wenn Sie wollen, können Sie Ihrem Mann diese Liste ja aufs Kopfkissen legen. Damit er sieht, was Sie ihm heute alles an den Kopf werfen wollten, daß Sie ihren Impuls aber unterdrückt haben.

Eine andere Möglichkeit ist eine wöchentliche Ehrlichkeits-Sprechstunde.

Setzen Sie eine Stunde an einem bestimmten Tag der Woche fest. Am besten am Samstag oder Sonntag, wenn Sie beide Zeit haben und einigermaßen erholt sind. In der ersten halben Stunde erzählt jeder von Ihnen – keiner länger als 15 Minuten –, was ihn in dieser Woche am anderen gestört hat, worüber er sich geärgert hat. Unterbrechen ist nicht erlaubt! Jeder muß sich in Ruhe anhören, was der andere zu sagen hat.

Jetzt ist jeder seine negativen Gefühle los, ohne daß gleich der nächste Streit über Sie hereingebrochen ist.

In der zweiten halben Stunde darf jeder 15 Minuten lang sagen, was er sich vom anderen wünscht, was er gern mit ihm unternehmen würde, was der andere ihm bedeutet, was er für ihn empfindet, womit der andere ihm eine Freude machen würde. Zu unterbrechen ist auch hier nicht erlaubt.

Jeder hat nach diesem Gespräch das Gefühl, daß er vom anderen akzeptiert und gemocht wird, denn es sind keine Vorwürfe gefallen, sondern jeder hat dem anderen sein Herz geöffnet und beim Partner Verständnis gefunden. Die Zweisamkeit steht wieder im Vordergrund.

Zum Schluß darf jeder seinen für ihn wichtigsten Wunsch, den er vielleicht nicht äußern wollte oder den der andere vielleicht als nicht so bedeutend erkannt hat, aufschreiben, zusammenfalten und dem Partner überreichen. Der andere ist verpflichtet, den Zettel später zu lesen und diesen Wunsch zu erfüllen.

Langsam wird sich – auch dank dieses Verfahrens – bei Ihnen das wirkliche Verzeihen einstellen. Und irgendwann auch das Vergessen. Es ist möglich!

Warum das Selbstbewußtsein eines betrogenen Partners Streicheleinheiten braucht

Im Kopf eines betrogenen Ehepartners schwirren schlimme Gedanken umher; besonders betrogene Ehefrauen werden von Zweifeln geplagt, denen die meisten Männer fassungslos gegenüberstehen. Obwohl nach außen alles in Ordnung zu sein scheint – »Wir haben uns versöhnt und bleiben zusammen« –, plagt sie sich mit der Frage, ob diese Entscheidung auch richtig war. Ob er sie nicht doch wieder betrügen wird. Ob er nur deshalb geblieben ist, weil er sich eine zermürbende Scheidung und die Unterhaltszahlungen ersparen wollte. Wenn sie eine andere attraktive Frau auf der Straße sieht, fragt sie sich insgeheim, ob ihr Angetrauter die wohl schöner finden würde als sie.

Das Selbstbewußtsein ist eben immer noch angekratzt.

Für betrogene Ehefrauen gilt: Erwarten Sie nicht, daß Ihr Mann Ihnen Ihr Selbstbewußtsein zurückgibt. Sie müssen es schon selbst wieder aufpolieren.

Versuchen Sie es mit einer kleinen, aber sehr wirksamen Schönheitskur für die Seele.

Nehmen Sie sich jeden Morgen drei Minuten Zeit, und stellen Sie sich vor einen Spiegel. Am besten vielleicht den im Badezimmer. Da sind Sie völlig ungestört. Sehen Sie Ihr Gesicht an und sagen Sie: »Ich bin wie ein Stern im Weltall. Ich bin einzigartig. Um mich sind Millionen anderer Sterne – aber keiner strahlt so schön wie ich. Ich bin einzigartig. Ich bin ein Stern.«

Sprechen Sie diese Sätze ganz langsam, mindestens dreimal hintereinander, sehen Sie sich fortwährend dabei an, und prägen Sie sie sich ganz fest ein.

Schon möglich, daß Sie bei den ersten Malen in Lachen ausbrechen, weil Sie die Situation so komisch finden. Da steht eine erwachsene Frau vorm Spiegel und redet sich ein, sie sei ein Stern im Weltall – das ist doch absurd!

Lassen Sie sich dadurch nicht davon abhalten! Vergessen Sie, daß Sie ein Mensch und eben kein Stern sind. Es geht bei dieser Übung nur darum, sich selbst zu stärken.

Sie werden nach ein paar Wochen feststellen, daß Ihr Selbstwertgefühl um einige heftige Grade gestiegen ist. Sie sind sich Ihrer selbst jetzt sicherer – und das sieht man Ihnen auch an. Selbstbewußtsein macht schön!

Eine weitere Möglichkeit ist: Machen Sie möglichst vielen Menschen, die Sie treffen, ein Kompliment. Sagen Sie der Nachbarin, daß sie in dem neuen Kleid wirklich wunderbar aussieht. Bewundern Sie die Frisur Ihrer besten Freundin: »Du hast wirklich tolle Haare! Sie sehen so glänzend aus. Die Frisur steht dir wirklich gut!« Machen

Sie der Verkäuferin im Supermarkt ein Kompliment. »Sie sind wirklich immer so freundlich! Vielen Dank! Es ist wirklich eine Freude, von Ihnen bedient zu werden!«

Vielleicht fragen Sie sich, was es für einen Sinn hat, anderen Menschen Komplimente zu machen, wenn doch Ihr eigenes Selbstbewußtsein jede Menge Streicheleinheiten braucht. Nun, eine weise Erkenntnis von Psychologen ist, daß, wenn man jemandem sagt, daß er *schön* ist, einen dieses Kompliment selbst *schön* macht.

Überlegen Sie mal: Als die neue Kollegin, die Sie bisher nur zweimal kurz gesehen und mit der Sie kaum ein Wort geredet haben, als die Ihnen sagte, wie gut Ihnen Ihre neuen roten Lackpumps stehen – da fanden Sie diese bisher fremde Frau doch plötzlich viel netter als vorher?!

Verteilen Sie Komplimente wie Blumenkinder Rosen bei einer Hochzeit – und Sie werden sehen, was für ein süßer Regen von Gegenkomplimenten zurückkommt und daß Sie sich fröhlicher und hübscher als vorher fühlen!

Wenn Sie einmal wieder von Zweifeln geplagt sind, dann erklären Sie sich selbst, daß kein anderer Mensch an Ihrem wankenden Selbstbewußtsein schuld ist. Nur Sie selbst können es hegen und pflegen.

Warum Rache nicht immer süß ist

Es mag Momente in Ihrem jetzigen Leben geben, in denen Sie sich gemeinen, aber tröstenden Gedanken hingeben. »Wie wäre es, wenn ich ihn zur Abwechslung betrügen würde? Dann könnte er am eigenen Leib spüren, wie verdammt weh das tut. Vielleicht sollte ich beim nächsten Treffen mit unseren geliebten Freunden heftig mit Gerald, seinem besten Kumpel, flirten? Und das so, daß mein Mann es auch mitbekommt.«

Sie sind verletzt worden. Und natürlich schlummert in Ihnen auch das Gefühl der Rache. Aber das kann auch schiefgehen, wie folgendes Beispiel zeigt:

Die Verkäuferin Marlies (42) aus Bamberg ist seit neun Jahren mit Günther (43) verheiratet. Der Fahrschullehrer hatte sie zweimal betrogen. Das erste Mal im zweiten Ehejahr – mit Kosmetikerin Inka (25), das zweite Mal im achten Ehejahr mit der Bankangestellten Luisa (38).

Marlies: »Ich habe ihm auch beim zweiten Mal verziehen. Aber gleich nach der verbalen Versöhnung habe ich Günther ziemlich subtil, aber auch unmißverständlich klargemacht, daß er es ein drittes Mal lieber nicht wagen soll, mir das anzutun. Beim Frühstück schüttete ich ihm nämlich den dampfenden Kaffee über die Hose. Genau über die entscheidende Stelle. Ich sagte entsetzt: ›Oh, Liebling! Wie schrecklich! Es tut mir sooo leid! Ach, ich bin aber auch so schrecklich schusselig.‹ Natürlich vergaß ich, für ihn wichtige Besorgungen zu machen, z.B. den Tennisschläger vom Bespannen abzuholen. Und Günther mußte bei einem Turnier, an dem ihm sehr viel lag, mit einem zweitklassigen Schläger antreten. Ich sagte: ›Liebling! Tut mir leid! Ich bin so schrecklich vergeßlich, seit ... du weißt schon ... Ich verspreche, ich werde mich bessern!‹ Ich inszenierte den Alltag zu meinem persönlichen kleinen Rachefeldzug. Würzte das Essen mit zuviel Salz, legte den grünen mit einem braunen Socken zusammen in die Kommode, in Günthers heißgeliebte Zeitung wickelte ich den Salat ein oder verstreute Brotkrümel in seinem Bett.«

Natürlich merkte Günther, daß seine Frau dies alles absichtlich tat. Und nach ein paar Monaten reichte es ihm. Günther: »Das war keine Ehe mehr! Marlies hat mir das Zusammenleben unerträglich gemacht. Ich habe es einfach nicht mehr ausgehalten! Wenn sie wenigstens nach ein paar Wochen Schluß mit diesem Unsinn gemacht hätte ... Aber nein, sie mußte es durchziehen!«

Günther hat sich inzwischen von seiner Frau getrennt.

Ob Sie ab und zu von Mordgelüsten heimgesucht werden, Ihren Mann oder Ihre Frau auch betrügen wollen oder den Alltag zu einem Spießrutenlauf für den Partner umfunktionieren – das alles mag Ihnen ein Gefühl der Befriedigung geben. Aber zur Rettung Ihrer Ehe trägt es nicht bei.

Der Weg zurück zueinander

Ein weiterer Felsbrocken scheint vor Ihnen zu liegen. Sie wollen Ihrem Partner ja verzeihen, Sie wollen sich mit ihm versöhnen, wieder in Harmonie mit ihm leben – aber das ist schwieriger, als Sie sich das vorgestellt haben.

Manchmal werden Sie von einer großen Zuneigung für Ihren Mann oder Ihre Frau geradezu überwältigt. Sie möchten ihn/sie in den Arm nehmen, ihm/ihr sanft übers Haar streichen.

Dann wieder macht allein diese Nähe Sie wahnsinnig. Sie spüren eine totale körperliche Abneigung und können es nicht einmal ertragen, wenn er/sie auch nur zart Ihre Hand berührt.

Sie kennen sich nicht mehr aus in diesem Wust aus Anziehung und Ablehnung, aus Alltagstrott und völlig unvorhersehbaren Situationen.

In diesem Stadium übernimmt der betrogene Partner meistens – einerlei, ob gewollt oder ungewollt – den aktiven Part.

Der betrügende Partner zieht sich in der Regel in die Passivität zurück. Er tut, was von ihm gewünscht oder verlangt wird. Denn jede seiner Aktivitäten könnte einen Streit, neue Verletzungen oder einen sofortigen Rückzug des betrogenen Partners bedeuten.

Wer verletzt wird, nimmt sich – sozusagen als eine Art Rache oder unter dem Motto: »Jetzt zeig' ich dir mal, wie man es richtig macht« – das Recht heraus, den zukünftigen Kurs zu bestimmen. Und sei es auch nur für eine kurze Zeit.

Der aktive Teil in diesem immer noch schwelenden Drama zu sein bedeutet aber auch, gerade in dem Moment das Ruder zu übernehmen, in dem man schwach und verunsichert ist. Deshalb gibt es auf dem Weg zurück zu dem anderen immer wieder Umwege, holprige Abzweigungen und Aufenthalte.

Klarheit in Ihre verwirrenden Gefühle könnten jetzt gemeinsame Gespräche bringen.

Versuchen Sie, Ihrem Partner so genau wie möglich zu schildern, was Sie fühlen, welche Ängste Sie haben, welche Bilder immer wieder in Ihrem Kopf herumwirbeln. Fragen Sie ihn all das, was Sie bisher vielleicht verdrängt haben. Ob er denn nie an Sie gedacht hat, wenn er bei seiner Geliebten war. Ob sie je überlegt hat, ihre Familie aufzugeben. Was er/sie noch für Sie empfindet.

Und wenn Sie das Gefühl haben, daß das Warum des Seitensprungs für Sie von eminenter Bedeutung ist, dann fragen Sie ihn auch danach.

Aber Vorsicht: Bei so einem Gespräch könnten Sie Dinge erfahren, die nicht so stimmen, wie Ihr Gegenüber es Ihnen erzählt. Ihr Partner fühlt sich vielleicht genötigt, Ihnen einen Grund zu präsentieren, und greift in seiner Bedrängnis vielleicht nach einem rettenden Strohhalm, der ihm zufällig einfällt, aber gar nichts mit der Tat zu tun hat. Sie könnten auch Erklärungen hören, die Ihnen gar nicht lieb sind. Dinge, die Sie verletzen oder von neuem richtig wütend machen.

Es könnte beispielsweise sein, daß er auf das Insistieren seiner Ehefrau hin zugibt, daß seine Geliebte schlanker ist als sie. Und daß er schlanke Frauen nun einmal schöner findet als füllige. Was natürlich noch lange nicht bedeutet, daß er seine Lebenspartnerin häßlich findet. Nein, gar nicht. Er liebt sie so, wie sie ist. Aber das hört sie schon nicht mehr. Oder der Ehemann muß erfahren, daß der Liebhaber seiner Frau eine wunderbare Spontaneität besitzt, die sie bei ihrem Angetrauten so vermißt.

Wenn es wirklich einen schwerwiegenden Grund gibt, dann müssen Sie sich natürlich damit auseinandersetzen, und das kann schwerfallen.

War es vielleicht wirklich so, daß Sie kaum noch Lust auf Sex hatten? Daß Sex Ihnen keinen richtigen Spaß mehr machte? Vielleicht Ihnen beiden nicht mehr? Weil die Zärtlichkeiten zur Routine verkommen waren? Stimmt es, daß er nur noch mit seinem Job beschäftigt war und Sie irgendwann entnervt aufgegeben haben, ihn nach seinem Arbeitstag zu fragen? War Ihr Mann schon lange nicht mehr aufmerksam und hat Ihnen seine Liebe beteuert? Und da haben Sie sich die nötige Zuwendung bei einem anderen geholt?

Bedenken Sie aber, wenn es wirklich einen Grund in Ihrer Ehe gab, dann haben Sie beide damit zu tun. Dann sollten Sie auch ehrlich darüber reden. Aber möglichst ohne große Emotionen und ohne zu große Blindheit für das eigene Verhalten.

Vermeiden Sie in jedem Fall Pauschalvorwürfe wie: »Du hast immer …«, »Jedesmal, wenn …« oder »Ständig hast du ...«. Dadurch fühlt sich Ihr Partner nur angegriffen und geht sofort in Verteidigungsposition. Versuchen Sie, Ihre Vorwürfe in Worte zu kleiden, die Ihr Gegenüber verstehen und akzeptieren kann. Etwa so: »Weißt du, es tut mir weh, wenn du anderen Frauen hinterherschaust. Dein Blick scheint dann so begehrlich zu sein ... Und ich denke dann, daß du mich nicht mehr liebst ... Daß du die andere Frau anziehender findest als mich ...« Schließlich geht es um Ihre Ehe und Ihre Zukunft – und nicht darum, im nachhinein Schuldzuweisungen auszusprechen.

Die schwierige Sache mit dem Vertrauen

Natürlich hat Ihr Mann Ihr Vertrauen aufs Schändlichste mißbraucht. Er hat gnadenlos ausgenutzt, daß Sie schon Verständnis aufbringen werden, wenn er – angeblich! – wieder Überstunden schieben muß oder zu müde war, Ihnen auch nur einen Gutenachtkuß zu geben. Sie haben ihm ohne Argwohn seine weißen Hemden faltenfrei gebügelt – für sein Rendezvous mit »diesem Flittchen«!

Sie haben ihm all seine Lügen geglaubt. Weil Sie ihm vertraut haben. Und jetzt – jetzt haben Sie immer so ein schales Gefühl im Magen, wenn er irgend etwas erzählt ... Sie fragen sich: »Lügt er mich wieder an?« Mit ziemlicher Wahrscheinlichkeit zweifeln Sie an allem, was er sagt.

Das weiß Ihr Mann ganz genau, und das treibt ihn noch zum Wahnsinn! Natürlich versteht er Ihre Zweifel. Aber so richtig nachvollziehen kann er sie dann doch nicht. Für ihn sieht die Sache so aus: »Nur weil ich meine Frau betrogen habe, heißt das noch lange nicht, daß sie mir nicht mehr vertrauen kann.«

Männliche Logik, der die weibliche diametral entgegensteht. Sie als betrogene Frau sagen: »Gerade weil er mich betrogen hat, kann ich ihm nicht mehr vertrauen.«
Was hat das für Auswirkungen auf Ihr Leben?

Es kann sein, daß Ihr Mißtrauen soweit geht, daß Sie alles, was er äußert, überprüfen. Daß Sie »rein zufällig« seinen Kollegen anrufen, um zu erfahren, wann Ihr Mann das Büro verlassen hat, damit Sie einschätzen können, ob er auf der Fahrt nach Hause irgendwo Station gemacht hat. Daß Sie wie ein übereifriger Privatdetektiv in all seinen Taschen nachschauen, ob Sie nicht einen verräterischen Hinweis finden. Daß Sie in seinem Portemonnaie nach Restaurant-Quittungen oder kleinen Liebesbriefen suchen, während Ihr Mann den Keller aufräumt.

Das können Sie natürlich alles tun. Aber wohin führt das? Daß Sie vielleicht einen angeblichen Beweis finden, Ihr angetrautes Glück wieder auf die Anklagebank verfrachten – und vielleicht erfahren müssen, daß die Rechnung vom Blumenladen für den Rosenstrauß ist, den er Ihnen vor zwei Wochen geschenkt hat ...

Wenn er herausfindet, daß Sie alle seine Schritte genau kontrollieren, wird er fuchsteufelswild werden. Schließlich ist er kein kleiner Junge, dessen Mutter überprüfen muß, ob er sich auch die Zähne geputzt, die Hände gewaschen und seine Schularbeiten gemacht hat. Mit der Detektivaktion stempeln Sie Ihren Mann zum Betrüger ab, dem man nicht mal glauben darf, wenn er sagt, daß heute die Sonne scheint.

Hinzu kommt Ihr eigenes schlechtes Gewissen ... Wie kommen Sie sich denn vor, wenn Sie in fliegender Eile seine Hosentaschen durchkramen, mit zitternden Händen seine Aktentasche durchwühlen und ständig idiotische Vorwände erfinden müssen, um bei Freunden,

Kollegen oder Nachbarn zu fragen, wann und weshalb Ihr Mann dahin oder dorthin gegangen ist?

Versuchen Sie doch, wieder das Kind in sich zu entdecken. Kinder schenken jedem, den sie mögen, ihr Vertrauen. Erinnern Sie sich an dieses Gefühl? Ja, es war wunderbar, ohne Arg auf Menschen zuzugehen und ihnen zu vertrauen.

Natürlich tragen Erwachsene mit ihrer Lebenserfahrung jede Menge Enttäuschungen mit sich herum. Aber ein paar davon können Sie doch einfach wegwerfen oder wenigstens für ein paar Stunden oder Tage vergessen. Vor allem, wenn es um den Menschen geht, der Ihnen besonders am Herzen liegt.

Soll ich nur wegen der Kinder bleiben?

Natürlich gibt es nichts, was Kindern die eigene Familie ersetzen kann. Die Geborgenheit, die Wärme, die Sorge von Vater und Mutter. Ein Zuhause, in dem alles so ist, wie es sein sollte.

Aber wenn der Vater sich andauernd in fremden Betten tummelt oder sein Herz plötzlich für eine andere Frau schlägt und keine Versöhnung möglich scheint – dann ist dieses Zuhause eben nicht mehr dasselbe.

Nach Angaben des Statistischen Bundesamtes sind in 55 Prozent aller Scheidungen in Deutschland Kinder betroffen. 1997 waren es 142 292 Kinder, deren Eltern sich scheiden ließen. Und rund die Hälfte von ihnen leidet – so betonen die meisten Kinderpsychologen – unter bleibenden psychischen Schäden.

Zwei Beispiele, die Ihnen vielleicht helfen, die richtige Entscheidung zu treffen:

Barbara (42) und Peter (43) aus Lindau sind seit zwölf Jahren verheiratet. Sie haben zwei Kinder, Gerti (7) und Ulf (9). Peter ist Taxiunternehmer, Barbara arbeitet zwei Tage die Woche bei einer Versicherung als Sekretärin. Die Familie wohnt in einem schönen Häuschen mit Garten.

Keiner der Nachbarn, Freunde oder Kollegen von Peter und Barbara würde annehmen, daß in dieser Ehe etwas nicht stimmt. Eine glückliche Beziehung mit Höhen und Tiefen, die überall vorkommen. Das ist die einhellige Meinung.

Peter hat schon seit zwei Jahren eine heimliche Beziehung mit der Krankenpflegerin Iris (35).

Barbara weiß von dieser Affäre. Sie erzählt: »Zuerst war ich so verletzt und wütend, daß ich meine Siebensachen und die Kinder packen und ausziehen wollte. Peter sollte doch mit seinem Flittchen glücklich werden – und mir und den Kindern eine neue schöne Wohnung mitten in der Stadt bezahlen.«

Sie hat es nicht getan. Wegen der Kinder. Barbara: »Ich wollte, daß Gerti und Ulf in einer heilen Familie aufwachsen. Außerdem liebe ich Peter immer noch. Er ist mein bester Freund, mein Vertrauter, auf ihn und seinen Rat habe ich mich immer verlassen können. Wir haben viel zusammen erlebt, sind viel gereist und konnten noch immer wie Teenager über irgendeinen Blödsinn lachen oder nächtelang über ein Buch, einen Film diskutieren. Nun ja, mit dem Sex ist das so eine Sache gewesen ... Nach zwölf Jahren Ehe fielen wir natürlich längst nicht mehr übereinander her wie ein heißverliebtes Paar. Irgendwie hatten wir die große Lust am Sex verloren. Wir beide. Trotzdem hat es mich natürlich tief verletzt, daß Peter sich woanders holte, was er bei mir nicht mehr bekam.«

Nach wochenlangen Diskussionen und Streitereien haben Barbara und Peter einen Weg gesucht, der für die Kinder und sie akzeptabel ist. Sie beschlossen, beste Freunde zu bleiben, da sie sich trotz allem sehr mögen.

Barbara: »Gut, sollte mein Mann doch seine blöde Geliebte behalten. Dafür mußte er mir aber versprechen, daß seine Familie immer Vorrang habe, was auch passiert. Also: Keine süße Weihnacht mit seiner Geliebten, keine Sonntage, keine Ferien. Da war und bin ich eisenhart. Zu Anfang fiel es mir ganz schön schwer, ein freundliches Gesicht zu machen, wenn Peter mal wieder für ein paar Stunden bei seiner Tussi war. Aber jedesmal, wenn die Wut wie eine Schlange an mir hochkroch, habe ich mir gesagt: Vergiß es! Du verbringst viel mehr Zeit mit ihm. Du und deine Kinder – ihr werdet immer an erste Stelle stehen. Wir sind eine Familie und werden es bleiben.«

Außerdem, erzählt Barbara, fand sie es mit der Zeit gar nicht so schlecht, Peter mehr als besten Freund und nicht mehr als Liebhaber zu sehen. »So große Lust auf Sex hatte ich ja ohnehin nicht mehr. Und sollte sich das mal ändern – nun gut, dann werde ich mir vielleicht auch einen Liebhaber nehmen. Aber soweit ist es ja noch lange nicht.«

Um so ein Arrangement zu treffen und auch durchzuhalten, müssen natürlich beide vollkommen damit einverstanden sein. Und es ist für zwei Menschen, die vielleicht bessere Freunde als ein Liebespaar sind, eine realistische Möglichkeit, den Kindern die Familie zu erhalten.

Diese Art der Übereinkunft hat außerdem noch sachliche Vorteile: Keiner muß sich eine neue Wohnung suchen, keiner muß Anwaltskosten bezahlen, und die Frage des Unterhalts taucht erst gar nicht auf. Es bleibt von den äußeren Umständen her alles beim alten.

Beispiel Nummer zwei: Christine (35) und Manfred

(37), Chirurg, leben in Marburg und sind seit fünf Jahren verheiratet. Sie haben drei Kinder; Marcus (4) und die Zwillinge Sybille und Anja (3).

Manfred verliebte sich vor eineinhalb Jahren in eine junge Rechtsreferendarin, die in einer angesehenen Kanzlei ein Praktikum machte. Die Affäre mit Susanne (28) ging sieben Monate, dann kam Christine hinter das Geheimnis ihres Mannes.

»Manfred schwor, seine Geliebte nie wieder zu sehen, sofort Schluß zu machen. Doch dann wurde er für vier Wochen wieder rückfällig. Er versprach mir hoch und heilig, nun sei wirklich alles vorbei. Er liebe mich und die Kinder über alles. Er würde alles tun, um uns wieder glücklich zu machen. Ich solle doch bitte, bitte seinen Seitensprung verzeihen und vergessen. Ich solle doch an die Kinder denken ... Die bräuchten doch auch ihren Vater! Ich war hin- und hergerissen ...«

Sie konnte einfach nicht vergessen und verzeihen, was Manfred ihr angetan hatte. Außerdem: »Wenn ich ganz ehrlich bin, dann muß ich zugeben, daß ich in den vergangenen zwei, drei Jahren nicht gerade glücklich mit Manfred war. Es gab immer wieder Streitereien. Weil es meinem Mann zu Hause nicht ordentlich genug war, weil ich abends zu müde war, um bis in die Nacht zu warten, bis er endlich aus der Klinik kam. Weil ich nicht immer nur über seine Kranken, sondern auch über meinen Tag und die Kinder reden wollte.«

Manfred gibt zu: »Ich hatte viel zu wenig Zeit für meine Familie. Ich war gewohnt, Befehle zu erteilen, und erwartete, daß sie auch befolgt wurden. Keine Diskussionen darüber, wohin meine Familie in den Urlaub wollte. Wenn ich mir Irland in den Kopf gesetzt hatte, dann fuhren wir eben nach Irland!«

Christine fragte sich immer wieder: »Will ich mein weiteres Leben so verbringen wie in den vergangenen Jahren? Will ich mit diesem Mann alt werden?« Irgendwann stand für sie fest: »Nein, so nicht.«

Doch was sollte aus den Kindern werden? Sie lieben ihren Vater.

Christine: »Aber in den letzten Monaten war aus dem Familienleben sowieso eine Horrorvorstellung geworden. Wir stritten uns andauernd. Und wenn ausnahmsweise mal nicht, dann herrschte eisiges Schweigen. Manfred zog sich so oft wie möglich in sein Arbeitszimmer zurück. Nein, das war kein Familienleben mehr.«

Schließlich zog Christine die Konsequenzen. Es gab ein schreckliches Gespräch mit Manfred – und ein paar Wochen später zog er aus.

»Ich hatte den Kindern erklärt, wieso und warum und was geschehen war und wie die Zukunft aussehen sollte. Sie machten verstörte Gesichter, die Mädchen weinten sogar. Es war schwer, verdammt schwer. Aber ich glaube, daß die Kinder letztendlich mit einer ausgeglichenen Mutter besser zurechtkommen als in einem Elternhaus, in dem es nur noch Kälte, Vorwürfe und Streit gibt. Und sie können ihren Vater selbstverständlich so oft besuchen, wie sie wollen.«

Ein halbes Jahr später wohnte Manfred bereits mit seiner Geliebten zusammen. An den Wochenenden fahren die Kinder, die bei Christine leben, zu ihm und seiner neuen Lebensgefährtin.

Christine: »Natürlich wünschen sich die Kinder manchmal heimlich, daß ihre Eltern sich wieder versöhnen würden ... Aber diese Sehnsüchte kommen immer seltener. Ich glaube, sie sind auch so glücklich.«

Was tun, wenn seine Geliebte nicht lockerläßt?

Von der Seite der Geliebten sieht die Situation so aus: Sie lernt einen Mann kennen, in den sie sich rasend verliebt, der ihre Gefühle erwidert und sie verwöhnt, ihr schwört, daß er noch nie mit einer Frau so glücklich wie mit ihr gewesen sei.

Dann kriegt seine Ehefrau irgendwann Wind von der Affäre. Sie macht ein Riesentheater, jammert, droht und schüchtert ihren betrügenden Mann so ein, daß er jammervoll verspricht, auf seine Geliebte zu verzichten.

Wenn der Mann wenigstens ein winziges Quentchen Mut hat, gesteht er seiner Geliebten, daß nun Schluß sein muß. Weil ... Na ja, tausend Gründe wird er finden. Die ihm in den meisten Fällen die Ehefrau eingetrichtert hat.

Die Mehrheit der Männer ist allerdings feige, wenn es um so unerfreuliche Situationen geht. Sie melden sich einfach nicht mehr. Tun so, als hätte es die andere Frau in ihrem Leben nie gegeben. Dabei weiß die genau, daß seine Liebesschwüre ernst gemeint waren und der Mann verrückt nach ihr ist.

So schnell gibt eine Geliebte da nicht auf. Sie ruft ihn an, schickt ihm Briefe, Telegramme oder eindeutige Erinnerungspäckchen mit zweifelhaftem Inhalt. Entweder den spitzenbesetzten Slip, den er immer so sexy an ihr fand, oder eine Flasche seines Lieblingschampagners. Sie hofft, daß er weich werden wird und sich zu ihr bekennt.

Wenn die Geliebte es sehr geschickt anstellt, können Sie als Ehefrau einfach nicht übersehen, daß diese Frau Ihnen mit allen Mitteln Ihren Mann ausspannen will. Diese Frau ruft nachts um 23 Uhr noch an. Sie schickt Liebesbriefe nach Hause. Steht vielleicht einfach vor der

Tür und will Ihnen erklären, wie sehr Ihr Mann sie liebt und daß Sie ihn bitte endlich freigeben sollen. Er wäre bisher sowieso nur aus Mitleid bei Ihnen geblieben ...

Wie soll man sich bei solch nervenaufreibendem Auftreten der Geliebten verhalten?
- Wenn die Geliebte Sie um ein Treffen bittet, weil man sich doch einmal aussprechen müsse, dann lehnen Sie dankend ab.
- Wenn sie bei Ihnen anruft – legen Sie sofort den Hörer auf.
- Wenn sie unerwartet vor Ihrer Haustür auftaucht – verabschieden Sie sie gleich an der Tür.
- Lassen Sie Briefe und Päckchen mit eindeutigem Absender sofort zurückgehen – ungeöffnet natürlich!
- Sollte es die Geliebte doch durch irgendeinen hinterhältigen Trick schaffen, bis in Ihr Wohnzimmer zu kommen und Ihnen einen Vortrag zu halten, wie sehr Ihr Mann sie liebt – dann gibt es nur eine Antwort: »Glauben Sie denn, Sie sind die erste Frau, die vor mir sitzt und mir zu erklären versucht, daß mein Mann sie angeblich liebt? Wissen Sie, das erzählt er jeder. Und glauben Sie mir, Sie sind nicht die erste Frau, die er enttäuscht hat. Er ist nun einmal so. Und was glauben Sie wohl, warum mein Mann und ich immer noch zusammenleben und er nicht schon längst zu einer seiner kleinen Gespielinnen gezogen ist? Es tut mir ja leid, daß ich Ihnen Ihre Träume nehmen muß. Aber ich denke, es ist besser, wenn Sie jetzt gehen.«

Auch wenn Ihnen in so einer Situation zum Heulen zumute ist oder Sie dieser Frau die Augen auskratzen möchten – bleiben Sie äußerlich ganz ungerührt. Behandeln

Sie seine Geliebte wie ein störrisches Kind, das einfach nicht lernen will, daß man sich die Finger verbrennt, wenn man sie auf die heiße Herdplatte legt.

Lassen Sie sich auf keinen Fall von dieser Frau verunsichern. Das genau will sie ja erreichen. Denken Sie daran, daß Ihr Mann sich für Sie entschieden hat! Daß er bei Ihnen bleiben und nicht zu seiner Exgeliebten ziehen will. Kämpfen Sie um Ihren Mann.

Und wenn es sein muß, dann überreden Sie ihn, seine Exgeliebte jetzt und auf der Stelle anzurufen und ihr zu erklären, daß es endgültig aus und vorbei ist. Daß er Sie und keine andere liebt und je lieben wird.

Ihr Mann muß in dieser Angelegenheit zu der Überzeugung gelangen, daß es seine Exgeliebte ist, die ihn nervt, und nicht Sie. Nein, Sie sind ein Vorbild an Würde, Klugheit und Verständnis. Und Sie haben sogar den Großmut, ihm dabei behilflich zu sein, daß diese Belästigungen durch sein Exverhältnis aufhören und er sich wieder den wirklich wichtigen Dingen des Lebens widmen kann.

Checkliste für den neuen Umgang miteinander

Wenn Sie sich entscheiden zusammenzubleiben, ist wohl das Komplizierteste an der neuen Situation, daß sie beide erwarten, daß sich spontan einfach alles ändert. Daß der alte Zustand einer glücklichen Ehe in Ihr Haus tritt wie der Klempnermeister, den Sie vor drei Wochen bestellt haben und der jetzt endlich kommt.

Die Wirklichkeit sieht aber anders aus: Sie beide stehen da wie zwei Kinder, die aufs Christkind warten – aber es enttäuscht sie.

Auch wenn Sie sich nach soundso vielen Ehejahren so gut wie in- und auswendig kennen, jeden Blick und jede Geste des anderen meinen deuten zu können – es ist längst nicht mehr alles so, wie es einmal war. Diese Tatsache können Sie einfach leugnen, doch das hätte zur Folge, daß Sie fortan mit ziemlicher Sicherheit als zwei unglückliche Menschen nebeneinanderher leben.

Feiern Sie Silvester! Für Ihre Ehe beginnt sozusagen ein neues Jahr. Sie haben die Chance, aus einer Krise einen Glücksfall zu machen. Eine Beziehung, in der beide zufrieden sind. So, wie es einmal war. Damals, als Sie sich kennenlernten ...

Jedes Geschäft, das gut geführt wird, macht vor Silvester allerdings erst einmal eine Bestandsaufnahme, eine Inventur.

Gründen Sie eine Blind-Firma, bestehend aus Ihnen und Ihrem Mann. Sie sind beide die Geschäftsführer und teilen deshalb das Interesse, daß der Betrieb so gut und so effektiv wie möglich läuft.

Allerdings: Wer immer nur in den eigenen vier Wänden über die anstehenden Probleme grübelt, wird schnell betriebsblind.

Planen Sie einen Betriebsausflug. Das Geld für eine Wochenendreise entnehmen Sie der Kasse der beiden Geschäftsführer. Fahren Sie in ein romantisches Hotel in die Berge, an einen See, mieten Sie ein Apartment auf Sylt oder eine Hütte in Österreich. Auf jeden Fall: Nichts wie raus aus dem Alltag!

Reden Sie, wann Sie wollen und wo Sie wollen über Ihre Firma, die in diesem Fall Ihre Ehe ist. Beide sollen sagen, welche Vorstellung sie früher von dieser Partnerschaft hatten und wie sie heute aussieht.

Vielleicht kommen Sie schon schnell darauf, daß Sie

beide teenagerhaften Träumen nachhängen – von ewigem Glück, grenzenlosem Vertrauen und süßen Küssen, die auch noch nach fünfzehn Jahren Begehren wecken. Und Sie beide haben sich so sehr in diese Vorstellung, wie eine glückliche Ehe zu sein hat, verbissen, daß Sie die Wirklichkeit dementsprechend umformen wollten und noch wollen. Ein hoffnungsloses Unterfangen! Kommen Sie schnell zurück in die Wirklichkeit. Sonst ist Ihre Firma nichts als ein Wolkenkuckucksheim.

Gleichen Sie Ihre Vorstellungen von der Partnerschafts-Firma neu ab. Was erwarten Sie von dieser Ehe? Von Ihrem Mann? Was erwartet er von Ihnen? Welche Erwartungen sind so realistisch, daß der andere sie auch erfüllen kann?

Es ist sicherlich sehr verlockend, aber eben utopisch, wenn Sie von Ihrem Partner erwarten, daß er Sie jeden Tag wie ein feuriger Liebhaber umwirbt, daß er sich in jeder Situation nur noch wie ein Gentleman verhält und Ihnen schon beim Frühstück den Stuhl zurechtrückt. Und kein Mann dieser Welt wird es fertigbringen, Sie jeden Abend nach getaner Arbeit mit klugen und aufregenden Geschichten zu unterhalten, Ihnen dabei zärtlich über das Haar zu streichen und mit Ihnen nach einem tollen Dinner bei Kerzenlicht den Sonnenuntergang zu bewundern.

Andererseits kann er natürlich nicht davon ausgehen, daß Sie zu all seinen Entscheidungen nur ja und amen sagen. Daß Sie kochen können wie Alfons Schubeck, Waschfrau Clementine noch an Reinlichkeit übertreffen, gleichzeitig in allen erotischen Belangen die Pop-Sirene Madonna übertrumpfen und dazu noch besser aussehen als beispielsweise Iris Berben.

Ein paar Beispiele für realistische Erwartungen:

Für sie:
- Es wäre schön, wenn wir öfter mal essen gehen würden.
- Ich würde mich freuen, wenn du dir auch anhörst, was hier zu Hause mit den Kindern los war, wenn du nicht immer nur über deinen Job reden könntest.
- Es wäre schön, wenn wir einfach mal so kuscheln könnten – ohne daß du gleich mehr willst ...
- Mußt du denn sofort sauer werden, wenn irgend etwas nicht nach deinem Willen läuft?
- Es macht mich eifersüchtig, wenn du mit der Nachbarin flirtest und auf der Straße anderen Frauen hinterherguckst ...
- Es tut mir weh, wenn du dich über meine Figur lustig machst.

Für ihn:
- Ich finde es toll, wenn du dich auch zu Hause öfter schick anziehst. Nur für mich. Nicht nur dann, wenn Gäste kommen.
- Ich würde mich freuen, wenn auch du mal beim Sex die Initiative ergreifen würdest. Das zeigt mir, daß du mich noch begehrst. Genau wie ich dich.
- Es wäre schön, wenn du ab und zu die Hausarbeit vergessen und mit mir spazierengehen könntest.
- Lobe mich doch mal, wenn ich stolz sage, daß ich endlich das Regal in der Küche befestigt habe.
- Warum bist du oft so unsicher? Sag doch, was du denkst und was du willst. Du bist doch eine tolle Frau mit Selbstbewußtsein – ich will dich nicht unterdrükken. Aber wie soll ich wissen, was du möchtest, wenn du dich ausschweigst?

Haben Sie Ihre Inventur realistisch beendet, können Sie Silvester feiern, sich ganz schick anziehen, ganz vorzüglich essen, einmal richtig über die Stränge schlagen, Champagner trinken, tanzen, lachen und erst morgens um drei Uhr im Bett landen ...

Natürlich müssen Sie damit rechnen, daß ab dem nächsten Morgen nicht gleich alles wie am Schnürchen läuft. Es wird Rückschläge geben, Mißverständnisse, Rückfälle in alte Verhaltensweisen. Aber in jedes Getriebe gerät manchmal Sand. Das kommt auch in Ihrer Firma vor. Nur: Wenn Sie es bemerken, sollten Sie schnell handeln – und darüber reden. Sie müssen nicht gleich aus jeder Mücke einen Elefanten machen. Sie können Probleme ja auch zurückstellen und beim nächsten Treffen der Geschäftsführer in einem Restaurant zur Sprache bringen.

Wichtig ist nur eines: Vergessen Sie die Teenager-Illusionen. Sehen Sie die Wirklichkeit so, wie sie ist. Sie lieben Ihren Mann, und er liebt Sie – aber deshalb ist die Ehe noch lange kein Jahrmarkt voller süßer Überraschungen.

Wie Sie neue Glücksmomente finden

Angenommen, es geht Ihnen wirklich auf die Nerven, daß Ihr Mann Sie immer so behandelt, als seien Sie ein dummes kleines Kind. Er reißt Ihnen fast alle technischen Geräte, die nicht Staubsauger oder Küchenmaschine heißen, sofort aus der Hand und beruhigt Sie: »Laß mal. Das mach' ich schon. Das kannst du nicht.« Auch wenn Freunde bei Ihnen zu Besuch sind, behandelt er Sie so. Spricht man über einen Film oder ein neues Auto, über Ratenkredite oder Aktien – ständig führt er das Wort.

Das macht Sie wütend. Sie haben schon alles versucht, um mit Ihrem Mann über dieses Thema zu reden. Sie haben ihm in Ruhe erklärt, daß Sie durchaus eine erwachsene Frau sind, die auch so behandelt werden will. Sie haben ihn auch schon einmal angezischt, er solle gefälligst seine demütigende Haltung aufgeben. Sie haben ihm sogar im Streit gedroht. »Wenn du mich noch einmal wie ein Dummchen behandelst, dann ... dann renn' ich sofort aus dem Haus!

Nun, Sie packen das Problem falsch an. Warum, zeigt dieses Beispiel:

Nehmen wir einmal an, Sie wollen – das Ziel ist beliebig austauschbar –, daß Ihr Mann jeden Abend kocht. Weil Sie keine Lust dazu haben. Sie haben eingekauft, es ist alles im Haus. Ihr Mann kommt nach Hause. Und wenn Sie ihn bitten, er möge doch kochen, kommt als Antwort von ihm: »Also, wirklich! Ich habe den ganzen Tag gearbeitet ...«

Sie: »Ich auch!«

Er: »Aber das ist doch was anderes! Ich bin jetzt wirklich zu müde ...«

Sie: »Ich auch.«

Er: »Herr im Himmel! Was soll ich denn noch alles machen?! Ist denn das so schlimm, wenn du kochst?!«

Und so weiter. Irgendwann stehen Sie am Herd und kochen ...

Sie versuchen eine andere Taktik und sprechen ihn schon am nächsten Morgen erneut auf das Thema an. Daraufhin wird er mit ziemlicher Sicherheit entnervt sein Brötchen auf den Teller werfen und sagen: »Ich geh' jetzt!« Je öfter Sie ihn aufs Kochen ansprechen, um so wütender wird er werden. Und nie werden Sie ihn so dazu kriegen, daß er sich an den Herd stellt.

Aber so können Sie es erreichen:

Sie kaufen nicht ein, sie kochen nicht. Und Sie sprechen nicht ein Wort über das Thema Kochen. Wenn er Sie fragt, warum es nichts zu essen gibt, antworten Sie: »Ach, ich habe keinen Hunger.«

Er: »Aber ich! Ich habe schließlich den ganzen Tag gearbeitet!«

Sie: »Das tut mir leid, mein Schatz!«

Er: »Kannst du mir vielleicht jetzt was zu essen machen?«

Sie: »Tut mit leid, Schatz. Ich muß jetzt noch Wäsche waschen und deine Hemden bügeln.«

Er: »Kann das nicht warten?!«

Sie: »Nein, leider nicht.«

Wichtig: Sagen Sie nie: »Koch dir doch selbst was!«

Hauchen Sie Ihrem Mann einen Kuß auf die Wange, gehen Sie in den Waschmaschinenkeller und bügeln Sie.

Kann sein, daß Ihr Mann an diesem Abend wütend in seine Stammkneipe rennt, um dort zu essen. Aber er wird sehr bald aufgeben und selbst kochen.

Sie haben Ihr Ziel erreicht, und Ihr Mann hat sein Gesicht gewahrt – weil Sie ihn ja nicht gezwungen haben zu kochen. Sie haben auch nicht gebettelt und gedroht. Nein, das hat er alles selbst entschieden.

Diese Übung folgt dem schlichten Prinzip: Geben Sie ihm oder ihr *weniger* vom Gewünschten, wenn Ihre Erwartungen erfüllt werden sollen.

Mehr davon zu geben würde das Gegenüber nur bockig machen. Ihm *weniger* zuzubilligen ermöglicht dem Partner, sein Gesicht nicht zu verlieren und das unerwünschte Verhalten von sich aus aufzugeben.

Aber Vorsicht! Natürlich müssen Sie sich darüber klar sein, daß bestimmte Verhaltensweisen Ihres Partners sich nicht mehr ändern lassen. Das ist bei Ihnen ja genauso. Sie können aus einem Mann, der sein Bewegungsprogramm immer auf der Wohnzimmercouch absolvierte, indem er die Sportshow einschaltete, wohl kaum einen Ausdauersportler machen, der mit Ihnen jeden Abend um den Block joggt.

Eine Partnerschaft zu leben bedeutet ja nun einmal auch, den anderen grundsätzlich anzunehmen, und dazu gehören auch Schwächen.

Damit das neue Leben miteinander nicht nur aus Diskussionen besteht und irgendwann doch wieder in der hinlänglich bekannten Alltagslangeweile endet, sollten Sie sich dringend neue Glücksmomente gönnen. Einfach einmal wieder etwas Ausgefallenes unternehmen, zusammen lachen, etwas Schönes erleben, die Seele in ein Traumland entschweben lassen.

Womit Sie als Ehefrau Ihren Mann überraschen können:
- Kaufen Sie je nach Gusto Ihres Mannes Karten für ein wichtiges Fußballspiel, ein Konzert, ein Theaterstück, und gehen Sie mit ihm hin.
- Oder besorgen Sie Zuschauerkarten für eine Sportschau im Fernsehstudio. (Bekommen Sie direkt bei den zuständigen Redaktionen der Fernsehsender.)
- Laden Sie seine besten Freunde vom Stammtisch oder Sportverein zu einer Grillparty ein.
- Leihen Sie das neueste Video mit seinem Lieblingsschauspieler aus, und inszenieren Sie einen Kinoabend zu Hause. Mit Bier oder Wein, Popcorn oder Sushi, einerlei, die Hauptsache ist, er mag es.
- Fahren Sie mit ihm zu einer großen Auto- oder Bootsschau, wenn er sich für so etwas interessiert.
- Laden Sie ihn zu einem Picknick ein – so richtig länd-

lich-deftig. Egal, ob's draußen noch etwas kühl ist. Ziehen Sie sich mummelig warm an.
- Überraschen Sie ihn mit einem exklusiven Sonntagsfrühstück. Mit Kaffee, Champagner, Käse, Kaviar, Erdbeeren – was immer er gerne ißt und was Sie sich sonst nicht gönnen. Dazu seine Lieblingsmusik.
- Kochen Sie einmal wie in einem Drei-Sterne-Restaurant. Decken Sie den Tisch mit Blumen und Kerzen, kleiden Sie sich an, als würden Sie groß ausgehen.
- Gibt es einen heimlichen Wunsch, den Sie ihm erfüllen können? Eine Ballonfahrt, Skifahren in St. Moritz, Motorbootfahren in Monte Carlo, einmal auf einer Harley Davidson fahren?

Womit Sie als Ehemann Ihre Frau überraschen können:
- Schenken Sie ihr das neueste exklusive Parfüm.
- Nehmen Sie sie sanft in den Arm, küssen Sie sie – ganz einfach so. Und sagen Sie ihr, daß Sie sie lieben und sie für Sie die schönste Frau der Welt ist.
- Laden Sie Ihre Frau zu einem Wochenende in ein wunderschönes Hotel ein.
- Gehen Sie mit ihr wieder einmal auf einen Ball oder eine andere Tanzveranstaltung.
- Überreden Sie sie in einer lauen Sommernacht zu einem Spaziergang im Mondschein.
- Schenken Sie ihr ein hübsches Schmuckstück.
- Bringen Sie ihr am Wochenende ein tolles Frühstück ans Bett.
- Gehen Sie mit ihr zum Shopping, und schenken Sie ihr etwas Schönes – eine Tasche, Modeschmuck, einen tollen Nagellack, Handschuhe.
- Wenn Sie Gäste haben oder nebeneinander auf der Straße gehen – nehmen Sie zwischendurch einmal

ihre Hand, streicheln Sie ihr übers Haar. Zeigen Sie ihr auch vor anderen, daß Sie sie lieben.
- Überreden Sie sie zu etwas ganz Verrücktem – zum Schlittschuhlaufen auf der Eisbahn, Schlitten fahren im Stadtpark, Tiere füttern im Zoo, um die Wette laufen im Park, Kunstschwimmen im Hallenbad, zur Schneeballschlacht oder zum Walzertanzen im Garten. Gemeinsam zu lachen entspannt ungemein.

Was Sie noch unternehmen könnten:
- Gehen Sie wieder einmal ins Kino, ein Eis essen oder auf einen Cappuccino ins Café.
- Verabreden Sie sich gleich nach der Arbeit, und gehen Sie zum Chinesen, zum Italiener, oder probieren Sie einmal ein mexikanisches, indisches oder thailändisches Restaurant aus.
- Gehen Sie am Samstag zusammen einkaufen. Jeder darf die Zutaten für sein Lieblingsessen aussuchen.
- Renovieren Sie gemeinsam die Wohnung. Suchen Sie Stoff für den neuen Couchbezug oder die Vorhänge aus. Verwandeln Sie Ihr Zuhause so, daß Sie es neu und gemütlich finden und Sie sich beide wohl darin fühlen.
- Bummeln Sie gern? Durchstöbern Sie einmal wieder Antiquitätenläden, kleine Galerien oder Kunstgewerbegeschäfte.
- Gärtnern Sie gern? Bepflanzen Sie Balkonkästen mit Margeriten und Geranien, setzen Sie neue Rosenstöcke in die Blumenbeete, legen Sie eine Jasminhecke an, bauen Sie sich ein Gartenhäuschen oder ein kleines Glashaus, um darin Blumen zu züchten.
- Kuscheln und reden Sie mal wieder auf der Couch, statt jeden Abend in die Glotze zu gucken. Dazu ein Glas Wein, leise Musik.

Natürlich können Sie noch viele andere Dinge unternehmen. Es kommt dabei gar nicht so sehr darauf an, was es ist. Wichtig ist nur, daß Sie gemeinsam etwas unternehmen, was Sie normalerweise im Alltag nicht tun, und dabei Nähe spüren.

Unweigerlich wird es Momente geben, in denen Sie daran zweifeln, ob die Entscheidung, sich wieder mit Ihrem Partner zu versöhnen, richtig war. Und ob Sie wirklich verzeihen können, was er Ihnen angetan hat. Dann möchten Sie sich am liebsten verkriechen und weinen.

So eine Situation kann zum Beispiel auftreten, wenn Sie sich von ihm unverstanden fühlen. Wenn er in Gedanken bei seiner Arbeit ist und Ihnen nicht richtig zuhört; wenn Ihr Mann etwas Falsches sagt oder tut; oder wenn Ihre Frau Ihnen kalt, abweisend und gar nicht liebevoll erscheint. Es ist ganz natürlich, daß Sie sich in solchen Situationen fragen, warum Sie das alles auf sich nehmen und ob aus uns Ihnen jemals wieder ein halbwegs glückliches Paar wird.

Machen Sie sich in solchen Situationen nicht selbst verrückt! Verfangen Sie sich nicht in endlosen Selbstzweifeln und Fragen, auf die Sie im Moment keine Antworten haben.

Denn diese schwachen Stunden fußen auf dem schon angesprochenen Utopie-Syndrom. Sie erwarten vielleicht punktuell einfach zu viel und sind zu ungeduldig. Verabschieden Sie sich von unrealistischen Vorstellungen! Denn die stehen Ihrem Leben nur im Weg. Sehen Sie Ihre Partnerschaft so, wie sie ist – voller lichter, aber eben auch dunkler Momente. Es ist völlig normal, daß Sie nicht immer vor Glückseligkeit lächeln können. Auch Ihrem Partner geht es so. Er wünscht sich vielleicht den Ehehimmel auf Erden – und bekommt eben auch nur eine ganz normale Partnerschaft. Die aber um Klassen besser ist, als es eine Beziehung zu einem anderen Menschen wäre – denn Sie beide verstehen und lieben sich, Sie vertrauen sich und möchten noch einen langen Weg gemeinsam gehen.

Vorsicht: Es liegt in unserer menschlichen Natur, daß wir die schlechteren Lebensmomente sofort erkennen und uns nachhaltiger daran erinnern, während wir die schönen allzu selbstverständlich erachten. Wenn der Partner sich am Abend schlecht benimmt, vergißt man darüber leicht, daß er am Morgen besonders liebevoll und einfühlsam war. Aber damit machen Sie sich das Leben leider grauer, als es ist.

Wenn Sie in der Situation sind, in der Sie Ihren Partner, Ihre Liebe, Ihre Ehe in Frage stellen, dann lenken Sie Ihre Gedanken doch bewußt in eine andere Richtung. Rufen Sie sich bewußt in Erinnerung, daß er Ihnen erst gestern gesagt hat, wie schön Sie aussehen, daß Sie es so sehr mögen, wenn er Sie wie ein kleiner Junge anschaut – so ein bißchen frech und schüchtern zugleich. Betrachten Sie Ihre guten Gedanken an ihn wie einen schönen Blumenstrauß, an dem Sie sich jeden Tag erfreuen können.

Und dann die Sache mit dem Sex

Für Menschen, die betrogen wurden, wird der Sex plötzlich zu einem großen Problem. Wieder miteinander zu reden, sich in die Augen zu schauen, sich zu berühren, sich zu lieben, nebeneinander einzuschlafen und aufzuwachen – diese körperliche und seelische Nähe wiederherzustellen, fällt schwer.

Wann Sie soweit sind, seine (oder ihre) Hände wieder auf Ihrem Körper spüren zu wollen, kann Ihnen nur das Gefühl sagen. Es ist ganz natürlich, daß Sie erst einmal hin- und hergerissen sind; daß Sie sich einerseits danach sehnen, Ihrem Partner ganz nahe zu sein, andererseits Angst davor haben, sich auszuliefern.

Gedanken geistern in Ihrem Kopf umher wie: Soll ich die Initiative ergreifen? Oder warten? Wie mache ich es richtig? Ich will nicht, daß sie (oder er) denkt, ich wolle nur meine Lust befriedigen. Aber ich will auch nicht zögerlich wirken – so, als hätte ich eigentlich keine Lust. Findet er/sie mich wohl noch begehrenswert? Was ist, wenn ich zurückgewiesen werde? Denkt er/sie »dabei« an die/den andere/n? War der Partner für den Seitensprung vielleicht besser im Bett als ich? Was ist, wenn ich plötzlich mittendrin keine Lust mehr habe?! Wenn ich es nicht ertrage, geküßt und liebkost zu werden? Macht sie/er mir vielleicht nur vor, daß sie/er Spaß daran hat?

Sich auch körperlich zu lieben ist ein elementarer Bestandteil einer Partnerschaft. Aber wie erreichen Sie das Liebesziel, ohne daß der erste Sex in einem Desaster endet?

Vielleicht inszenieren Sie Ihre Liebesnacht sorgfältig. Und Sie beschließen, daß es vielleicht am nächsten Wochenende passieren soll. Planen Sie die zwei Tage so, daß Sie nur das tun, wozu Sie beide Lust haben. Und daß es zu jeder Zeit passieren kann oder auch nicht. Lassen Sie sich Raum für Spontaneität.

Denn wenn Sie es ganz fest für den Samstag abend einplanen, wird es mit ziemlicher Sicherheit nicht passieren. Da sind Sie beide vorher so aufgeregt und fühlen sich vielleicht unter Druck gesetzt, daß Ihnen jede Lust vergeht.

So könnte ein Wochenende aussehen:

Lange schlafen. In Ruhe im Bett frühstücken. Gemeinsam Zeitung lesen, über einen Fernsehfilm oder eine neue Ausstellung reden. Gemeinsam duschen. Spazierengehen, auch wenn es regnet. In einem kuscheligen Bistro eine Kleinigkeit essen. Nachmittags Kaffee und vielleicht einen Sherry zu Hause. Musik hören. Aneinander gekuschelt ein Buch lesen. Abends gemeinsam kochen. Legen Sie Ihre Lieblingsplatten auf. Oder Platten aus Ihrer Jugendzeit. »Erinnerst du dich …? Damals …«

Am Sonntagmorgen könnten Sie bei Kerzenlicht und einem Glas Sekt gemeinsam baden. Hinterher zum Brunch in ein Restaurant gehen. Anschließend vielleicht ins Kino. Einen Liebesfilm angucken. Nachmittags die alten Fotoalben hervorkramen und darin blättern. Abends sich ganz schick anziehen und ganz toll essen gehen. Und hinterher vielleicht in eine Bar?

Wenn es nicht passiert – nun gut. Dann brauchen Sie eben noch etwas Zeit. Aber wenn Sie sich irgendwann so nahe kommen, daß Sie nur noch Zärtlichkeit und Lust empfinden, dann geben Sie sich Ihren Empfindungen hin. Versuchen Sie, jeden Augenblick dieses Wochenendes zu genießen. Und auch den Sex, wenn es soweit kommen sollte.

Eine andere Möglichkeit ist die sanfte Annäherung. Reden Sie mit Ihrem Partner über Ihre Ängste und Zweifel. Und beschließen Sie gemeinsam, daß Sie erst einmal keinen Sex wollen, aber nicht auf Zärtlichkeit und Nähe verzichten möchten.

Einige Möglichkeiten, sich auf die sanfte Art näherzukommen:
- So oft wie möglich Händchenhalten. Das gibt Ihnen ein Gefühl der Zusammengehörigkeit und vermittelt Sicherheit.

- Sich eng nebeneinander auf die Couch kuscheln – beim Fernsehen oder Lesen. Einfach dasitzen und ab und zu dem Herzschlag des anderen lauschen, seinen Geruch einatmen, seinen Körper erleben.
- Sich gegenseitig streicheln. Über die Haare, die Gesichtszüge erkunden, die weiche Haut auf den Armen, die empfindliche Partie im Nacken, die Schultern entlang, den Rücken hinunter. Sich einfach nur berühren. Darauf horchen, was Sie dabei empfinden, wie Ihr Körper reagiert.
- Gemeinsam baden und sich hinterher abtrocknen. Den anderen sanft massieren, ihn eincremen. Überlassen Sie sich ganz der Stimmung, den schönen Gerüchen, dem Gefühl, verwöhnt zu werden und den anderen zu verwöhnen.
- Legen Sie sich nebeneinander nackt aufs Bett. Bleiben Sie ganz ruhig liegen, schließen Sie die Augen. Und der Partner streichelt und berührt Sie. Lassen Sie Ihre Augen geschlossen. Sie haben beschlossen, erst einmal keinen Sex zu haben! Genießen Sie nur die Empfindungen, die seine Berührungen in Ihnen auslösen. Dann kommt Ihr Partner an die Reihe. Sie streicheln und liebkosen ihn, erfahren seinen Körper neu, wie er reagiert, wie seine Härchen sich aufstellen, wenn Sie über seine Haut streicheln. Wie er atmet, wie sein Herz schlägt. Diese intime Streichelstunde schafft große Nähe. Und Sie können wieder Vertrauen zueinander fassen. Fühlen sich begehrt und schön.

Die Vorteile einer vorläufigen Trennung

Hat der Seitensprung Ihres Partners Ihr Leben so verwüstet, daß Sie aus dem tiefen Tal der Tränen, der Wut und Eifersucht gar nicht herauskommen, müssen Sie trotzdem nicht gleich über Scheidung reden. Es kann ja sein, daß Sie beide Abstand brauchen, um darüber nachzudenken, was nun werden soll, weil Sie sich im Moment gegenseitig so auf die Nerven gehen, daß keiner auch nur einen klaren Gedanken fassen kann.

Im eigenen Haus oder in der eigenen Wohnung läßt sich die nötige Distanz schlecht erreichen. Da laufen Sie sich andauernd wieder über den Weg, ob Sie wollen oder nicht. Sie brauchen die Milch für Ihren Kaffee, und Ihr Mann will sich gerade ein Wurstbrot machen. Und schon stehen Sie beide schweigend vor dem Kühlschrank. Oder Sie lesen im Schlafzimmer, er guckt sich im Wohnzimmer einen Western an – und das Geheul der Indianer und das wilde Galoppieren der Pferde machen Sie schier wahnsinnig.

Nein, so geht es nicht. Was Sie brauchen, ist auch eine räumliche Trennung. Aber wer soll ausziehen? Und wie soll das funktionieren?

Die praktische Planung:

Wenn Sie keine Kinder haben oder die schon groß genug sind, können Sie ja für die nächste Zeit zu Ihren Eltern, zu einer guten Freundin oder zu lieben Freunden in eine andere Stadt ziehen. Geht das nicht, kann ja vielleicht Ihr Partner erst einmal bei Freunden unterschlüpfen, damit Sie allein oder mit den Kindern in der Wohnung bleiben können.

Wenn Sie allerdings der Meinung sind, daß sich die Situation in ein oder zwei Wochen nicht grundlegend geändert haben wird und Sie auch dann noch nicht zu einem Entschluß gekommen sind, dann sollte sich einer der Partner eine eigene kleine Wohnung nehmen. Ist das aus finanziellen Gründen nicht möglich, könnten Sie daran denken, die teure Wohnung oder das teure Häuschen erst einmal zu verkaufen oder zu vermieten, und jeder von Ihnen sucht sich eine bezahlbare kleine Wohnung.

Die Möbel werden – soweit möglich – gerecht verteilt. Sie nehmen das Ehebett, Ihr Partner das Gästebett. Er kriegt den Schlafzimmerschrank und den Fernseher. Sie den Flurschrank und das große Sofa.

Versuchen Sie, bei der Verteilung nicht zu streiten! Bestehen Sie nicht darauf, den Biedermeier-Sekretär mitzunehmen, nur weil Sie ihn so schön finden, wenn Ihr Partner ihn dringend zum Arbeiten braucht.

Wenn Sie sich nicht über eine Liste einigen können, in der jeder aufgeführt hat, was er gern mitnehmen möchte, bitten Sie Ihre besten Freunde um Hilfe. Die sind sozusagen Ihre Anwälte und handeln einen für jeden annehmbaren Kompromiß aus.

Wichtig dabei ist: Es geht hier nicht um eine endgültige Trennung. Sie müssen also nicht alles eilig zusammenraffen, was Sie mit in die Ehe gebracht haben. Lassen Sie ihm Ihre Eßtischstühle, wenn er sie braucht. Nehmen Sie die Küchenstühle, wenn Sie damit genauso zufrieden sind. Und er sollte Ihnen ruhig die Kristallgläser seiner Großmutter mitgeben, die Sie so schön finden. Dann nimmt er eben die modernen Wassergläser. Natürlich, ein bißchen guten Willen setzt das voraus. Aber wenn Sie Ihre Ehe retten wollen, brauchen Sie den in solchen Momenten.

Sollte es irgendwann aber doch zur Scheidung kommen, ist es besser, wenn Sie jetzt schon schriftlich festlegen, was wem gehört, wer was in die Ehe eingebracht hat. Und daß Sie dieses und jenes Teil jetzt an ihn ausgeliehen haben.

Helfen Sie sich gegenseitig bei der Bewältigung der anstehenden Probleme, denn es kommt einiges auf Sie zu: Wohnungsbesichtigungen, Schränke entrümpeln, Kisten organisieren und mit Umzugsgut füllen, das Einweisen der Möbelpacker, Briefe mit der neuen Anschrift an Versicherungen, Banken und Arbeitgeber, der Gang zur Meldebehörde.

Damit Sie beide nicht das Gefühl haben, alles sei nun endgültig aus und vorbei, sollten Sie dem anderen so viel Unterstützung wie möglich anbieten. »Wenn du mir die Badezimmerregale anbringst, würde ich dir gern beim Streichen helfen.« – »Soll ich dir einen Duschvorhang besorgen?« – »Ich helfe dir gern, den Schrank aufzubauen.«

Sie sind noch ein wichtiger Teil im Leben Ihres Partners! Sie haben nur beschlossen, erst einmal getrennte Wege zu gehen, um vielleicht neu zueinander zu finden.

Es ist ganz natürlich, daß Sie einer Trennung auf Probe zugestimmt haben und nun trotzdem Probleme mit dieser Lösung haben. Daß Sie zum Beispiel befürchten, allein doch nicht zurechtzukommen oder Ihren Partner gänzlich zu verlieren. Die Angst, Ihr Partner würde Sie gleich mit dem nächstbesten Lover wieder betrügen, wird Sie unweigerlich beschleichen. Auf der anderen Seite können Sie seine Anwesenheit nicht ertragen – weil Sie immer sofort daran denken müssen, was er Ihnen angetan hat. Dann wieder wollen Sie ihn ganz nah bei sich spüren und von ihm getröstet werden.

Aber eine vorläufige Trennung ist für Sie die im Moment einzige Lösung, der Ehe wenigstens eine Chance zu geben. Einmal wieder allein zu sein kann Ihnen die Augen dafür öffnen, was Ihr Partner Ihnen bedeutet. Und es ist eine wichtige Möglichkeit, sich selbst auch wieder neu zu entdecken.

Der einzige Nachteil, den diese Lösung hat, das muß ganz ehrlich gesagt werden, ist der finanzielle Aspekt. Zwei Haushalte sind teurer als einer.

Allerdings lassen sich einige Geldfragen auch mit etwas Geschick und kleinen Beschränkungen lösen. Es kommt nicht darauf an, wie groß Ihre neue Wohnung ist, sondern nur, daß Sie sich darin wohl fühlen. Viele Freunde und Verwandte haben vielleicht im Gästezimmer oder auf dem Speicher Möbel stehen, die Sie gebrauchen können. Oder Sie schauen auf Flohmärkten, in Zeitungen oder Möbelläden nach preiswerten Angeboten. Auch mit Küchenzubehör oder Geschirr werden Ihnen Freunde bestimmt gern aushelfen. Fragen Sie Kollegen oder Freunde, ob sie Ihnen beim Umzug helfen.

Erinnern Sie sich noch an Ihre erste eigene Wohnung? So ein ähnliches Gefühl werden Sie haben, wenn Sie den ersten Abend in Ihrem neuen Zuhause verbringen. Es ist aufregend. So ungewohnt. Aber auch so schön! Das Leben ist plötzlich wieder spannend.

Aber es wird auch Situationen geben, in denen Sie allein zusammengekauert auf der Couch hocken und weinen. Oder in denen Sie an Ihren Partner denken, vor dem Telefon sitzen und zwanzigmal hin und her überlegen, ob Sie Ihren Mann jetzt anrufen sollen oder nicht. Oder Sie kommen von der Küche ins Eßzimmer mit dem Bratkartoffel-Brokkoli-Gratin in den Händen – und müssen alleine essen. Oder Sie kommen nach der Arbeit in die Wohnung und sagen: »Hallo! Ich bin's, Schatz!« Und dabei wartet niemand auf Sie so wie früher ...

Diese Situationen wird es geben. Doch sie werden nur zu Anfang verstärkt auftreten und dann immer weniger werden.

Die Vorteile einer Trennung auf Zeit:

Wenn Sie der betrogene Partner sind:
- Dadurch, daß Sie ihn (oder sie) nicht mehr täglich sehen, werden Sie irgendwann anfangen, ihn/sie zu vermissen. Sie werden sich nach ihm/ihr sehnen. Und dadurch wird das negative Bild, das Sie sich seit dem Seitensprung von ihm/ihr gemacht haben, langsam verblassen. Sie werden wieder mehr positive Gefühle entdecken.
- Sie haben endlich die Zeit und die Möglichkeit, sich wieder ein eigenes Leben aufzubauen; wieder mehr zu arbeiten; einen Golfkurs machen; jeden zweiten Abend in den Fitneßclub zu gehen; sich mit Freunden zum Essen zu verabreden; zu verreisen; in einem Verein mitzuarbeiten.
- Einmal wieder allein zu sein eröffnet Ihnen die Chance, sich selbst neu kennenzulernen, ein anderes Selbstwertgefühl zu entwickeln, sich selbst zu mögen, zu sehen, wie andere Menschen mit Ihnen umgehen und wie sie Sie behandeln.
- Dadurch, daß Sie Ihr Leben jetzt ganz allein managen, wächst natürlich auch Ihr Selbstbewußtsein. Ihr Gang wird selbstsicherer, Ihre Augen strahlen, Sie lächeln so schön, Sie trauen sich etwas zu. Und man traut Ihnen etwas zu!
- Noch ein ganz wichtiger Faktor: Für Ihren Partner sind Sie jetzt nicht mehr ständig erreichbar, nicht mehr die Person, die ständig bereit steht und alles erledigt, was an lästigem Alltagskram so anfällt. Sie sind plötzlich

wieder ein Mensch mit einem ganz eigenen Leben, das Sie vielleicht auch für den Partner, der Sie betrogen hat, wieder interessant und begehrenswert macht.

Wenn Sie der/die Betrügende sind:
- Jetzt können Sie Ihrem Ehepartner beweisen, wie ernst Sie es mit Ihren Treueschwüren meinen. Und daß Sie sich wirklich ändern wollen. Daß Sie Ihren Partner lieben, ihn wiedergewinnen und glücklich machen wollen. Sie sind wieder der Eroberer, der Jäger, der seine Beute erst einmal in die Fänge kriegen muß. Das spornt Sie an – und Ihrer Frau wird es sehr gefallen, wie Sie wieder um sie werben.
- Jetzt lernen Sie, wie das ist, wenn Sie selbst für alles sorgen müssen. Und vielleicht entdecken Sie sogar Spaß an Tätigkeiten, für die Sie früher nur ein verachtungswürdiges Lächeln übrig hatten. Kann ja sein, daß ein Kochkünstler in Ihnen steckt. Daß Sie eine neue Fensterputz-Methode entdecken. Daß Sie ein As in Buchhaltung sind. Daß die Schnellreinigung direkt auf dem Weg ins Büro liegt und es Spaß macht, ein paar Worte mit der netten Besitzerin zu plaudern. Sie könnten Ihrer Frau anbieten, auch ihre Sachen mit in die Reinigung zu nehmen und wieder abzuholen.
- Sie können zeigen, wieviel Ihnen an Ihrer Partnerin liegt. Sie können Sie anrufen und einfach liebevoll »Gute Nacht« sagen. Sie können Ihr Blumen schikken. Eine Liebeskarte. Sie können für sie einkaufen, wenn es ihr nicht so gutgeht oder sie keine Zeit hat. Sie können für sie ein tolles Sonntagsfrühstück beim Privat-Frühstücks-Service bestellen und liefern lassen.

Was für Sie beide von großem Vorteil ist: In fast jeder Partnerschaft wird es für beide zur absoluten Normalität, zu zweit und eben nicht allein zu sein. Das bedeutet aber auch, daß man schnell einen kleinen oder größeren Teil seiner Persönlichkeit aufgibt. Man verläßt sich darauf, daß der andere in allen Lebenslagen da ist und hilft. Und man vergißt, wie das einmal war – allein zu leben.

Aber allein mit sich sein zu können, sich selbst zu akzeptieren und zu mögen und sich aus freien Stücken trotz aller Vorfälle wieder für die Partnerschaft zu entschließen, das sind Grundvoraussetzungen für eine neue, wirklich funktionierende Beziehung.

Inge (34), Finanzbeamtin, und Wolfgang (36), Fitneßtrainer, fünf Jahre verheiratet, leben seit vier Monaten getrennt, eine Trennung auf Probe.

Inge hatte sich in ihren Kollegen Reinhold (39) verliebt. Die Affäre ging sechs Monate. Als ihr Mann Wolfgang dahinterkam, schien die Ehe am Ende.

Wolfgang: »Das hat so verdammt weh getan ... Meine Frau und ein anderer Mann ... Wirklich, ich dachte, unsere Ehe hätte keine Chance mehr.«

Inge hat sich schließlich von ihrem Liebhaber getrennt. Sie sagt: »Mir ist klargeworden, daß ich Wolfgang liebe und brauche. Ich wußte, ich mußte ihm Zeit lassen. Deshalb kam ich auf die Idee mit der Trennung auf Zeit.«

Wer Inge und Wolfgang heute miteinander sieht, wie sie zusammen lachen, wie er liebevoll den Arm um sie legt, ihr im Lokal aus dem Mantel hilft, ihr den Stuhl zurechtrückt, ihr über den Handrücken streichelt, ihr in die Augen blickt – der glaubt, ein frisch verliebtes Paar vor sich zu sehen. Aber ihre Blicke, ihre Gesten, ihre Gespräche verraten auch eine große Vertrautheit. Und doch wieder nicht. Denn sonst wären sie ja wohl kaum so rücksichtsvoll, so aufmerksam und so offensichtlich am anderen interessiert.

Inge erzählt: »Reinhold hat mich vom ersten Augenblick an mitgerissen. Er war so unbeschwert, so fröhlich, ihm fiel immer irgend etwas Verrücktes ein. Er war mit mir direkt vom Abendessen nach Barcelona gefahren. Es war eine wunderschöne Sommernacht gewesen. Wir sind im offenen Cabrio die Strecke Wolfsburg-Barcelona gefahren. Morgens um acht Uhr kamen wir dort an. Und haben in einem urigen Café auf den Ramblas gefrühstückt. Um uns herum lautes Stimmengewirr, bunte Marktstände, und die warme Frühlingssonne schien uns ins Gesicht. Reinhold hatte mich mit seiner jungenhaften Liebe einfach irgendwie überrannt. Er brachte es fertig, mich mittags in meinem Büro zu einem Champagner-Picknick am Stadtbrunnen abzuholen. Er schickte mir einen Strauß mit 25 roten Rosen – weil wir uns gerade 25 Tage kannten. Mit ihm war ich zum erstenmal nachts in einem Wald spazieren. Und bei ihm hatte ich ständig das Gefühl, eine wirklich begehrenswerte Frau zu sein.«

Natürlich kam Wolfgang dahinter, daß seine Frau ihn betrog. Er erzählt: »Ich hatte sie nur fragen müssen, was denn bitte los sei. Und schon hat sie mir nach einigem Zögern alles gestanden. Aber ich hatte es ihr ohnehin angesehen – so, wie sie strahlte. Und ich hatte es an ihrer Stimme gemerkt – wenn sie wieder mal angerufen und gesagt hatte, daß sie noch mit einer Freundin oder Kollegin unterwegs sei. Ich solle nicht auf sie warten.«

Inge: »Wolfgang war mir schon sehr wichtig. Er war immer da, wenn ich ihn brauchte. Er ist so verläßlich, so gutmütig, so großherzig. Aber ich sehnte mich nach Abwechslung, nach einem Abenteuer. Die Ehe mit Wolfgang war schön, ja. Aber irgendwie auch langweilig. Mit Reinhold war selbst ein Abendessen im Schnellrestaurant aufregend. Er verwandelte Regentage in strahlende Sommertage – wenn wir bei ihm zu Hause in seinem Strandkorb saßen, der sein Sofa war, und er gelbe Seidentücher über alle Lampen gehängt und Reggae aufgelegt hatte. Wir tranken Sangria. Mit billigem Rotwein. Aber das machte nichts. Für uns schien die Sonne. Und der Regen prasselte ans Fenster ...«

Eine Zeitlang sah Wolfgang sich alles mit an. »Ich hoffte, dieser Rausch der Gefühle würde vorbeigehen. Aber immer wieder traf Inge sich mit diesem Mann. Dann hat sie endlich Schluß gemacht, so erzählte sie mir. Sie bat mich um Verzeihung. Ich solle ihr doch noch eine Chance geben. Doch da war ich schon am Ende meiner Kraft. Ich wußte einfach nicht mehr, ob ich Inge noch liebte. Und ich wußte nicht, ob ich ihren Treueschwüren noch glauben konnte oder nicht. Ob wir beide überhaupt noch eine gemeinsame Zukunft hatten. Dann überredete Inge mich zur Trennung auf Probe.«

Sie vermieteten das gemeinsame Haus, und jeder suchte sich eine kleine Wohnung.

Am Anfang war es schwer für Wolfgang. »Für mich bedeutete Trennung eben Trennung und nicht Trennung auf Zeit. Wie sollte das gehen, daß man erst auseinander ging, um sich dann wieder anzunähern? Völlig blödsinnig fand ich das!«

Aber es wurde ganz anders, als Wolfgang sich das vorgestellt hatte. Und auch für Inge war die Zeit mit ihrem Mann plötzlich wieder aufregend, ganz anders als früher. Inge erzählt:

»Seit Wolfgang und ich uns getrennt haben, fühle ich mich ihm viel näher. Wir haben beide immer noch viel zu tun und sehen uns meist nur einmal in der Woche. Und diese wenigen gemeinsamen Stunden verplempern wir natürlich nicht, um über die Arbeit zu reden. Nein, wir reden plötzlich wieder über ganz persönliche Dinge. Wie zu Anfang unserer Beziehung. Ich will wissen, ob Wolfgang Sorgen hat, ob er Angst vor etwas hat, wie er mich sieht, ob er mich versteht oder was er fühlt, wenn er meine Hand hält.

So im täglichen Zusammenleben vergißt man meistens, über die ganz persönlichen Dinge zu reden. Weil es einem viel wichtiger erscheint, erst einmal zu klären, wer morgen den Rasen mäht, zu erzählen, was Kollege XY heute wieder angestellt hat, oder ob das Geld reicht, um endlich ein neues Auto und welches zu kaufen.

Und wenn ich nach einem Treffen mit Wolfgang heute wieder allein in meiner Wohnung bin, dann denke ich voller Wärme an ihn. Muß manchmal lächeln, wenn ich mich erinnere, wie liebevoll er zu mir ist, wie er sich um mich sorgt. Ich sehne mich richtig nach ihm. Und ich fühle mich ihm sehr nahe ...«

Zwei, die lange zusammengelebt haben, sind natürlich ein eingespieltes Team. Das kann der eine positiv und der andere negativ empfinden. Ein Seitensprung jedenfalls rüttelt beide aus der täglichen Lethargie auf. Und eine Trennung auf Zeit bietet die Möglichkeit, sich und auch die Gefühle füreinander neu zu entdecken. Denn:

- Plötzlich telefonieren Sie wieder miteinander. Sie fragen Ihren Partner: »Was machst du? Wie geht es dir? Hast du Lust, mit mir essen zu gehen?«
- Der andere führt sein eigenes Leben – und deshalb respektieren Sie ihn mehr als früher, als Sie alles und jedes als selbstverständlich angesehen haben.

- Sie bemühen sich wieder um den anderen – weil Sie Angst haben, ihn ganz zu verlieren.
- Sie interessieren sich wieder für die Probleme Ihres Partners – weil er eben nicht mehr allgegenwärtig und immer verfügbar ist.
- Sie unternehmen wieder etwas miteinander – weil Sie ja sonst kaum eine Möglichkeit haben, den anderen zu sehen.
- Sie denken wieder an die kleinen Aufmerksamkeiten, die während der Ehe natürlich in Vergessenheit gerieten. Der Mann gibt seiner Frau Feuer, wenn sie rauchen möchte. Die Frau bedankt sich für die Einladung ihres Mannes zum Essen. Der Mann bringt seine Frau bis zu ihrer Haustür und verabschiedet sich mit einem zarten Kuß auf die Wange. Die Frau erklärt, daß es ein schöner Abend mit ihrem Mann war.

Eine Trennung auf Probe bedeutet für beide die Chance, den anderen neu zu erobern, ihn wieder zu entdecken und ihn in seiner Eigenständigkeit zu respektieren.

Es ist ein bißchen so wie damals, als Sie sich kennengelernt haben. Natürlich glauben Sie, Ihren Partner genau zu kennen. Aber Sie sind plötzlich unsicher, ob das auch wirklich stimmt, was Sie über ihn denken. Sie reden nicht mehr so unbedacht darauflos, sondern überlegen erst, was Sie sagen und wie Sie es formulieren wollen. Sie machen sich Gedanken darüber, wie Ihre Worte bei dem anderen ankommen könnten, ob Ihr Partner es auch richtig versteht, ohne gekränkt zu sein.

Sind Flirts in der Trennungszeit erlaubt?

Wenn Sie händeringend eine Partnerin oder einen Partner suchen, werden Sie meist keine/n finden. Warum das so ist, hat bisher keiner wissenschaftlich nachgewiesen. Es hat vermutlich mit der Ausstrahlung zu tun. Weil Ihnen sozusagen auf der Stirn geschrieben steht: »Ich suche jemanden!« Und das führt dazu, daß sämtliche möglichen Kandidaten sofort flüchten. »Hilfe! Ich will nicht eingefangen werden!«

Wenn Sie aber nicht suchen und überhaupt nicht an einer Beziehung interessiert sind, laufen Ihnen die Bewerber nur so hinterher. Natürlich erst recht, wenn irgendwie zu erkennen ist, daß Sie allein leben.

Sie sind jetzt zwar verheiratet, zur Zeit aber auch solo.

Es kann Ihnen also mit ziemlicher Wahrscheinlichkeit passieren, daß Sie einen oder gleich mehrere Verehrer/Verehrerinnen haben. Das schmeichelt Ihnen natürlich und hebt das Selbstbewußtsein. Das ist ein tolles Gefühl, plötzlich wieder umworben zu werden, zu spüren, wie das Herz einen Takt schneller schlägt, Einladungen und Komplimente zu bekommen.

Das eigene Leben erscheint Ihnen plötzlich in rosigeren Farben, und Sie wissen trotzdem nicht so recht, wie Sie mit dieser Situation umgehen sollen. Sollen Sie mit Ihrem Verehrer/Ihrer Verehrerin ausgehen? Was ist, wenn er Ihre Hand nimmt, Ihnen über das Haar streichelt, versucht, Sie zu küssen?

Wenn Sie der betrogene Ehepartner sind, wäre es eine willkommene Gelegenheit, es dem anderen jetzt heimzuzahlen ... Soll er/sie doch selbst einmal spüren, wie das ist, wenn man betrogen wird. Wie das schmerzt. Wie die Eifersucht in einem kocht. Wie das Selbstbewußtsein schrumpft, bis es gar nicht mehr vorhanden ist!

Ein Spiel mit dem Feuer! Denn die Gratwanderung zwischen einem wirklich harmlosen Flirt und einer erotischen Racheaktion ist ganz schön schwer.

Angenommen, da ist jemand, der Ihnen offensichtlich näherkommen möchte. Sie haben diesen Mann auf einer Party bei Ihrer Freundin kennengelernt. Und er möchte Sie gern wiedersehen. Sie finden diesen Mann ganz attraktiv. Er ist unterhaltsam, charmant und klug.

Jetzt ist die Frage, ob Sie auch mit ihm ausgehen. Ihnen ist klar: Dieser Abend kann mit einem heißen Kuß in einer Bar oder vor der Haustür enden. Die Vorstellung finden Sie verlockend. Und irgendwann werden Sie sich vielleicht vorstellen, wie das wohl wäre, sich von diesem Mann verführen zu lassen. Vielleicht auch, im letzten Moment »nein« zu sagen?

Umworben zu werden und dieses Gefühl zu genießen ist absolut in Ordnung. Dagegen kann Ihr Partner nichts sagen. Es ist auch verständlich, daß Sie ihm gern unter die Nase reiben, daß andere Sie sehr attraktiv finden. Er wird nicht begeistert sein, aber da muß er durch. Allerdings wird es gefährlich, wenn Sie sich mit Ihrem Verehrer treffen, heftig flirten und Ihrem Partner am nächsten oder übernächsten Tag alles brühwarm erzählen.

Was würden Sie in so einer Situation denken? Wenn Sie an seiner Stelle wären und er Ihnen fröhlich und pointiert vorplapperte, wie phantastisch dieser Abend mit dieser eleganten und so reizenden Frau XY war? Jeder würde da wohl die Wände hochgehen und zu dem Schluß kommen, daß der Partner keinerlei Interesse hat, dieser Ehe noch eine Chance zu geben.

Den eigenen Marktwert zu testen, das hebt sicherlich

das Selbstbewußtsein und tröstet. Sich im Gefühl von Begehrtsein baden zu können, das ist wunderbar. Aber das Wissen um die eigenen Möglichkeiten sollte Ihnen ausreichen. Sie müssen sie nicht auch noch in die Tat umsetzen, das schafft nur neue Verletzungen.

Das Leben neu erleben

Nicht nur die Beziehung zu Ihrem Partner ändert sich während der Trennungszeit, sondern mit Sicherheit auch Ihre Persönlichkeit. Vielleicht hatten Sie früher oft Angst, Entscheidungen zu treffen, jetzt müssen Sie es. Vielleicht haben Sie früher gern zu Hause gesessen. Nun, da Sie ganz allein sind, fällt Ihnen öfter die Decke auf den Kopf, und Sie wollen ausgehen. Sie rufen eine Freundin oder eine Kollegin an, ob sie nicht Lust hat, mit Ihnen essen zu gehen. Kann ja auch sein, daß Sie in der Ehe eine pedantische Hausfrau waren und jedem Krümel hinterhergejagt sind, was Ihren Mann immer halb wahnsinnig gemacht hat. Nun finden Sie es vielleicht viel wichtiger, sich mit ihm im Café zu treffen. Und es ist Ihnen egal, ob die Küche schon aufgeräumt oder das Bett gemacht ist.

Wieder allein und doch nicht ganz allein zu sein, das läßt Sie das Leben mit ganz anderen Augen sehen. Sie haben den Alltagstrott hinter sich gelassen, haben andere Verpflichtungen, müssen neue Herausforderungen bewältigen. Sie müssen selbst die Initiative ergreifen, wenn Sie Freundschaften pflegen, Sport treiben, Ihren Mann zum Essen in Ihrer Wohnung einladen wollen; Sie gestalten Ihren Alltag ganz allein und können Ihren Zukunftsträumen nachhängen: wie es sein könnte, wieder mit Ihrem Mann zusammenzuleben; was sich ändern müßte; was Sie dazu tun würden; wohin Sie mit ihm reisen möchten; wo Ihre neue gemeinsame Wohnung liegen sollte ...

Aber es gibt auch noch einen anderen Aspekt. In Ihrem neuen Dasein als verheirateter Single werden Sie auch mit Einsamkeit und Problemen zu kämpfen haben. Bisher war es so, daß Ihr Partner meist zur Stelle war, wenn Sie ihn brauchten. Und der Einfachheit halber haben Sie ihm ganz bestimmte Dinge überlassen. Jetzt aber sind Sie gezwungen, die Probleme des Alltags als Herausforderung zu betrachten. Und es wird Sie mit tiefer Befriedigung und Stolz erfüllen, daß Sie sich ganz allein durch die Bedienungsanleitung des neuen Videorecorders gearbeitet haben, daß Sie den Beistelltisch eigenhändig zusammengeschraubt haben, daß Sie dem Vermieter, der sich partout weigert, die abgeblätterten und undichten Fenster außen neu zu streichen und abdichten zu lassen, ganz gehörig die Meinung gesagt haben. Und wenn Sie sich nicht einem hektischen Programm verschreiben, werden Sie auch lernen, das Alleinsein zu genießen und in Ruhe über vieles nachzudenken.

Irgendwann werden Sie beide sich wieder so interessant und zueinander hingezogen fühlen, daß Sie auch wieder miteinander schlafen wollen. Aber vielleicht möchten Sie diesem Wunsch noch nicht nachgeben? Weil Sie die Aufmerksamkeit, das Werben Ihres Partners so genießen? Macht nichts. Lassen Sie sich Zeit. Verwandeln Sie diese Tage oder Wochen, in denen Sie sich auch erotisch näherkommen, in ein kleines sexuelles Abenteuer. Tun Sie einfach so, als hätten Sie sich erst vor kurzem kennengelernt.

Kochen Sie für Ihren Partner, und arrangieren Sie diesen Abend ganz feierlich. Blumen, Kerzen, Musik, zärtliche Worte, vielleicht einen langsamen Tanz nach der

Musik von Leonard Cohen, Engelbert Humperdinck oder Barry Manilow. Süße Küsse. Sich anschmiegen. Aber dann verabschieden Sie ihn/sie ganz charmant und freundlich. »Liebling, es tut mir leid ... Ich kann noch nicht ... Ich liebe dich. Wirklich. Aber laß mir noch ein bißchen Zeit ...«

Und irgendwann beim nächsten Mal, wenn er Sie nach einem wunderbaren romantischen Essen nach Hause bringt, dann laden Sie ihn noch zu einer Tasse Kaffee in Ihre Wohnung ein. Wenn Sie es möchten, lassen Sie sich ruhig nach allen Regeln der Kunst verführen. Um aber gleich auszuschließen, daß alles nun wieder genau so wird wie früher, sollten Sie Ihren Partner in der Nacht noch hinauskomplimentieren bzw. Ihre Partnerin nach Hause begleiten. Sonst ist am nächsten Morgen wirklich alles wieder so, wie es schon immer war. Die Frau steht zuerst auf, macht das Frühstück für den Mann, putzt seine Haare und den Rest Zahnpasta aus dem Waschbecken, räumt die Küche auf – sie ist wieder die Ehefrau und nicht mehr die Frau, die er erobert hat wie eine Geliebte. Versuchen Sie deshalb so lange wie möglich, den gewohnten Ehetrott zu vermeiden und das erotische Knistern zu erhalten. Darum sollte bei den ersten sexuellen Annäherungen gelten: Beide frühstücken getrennt!

Aus rein taktischen Gründen ist es vorteilhafter, wenn Sie als Frau die ersten Liebeskontakte in Ihrer Wohnung stattfinden lassen. Sie müssen dann nicht mitten in der Nacht aus dem warmen Bett krabbeln, sich anziehen und nach Hause fahren. Sie müssen nicht erst noch eine halbe Stunde fahren, um dann im eigenen kalten Bett zu schlafen. Wenn Sie glauben, es wäre soweit, können Sie auch einmal bei ihm in seiner Wohnung übernachten. Und mit ihm einschlafen und aufwachen. Da es seine Wohnung ist und er es Ihnen sicherlich möglichst angenehm machen möchte, wird Ihr Mann das Frühstück zubereiten. Und Sie lassen sich verwöhnen! Lassen Sie die Hausfrauenfalle nicht zuschnappen! Sie müssen sich weder um das Geschirr noch um die Brotkrümel kümmern, nicht das Bett machen und auch nicht die Gläser vom Abend wegräumen.

Erst wenn Sie das Gefühl haben, alles läuft nach Ihren Wünschen und die neue Partnerschaft entwickelt sich positiv, ist gemeinsames Übernachten ungefährlich. Aber: Fallen Sie nicht wieder in Ihre alten Rollen als treusorgende Ehefrau bzw. zu bedienender Ehemann zurück.

Wie stehen die Chancen jetzt?

Irgendwann werden Sie sich die Frage stellen: Wie steht es um unsere Ehe? Sollen und wollen wir wieder zusammenziehen? Wann ist der richtige Zeitpunkt? Wie sind unsere Chancen, wieder glücklich zu werden? Was ist, wenn es nicht klappt?

Keiner kann Ihnen eine Garantie geben. Aber Sie können sich eine Checkliste machen, die Ihnen die Erfolgsaussichten zeigt. Beantworten Sie jede Frage mit einem Ja oder Nein.

Für den betrogenen Partner:
- Sehne ich mich schon länger danach, wieder mit ihm/ihr zusammenzuleben?
- Lebe ich lieber mit ihm/ihr zusammen als weiter allein?
- Liebe ich ihn/sie noch von ganzem Herzen?
- Kann ich ihm/ihr wieder vertrauen?
- Werde ich auch bei einem Streit versuchen, ihm/ihr nicht jedesmal seinen/ihren Seitensprung vorzuhalten?

- Werde ich versuchen, mein neu gewonnenes Selbstbewußtsein und meine Persönlichkeit beizubehalten?
- Weiß ich, daß das neue Leben mit ihm/ihr zwar schön, aber nicht ohne Schattenseiten sein wird?
- Bin ich davon überzeugt, daß er/sie mich genau so liebt, wie ich ihn/sie?
- Hat er/sie sich in den entscheidenden Punkten, die wir besprochen haben und die er/sie ändern wollte, wirklich geändert?
- Erwarte ich, daß er/sie sich auch weiterhin so um mich bemüht wie in den vergangenen Wochen/Monaten?
- Habe ich Angst davor, daß er/sie mich wieder betrügen wird?
- Habe ich meine Träume vom ewigen Glück aufgegeben?
- Bin ich immer noch schrecklich eifersüchtig, nur weil er/sie gerade einer anderen Frau/einem anderen Mann hinterherschaut?
- Werde ich ihm/ihr so oft wie möglich sagen, was mich bewegt, wovor ich Angst habe, was ich denke?
- Bin ich in der Lage, auf seine/ihre Bedürfnisse Rücksicht zu nehmen? So wie er/sie auf meine?
- Weiß ich, was ich tun werde, damit wir beide nicht so schnell wieder im Alltagstrott landen?
- Finde ich die Zeit des Alleinlebens so schrecklich, daß ich nur deshalb wieder mit ihm/ihr zusammenziehe, weil ich nicht mehr allein sein will?
- Entscheide ich mich nur aus sachlichen/finanziellen Gründen, wieder mit ihm/ihr zusammenzuziehen?
- Denke ich daran, ihm/ihr diesen Seitensprung irgendwann heimzuzahlen?
- Bin ich mir darüber klar, daß trotz der Versöhnung noch irgendwann irgend etwas Schlimmes passieren kann und wir uns doch endgültig trennen?

- Sehe ich meinen Partner/meine Partnerin wirklich so, wie er/sie ist? Oder mache ich mir selbst etwas vor? Habe ich mir ein Bild von ihm/ihr geschaffen, wie er/sie sein *sollte* – aber nicht *ist*?

Für den betrügenden Partner:
- Bin ich mir im klaren darüber, was ich getan und wie sehr ich sie/ihn damit verletzt habe?
- Tut es mir aufrichtig leid, daß ich sie/ihn betrogen habe?
- Bin ich mir sicher, daß ich in Zukunft erst einmal an sie/ihn denke, bevor ich mich leichtsinnig auf einen Seitensprung einlasse?
- Wird es mir schwerfallen, ihr/ihm treu zu bleiben?
- Ist sie/er wirklich die Frau/der Mann, die/den ich aufrichtig liebe?
- Will ich mich nur mit ihr/ihm versöhnen, weil es der bequemere Weg ist?
- Will ich nur deshalb mit ihr/ihm wieder zusammenziehen, um die Scheidungskosten zu sparen?
- Will ich mich nur deshalb mit ihr/ihm versöhnen, weil ich sie/ihn so gut kenne, so an sie/ihn gewöhnt bin und keine Lust habe, mich wirklich auf einen neuen Menschen einzulassen?
- Ist mir klar, daß sie/er in der nächsten Zeit noch mehr Aufmerksamkeit und Zuwendung als sonst braucht?
- Weiß ich, daß wir uns beide auch in Zukunft manchmal ungerecht verhalten werden und daß das kein Grund ist, an der Partnerschaft zu zweifeln?
- Weiß ich, daß eine Beziehung ein Handel ist? Daß ich nur etwas bekomme, wenn ich auch etwas gebe?

Wenn Sie die weitaus meisten Fragen eindeutig mit ja beantworten können, sind Ihre Chancen wirklich gut!

Der Abschied von der Ehe

Nach Angaben des Statistischen Bundesamtes aus dem Jahre 1995 werden
- 33,5 Prozent der Ehen zwischen dem fünften und zehnten Ehejahr geschieden,
- 20 Prozent nach 15 bis 25 Jahren,
- 18,4 Prozent nach 10 bis 15 Ehejahren,
- 7,9 Prozent der Ehen im verflixten siebten Jahr geschieden;
- 7,3 Prozent im fünften Ehejahr und
- 7,2 Prozent im sechsten Jahr.

Viele Männer können einfach nicht von Ihrer Geliebten lassen. Und sie müssen sich irgendwann für die Ehe oder für die Geliebte entscheiden. Sie tun es nicht gern, weil sie keine gefühllosen Mistkerle sind – aber sie verlassen ihre Frau.

Vom Standpunkt der Frau aus gesehen, haben diese Männer es natürlich leicht. Sie lösen sich aus einer Beziehung und haben schon gleich die nächste Partnerin an der Hand.

Helga (42) und Reiner (49), Abteilungsleiter bei einer Versicherungsgesellschaft, aus Linz waren 17 Jahre verheiratet. Sie haben zwei Kinder, Caroline und Peter, 9 und 11 Jahre alt. Dann lernte Reiner eine junge Hotelfachfrau kennen. Er war hingerissen von Gaby (32).

Reiner: »Sie ist so jung und überschwenglich. Mit ihr fühlte ich mich nicht älter als 35. Ich liebe meine Familie. Aber meine Geliebte liebe ich noch mehr ... Ich habe des öfteren versucht, mit Gaby Schluß zu machen. Es gab natürlich Szenen, Tränen und Vorwürfe. Ich habe jedesmal ganz fest vorgehabt, diese Affäre zu beenden. Aber jedesmal habe ich sie nach ein paar Tagen angerufen und ihr gesagt, wie sehr ich sie liebe und daß ich nicht mehr ohne sie leben wolle und könne.

Dann wieder, wenn ich zu Hause das traurige Gesicht meiner Frau Helga sah, meine Kinder, die mich mit Fragen und Bitten bedrängten, dann nahm ich mir ganz fest vor, Gaby zu verlassen. Ich wollte mein Glück nicht auf dem Unglück von drei Menschen aufbauen, die mir so viel bedeuten. Doch wenn ich dann nur an Gaby dachte, an ihren süßen Duft, ihr aufreizend mädchenhaftes Lachen, ihren Körper ... Nein, ein Leben ohne sie konnte ich mir auch nicht mehr vorstellen.«

Monatelang ging es hin und her. Reiner wollte sich entscheiden, hatte aber gleichzeitig Angst davor. Er wollte diese schreckliche Geschichte beenden, irgendwie. Und dann eines Tages stand er vor seiner Frau Helga, den Kopf gesenkt, er starrte auf den Parkettboden und flüsterte: »Ich gehe jetzt ... Ich glaube, es ist besser so ...«

Die notwendigsten Sachen hatte Reiner schon eingepackt gehabt und im Auto verstaut. Dann war er fort. Er ließ seine verzweifelte Frau und auch seine Kinder zurück. Reiner wollte keine Fragen mehr beantworten. »Ich wollte keine Bitten mehr hören, mich nicht mehr rechtfertigen müssen. Nicht mehr dauernd grübeln müssen und nicht mehr hilflos mit ansehen, wie meine Frau an ihrem Kummer fast zugrunde ging.«

Alles Wichtige sollten die Anwälte regeln.

Es wurde ein erbitterter Scheidungskampf.

Reiner muß Unterhalt zahlen. Er darf ab und zu die Kinder sehen. Helga weigert sich bis heute, auch nur ein Wort mit ihrem Exmann zu reden.

Bevor Sie sich von Ihrer Ehe verabschieden, wäre es vielleicht klug, einige wichtige Dinge abzuklären:

Haben Sie Ihre/n Geliebte/n schon im Alltag erlebt? In Zeiten, in denen sie/er gestreßt, schlechter Laune oder krank war? Haben Sie jemals mit ihr/ihm über die Vergangenheit gesprochen? Was wissen Sie über ihr/sein Vorleben? Haben Sie ähnliche Erinnerungen? Gemeinsame Interessen?

Gut – Sie werden wissen, was Sie tun. Aber wenn Sie sich schon aus Ihrem alten Leben verabschieden, sollten Sie wenigstens ein paar Anstandsregeln beachten:

- Wenn Sie schon gehen wollen, okay. Aber gehen Sie auch. Das heißt, daß *Sie* sich ein neues Zuhause suchen müssen und nicht die Familie, die Sie zurücklassen.
- Bringen Sie diese räumliche Trennung so schnell wie möglich hinter sich. Nehmen Sie in Kauf, daß Sie vielleicht erst einmal für ein paar Wochen bei einem Freund unterschlüpfen müssen, bis Sie Ihre neue Wohnung beziehen können.
- Versuchen Sie, die ganze Geschichte vom Büro aus hinter sich zu bringen. Es ist ja wirklich nicht notwendig, daß Ihr Makler andauernd mit Ihrer Frau/Ihrem Mann verhandeln und sie/er jedesmal unter Schluchzen die Situation erklären muß.
- Es sollte selbstverständlich sein, daß Sie nur das mit in Ihr neues Leben nehmen, was Sie wirklich ganz notwendig brauchen. Streit um irgendwelche Teller oder Stühle ist nicht nur lächerlich, sondern auch peinlich. Für Ihren Seitensprung müssen Sie schon selbst bezahlen. Ihre Familie hat nun wirklich nicht gewollt, daß dies passiert und alles so endet.
- Organisieren Sie den Umzug so, daß Ihre Familie

nicht da ist, wenn die Möbelpacker anrollen. Notfalls schenken Sie Ihrer Frau (Ihrem Mann) eine Wochenendreise. Ist das finanziell nicht möglich, sprechen Sie mit ihr oder ihm darüber, ob sie oder er nicht für ein, zwei Tage zu einer Freundin oder Verwandten fahren kann.

- Auch wenn Ihr neues Leben Sie noch so sehr lockt – vergessen Sie nicht, daß Sie jemanden (und vielleicht auch Kinder) zurücklassen, mit dem Sie einen ziemlichen langen Teil Ihres Lebens verbracht haben. Im Streit zu gehen mag einfach erscheinen – weil Sie sich dann im Selbstmitleid baden können. »Sie/Er hat es ja nicht anders gewollt!« – »Sie/Er hat mich ja praktisch rausgeschmissen!« – »Was soll ich denn tun, wenn sie/er mich andauernd unter Druck setzt?!« Letztendlich ist es Ihre Entscheidung, zu der Sie stehen müssen. Und die sie vor sich selbst und Ihrem Partner verantworten müssen.
- Bei allem, was Sie jetzt angehen, sollten Sie daran denken, daß irgendwann auch Sie in die Lage geraten könnten, der Verlassene sein könnten. Und würden Sie dann wollen, daß Ihr Partner so mit Ihnen umgeht, wie Sie es jetzt tun?!

Gitta (32), Bankangestellte, ist eine kluge Frau. Sieben Monate hatte sie ein Verhältnis mit Werbetexter Jürgen (36). Er hatte Gitta schon bei ihrem vierten Treffen gebeichtet, daß er verheiratet sei. Sie hatte ihn nur aus großen Augen traurig angesehen.

Jürgen: »Dieser Blick hatte irgendwie mein Herz gerührt. Ich umarmte und küßte sie, schlang meine Arme ganz fest um sie.«

Gitta: »Er sagte mir, ich sei so süß und begehrenswert.

Und er glaube, daß er ein bißchen verrückt nach mir sei. In den folgenden Wochen, wenn Jürgen wieder mal das schlechte Gewissen plagte, habe ich ihn jedesmal umarmt und ihm ins Ohr geflüstert, daß er sich keine Sorgen machen solle. Ich wolle ihn nur lieben dürfen – das sei alles.«

Als seine Affäre mit Gitta herauskam, machte Jürgens Frau Rita (37), Sachbearbeiterin in einer Krankenversicherung, ihm natürlich eine Riesenszene. Er versuchte abzuwiegeln, das Ganze habe nichts mit seinen Gefühlen für sie zu tun. Er könne doch nichts dafür. Er wüßte einfach nicht, was er nun tun solle.

Jürgen: »Mitten in der Nacht wurde mir das häusliche Drama einfach zuviel. Ich lief in die nächste Kneipe und ließ mich vollaufen. In den nächsten Wochen fand ich nur bei Gitta Ruhe. Das Zuhause war die Hölle! Verdammt noch mal, konnte meine Frau denn nicht wenigstens mal für einen Moment am Tag so tun, als sei alles normal?! Spürte sie denn nicht, daß sie mir mit ihren ständigen Vorwürfen und ihrem Wehgeklage schrecklich auf die Nerven ging?«

Gitta drängte Jürgen auch weiterhin nicht, sich zu entscheiden. Sie betonte nur manchmal: »Wenn was ist, Liebling – du weißt, daß du immer zu mir kommen kannst ...«

Zwei Monate später war es soweit. Mitten in der Nacht stand Jürgen mit einem Koffer vor ihrer Tür: »Rita hat mich rausgeschmissen ...«

Da er nicht wußte, wo er sonst hin sollte, blieb er bei seiner Gitta wohnen, für die es die Erfüllung ihres heimlichen Wunsches war. Und sie wird alles tun, damit Jürgen weiterhin bei ihr lebt, bis sie sich schließlich eine gemeinsame Wohnung suchen würden.

Jürgen hat eine Frau gegen die andere ausgetauscht.

Das mag für ihn ja ziemlich praktisch sein. Weil er sich nicht darum kümmern muß, ob genügend Toastbrot fürs Frühstück im Haus ist und ob das Treppenhaus im dritten Stock diesen Samstag gereinigt werden muß. Früher hat das alles seine Ehefrau erledigt – und jetzt tut es eben seine Geliebte.

Frauen, die ihren Mann betrogen und dann verlassen haben, denken dagegen meist nicht einmal im Traum daran, gleich mit ihrem Geliebten zusammenzuziehen. Sie suchen sich in der Regel eine eigene Wohnung. Denn mit dem Lover zusammenzuleben – das würde bedeuten, daß sich ihr neues Leben vermutlich kaum vom Ehedasein unterscheiden würde. Sie hätte für den Haushalt zu sorgen, während er abends die Beine hochlegen würde – wirklich keine verlockende Vorstellung.

Außerdem ist der Liebhaber für Frauen nicht selten ein Sprungbrett in ein neues Leben, in dem sie tun und lassen können, was sie wollen, und wegen ihrer Unabhängigkeit auch das Alleinsein genießen. Endlich können sie mit Freunden bis in die Nacht feiern, andere Männer kennenlernen; flirten, sich vielleicht sogar in einen ganz anderen als den Lover verlieben. Wie aufregend!

Wenn Sie also mit Ihrem Geliebten oder Ihrer Geliebten ein gemeinsames Leben aufbauen, vergessen Sie bei aller Liebe nicht: Sie lassen sich möglicherweise wieder auf genau dasselbe ein, was Sie soeben hinter sich gebracht haben.

Das neue
gemeinsame Leben

Wie aus dem Lover plötzlich ein Langweiler wird

Das ist die süße Versuchung, die bisher verboten war. Sie sitzen mit Ihrer Geliebten sonntags am Frühstückstisch. Sie noch im Bademantel. Ihr hübsches Gegenüber im fast durchsichtigen Nachthemdchen. Es duftet nach Kaffee. Die Brötchen sind frisch. Sie lächelt charmant und kuschelt sich so verführerisch bei Ihnen an. Schöner könnte ein Sonntagmorgen nicht sein.

Sie Träumer!

Schon Ihre Exehefrau hätte es Ihnen voraussagen können und hat es bestimmt auch getan: Der Reiz des Verbotenen, der prickelnde Sex, die Beschränkung der geteilten Zeit und das Frischverliebtsein sind die Zutaten, die einen Seitensprung so wunderbar und einzigartig machen. Wenn aus der heimlichen Affäre eine offizielle Beziehung wird, ist das schlagartig vorbei und mündet nicht selten in Enttäuschung.

Ihre Geliebte trägt nun plötzlich keine aufreizende Nachtwäsche mehr, sondern praktische Jogginganzüge. Die Brötchen vom Vortag sind nicht einmal aufgebacken. Aber wenigstens der Kaffee ist heiß. Den Sportteil der Zeitung müssen Sie sich schon selbst holen, und beim Lesen unterbricht Sie Ihre Geliebte, weil sie wissen will, ob Sie heute abend nun mit ihr essen gehen oder nicht.

Und wenn Sie nach dem Zeitunglesen sexuelle Gelüste haben und Ihr begehrlich über den Po streicheln, wird sie

Sie ablehnend-mitleidig anschauen und sagen: »Jetzt nicht, Schatz. Ich muß die Küche aufräumen / deine Hemden bügeln / das Mittagessen vorbereiten etc.«

Früher, wenn Sie zu ihr kamen, ist sie Ihnen um den Hals gefallen, hat sich an Sie geschmiegt, Sie verlangend geküßt. Wenn Sie heute von der Arbeit kommen, steht sie in Jeans und mit Schürze am Herd, dreht nur leicht den Kopf und sagt: »'n Abend, Liebling. Essen ist gleich fertig.«

Die meisten Geliebten machen aus lauter Liebe den Kardinalfehler schlechthin: Sie verhalten sich ab dem Zeitpunkt des Zusammenlebens genauso wie eine Ehefrau und steuern so schon zielgenau auf den Zeitpunkt hin, an dem er sich frustriert einem neuen Objekt der Begierde zuwendet oder sich einfangen läßt.

Diesem Phänomen fallen sowohl weibliche wie auch männliche Geliebte zum Opfer, wenn sie zum offiziellen Partner geworden sind. Der heiße Lover, der ihr früher Rosenblätter ins Badewasser streute und ihr nach einem anstrengenden Tag so zärtlich den Rücken massierte, liegt jetzt faul mit einem Buch vor der Nase auf der Couch oder hockt angestrengt vor seinem Computer, während sie zerschlagen von der Arbeit kommt, noch in aller Eile einkaufen war und jetzt auch noch kochen darf. Dieser Mann, der früher so gern und so oft ausgegangen ist, hockt jetzt am liebsten zu Hause.

Außerdem scheinen die einst so verführerischen Lover urplötzlich den Tatbestand von Intimität und Intimsphäre ins Gegenteil zu verkehren. Haben sie sich früher die Zehennägel geschnitten und gefeilt, bevor die Geliebte kam, müssen sie es nun offensichtlich genau dann tun, während sie neben ihm auf der Couch sitzt und fernsieht. Statt modischer Slips trägt er jetzt ausgebeulte Feinripp-

Unterwäsche und setzt sich auch so an den Frühstückstisch.

Spätestens nach sechs Monaten ist aus der anfänglich heiß brodelnden Liebe ein sanft dahinköchelnder Eintopf geworden. Leipziger Allerlei statt Austern, Kamillentee statt Champagner, Gähnen statt heißer Küsse, Müdigkeit statt Sex ...

Wie eine Geliebte/ein Geliebter zur Ehefrau/zum Ehemann wird

Natürlich holt der Alltag irgendwann jedes Paar ein. Und natürlich läßt es sich nicht vermeiden, daß Sie sich mit der Zeit sehr viel näherkommen. Sie können nicht verhindern, daß Ihr Partner Sie sieht, wenn Sie krank sind, wenn Ihnen schlecht ist, wenn Sie mit ungewaschenen Haaren oder Lockenwicklern herumlaufen, wenn Sie von den Erdbeeren einmal wieder diesen häßlichen Ausschlag bekommen oder beim Zähneputzen gleich das halbe Nachthemd mit der Zahnpasta verschmieren.

Wenn Sie als Geliebte oder Geliebter trotz allem den Status eines offiziellen Ehepartners anstreben, können Sie nicht erwarten, daß Ihr Lover gleich nach seiner/ihrer Scheidung mit Ihnen zum Standesamt rennt. Schließlich ist dieser Mann/diese Frau gerade der Ehehölle entronnen.

Sie wollen selbstverständlich Ihren Kopf durchsetzen. Mit Druck und dauernder verbaler Drängelei werden Sie Ihr Ziel jedoch nicht erreichen. Da bedarf es schon ausgeklügelter Tricks. Und Sie brauchen eine ganze Menge Durchhaltevermögen und Geduld.

Auch wenn es Ihnen noch so schwerfällt: Bleiben Sie sein/ihr aufmerksamer, rücksichtsvoller Partner. Haben Sie

Ihrem Freund bisher das Marmeladenbrot zum Frühstück immer in mundgerechte Stückchen geschnitten und ihm drei Löffel Zucker in den Kaffee getan, dann tun Sie das auch weiterhin. Allerdings brauchen Sie für Ihre Liebesdienste natürlich einen Ausgleich. Sie wollen ihn schließlich nicht zu einem Pascha machen, den Sie von vorne bis hinten bedienen müssen. Suchen Sie also so schnell wie möglich Aufgaben, die er erledigen kann und muß. »Liebling, im Flur stehen noch all die Flaschen, die zum Altglascontainer müssen. Kannst du die bitte entsorgen? Danke, das ist lieb von dir!« Oder er besorgt die Getränke für Ihren Haushalt. Er kümmert sich darum, daß die schmutzige Kleidung in die Reinigung kommt und wieder abgeholt wird. Er deckt den Tisch, während Sie kochen.

Wichtig ist, daß Sie ihn freundlich und lieb darum bitten und ihm hinterher gleich danken. Mit einem Kuß, einer kurzen Umarmung, einem sanften Händedruck, einem bewundernden Ausdruck in Ihren Augen. Auch wenn Sie eigentlich der Meinung sind, daß es völlig normal ist, wenn Ihr Partner im Haushalt hilft – geben Sie ihm das Gefühl, er habe etwas Tolles vollbracht.

Und wenn er murmelt, daß er heute keine Zeit habe, um am Altglascontainer zu halten oder zum Getränkemarkt zu fahren – dann legen Sie direkt einen neuen Zeitpunkt fest! Lassen Sie sich nicht dazu hinreißen, ihm seine Pflichten abzunehmen; denn dann werden Sie in Zukunft diejenige sein, die sich um alles kümmern muß. Und das werden Sie irgendwann satt haben.

Zeigen Sie ihm auch weiterhin, daß Sie die begehrenswerteste Frau der Welt sind. Ziehen Sie sich immer hübsch an. Sie müssen ja nicht mit fleckigen Schürzen herumlaufen. Ein bißchen Lippenstift ist schnell aufgetragen, und ein gepflegter Körper duftet einfach besser.

Natürlich ist es manchmal lästig, ständig auf sich und sein Äußeres zu achten. Manchmal möchte man sich gern einmal gehenlassen. Aber das können Sie auch, wenn er am Samstag zum Fußballplatz geht oder sich mit seinen Kumpeln zum Stammtisch trifft, wenn er eine Dienstreise antritt oder seine Mutter im Seniorenheim besuchen muß. Nutzen Sie diese Zeit, sich im geliebten, aber ausgebeulten Jogginganzug auf dem Sofa zu fläzen oder die Avocado-Maske aufzutragen.

Sie strengen sich an, stets gepflegt auszusehen. Und das wird Ihr Partner auch wohlwollend hinnehmen und sehen – auch wenn er nur alle zwei Monate ein Wort über Ihr gutes Aussehen verliert.

Haben Sie das Gefühl, daß Ihr Partner es sich in dem gemeinsamen Leben mit Ihnen schön gemütlich gemacht hat, dann können Sie so langsam anfangen, ihm den Gedanken an eine Heirat schmackhaft zu machen. Zum Beispiel:

Wenn er wieder einmal über die hohen Steuern schimpft, seufzen Sie und machen ihn mit ganz beiläufigen Sätzen darauf aufmerksam, daß es schon eine Schande sei, daß man als Lediger mit viel zu hohen Steuern bestraft werde. Und daß Sie beide, wenn Sie verheiratet wären, mindestens soundsoviel Geld an Steuern sparen würden.

Lesen Sie ab sofort die Heiratsannoncen in der Zeitung. »Ach, hör doch mal, Liebling! Die Schulte und der Kramer heiraten morgen! Hast du das gewußt?!« Und dann geraten Sie so ein kleines bißchen ins Träumen. Wie glücklich die beiden wohl sind. Was für eine schöne Feier das sein wird. Wie gut die beiden zusammenpassen. Daß die beiden wie füreinander geschaffen sind.

Gehen Sie beim gemeinsamen Shopping wieder einmal beim Juwelier vorbei und gucken Sie in die Auslage mit den Eheringen. »Ach, schau mal! Die sind aber schön! Die da rechts!« Und dann gehen Sie nach ein paar Minuten mit ihm weiter, als sei nichts geschehen.

Betonen Sie so oft wie möglich, was für ein gutaussehender und kluger Mann er ist. Und daß Sie stolz sind, ihn glücklich machen zu können. Und daß Sie alles daransetzen werden, daß er auch in Zukunft mit Ihnen glücklich ist.

Der Generalangriff: Arrangieren Sie einen wunderbaren Abend zu Hause mit seinem Lieblingsessen, kaufen Sie einen guten Wein und eine Flasche Cognac. Nach dem Essen, wenn er vielleicht schon ein bißchen viel getrunken hat (aber nicht zu viel!), kuscheln Sie sich an ihn und sagen zu vorgerückter Stunde: »Ich liebe dich ...«

»Ich dich auch«, wird er flüstern.

Und Sie könnten dann sagen: »Ich liebe dich so sehr ... Und ich wäre so stolz, deinen Namen zu tragen ...«

Wenn er dann noch nicht kapiert hat, was gemeint ist, müssen Sie noch ein bißchen deutlicher werden. »Das wäre mein innigster Wunsch – mit dir verheiratet zu sein ...«

Dann können Sie so langsam anfangen, Ihr Brautkleid auszusuchen und alles zu organisieren.

Warum Kummer auch heilsam ist

So einsam wie die verlassene Ehefrau/der verlassene Ehemann kann gar keiner sein. So einen egoistischen Noch- oder schon Expartner wie den Ihren kann es nicht noch einmal auf der Welt geben. Sie sitzen zu Hause und sind fest davon überzeugt, daß Sie nie wieder fröhlich sein, nie wieder einem Mann/einer Frau vertrauen und sich nie wieder verlieben werden.

Diese trüben Gedanken lassen den Kummer aber nicht verschwinden und machen die Situation auch nicht gerade erträglicher.

Was Ihnen aber helfen könnte: Seien Sie doch einmal so richtig gemein. Gestatten Sie sich Gedanken und Verhaltensweisen, die Sie früher empört abgelehnt haben.

Setzen Sie sich zu Hause hin und schimpfen Sie nach Lust und Laune. Benutzen Sie sämtliche üblen Schimpfwörter, die Ihnen einfallen, um Ihren betrügenden Noch-Partner zu beschreiben. Stellen Sie sich vor, was Sie ihm/ihr alles an den Kopf werfen würden, wenn er/sie jetzt vor Ihnen stünde. Halten Sie sich nicht zurück! Immer schön raus mit der Wut. Sie haben es sich verdient, einmal so richtig fies zu sein.

Damit Ihre Wut nicht so schnell verraucht, geben Sie ihr Nahrung: Denken Sie an all die Situationen, in denen Ihr betrügender Mann sich einfach dämlich, gemein, brutal und mies verhalten hat. Wissen Sie noch, wie er damals wie ein Irrer in der Küche herumgeschrien hat, weil die Kinder den Rasenmäher kaputt gemacht haben? Oder wie er den kleinen Terrier der Nachbarn getreten hat, weil der sein Geschäft in Ihrem Garten verrichtet hat? Wie er sich auf dem Weihnachtsfest Ihres Bowling-Clubs sinnlos betrunken und dann einen Streit mit seinem besten Freund angefangen hat?

Überlegen Sie mal: War er wirklich ein so toller Typ, wie Sie immer gedacht haben? Sah er nicht ziemlich lächerlich aus, wenn er mit nacktem und bleichem Oberkörper und seinem Bauch, der ihm über die grün-gelb gestreiften Shorts hing, die Rosen im Garten schnitt und andauernd jammerte, weil er sich wieder einmal an den Dornen gestochen hatte? Wissen Sie noch, wie er immer seine Haare von rechts nach links gekämmt hat – nur damit man nicht gleich sah, daß er langsam eine Glatze bekam? Und hätten Sie nicht manchmal aus der Haut fahren können, wenn er satt und rülpsend mit den Resten der Salatsoße im Bart am Tisch saß?

War Ihre Exfrau nicht einfach lächerlich mit ihren gefärbten Haaren, ihren ewigen Diäten und ihren kleinlichen Sorgen? Hat es Sie nicht immer schon erbost, daß sie bei jeder Kleinigkeit hysterisch wurde und auf jeder Reise meckerte, weil ihr dieses und jenes nicht paßte?

Wenn Sie der Schmerz des Alleinseins zu überwältigen droht, dann versuchen Sie nicht, ihn zu verdrängen. Gönnen Sie sich zwischendurch auch ruhig richtige Trauerstunden oder -tage. Verdunkeln Sie die Wohnung. Legen Sie die Platte auf, die Sie am traurigsten stimmt. Breiten Sie um sich herum auf dem Teppich die alten Liebesbriefe aus Studententagen und die glückstrahlenden Urlaubsfotos aus. Legen Sie eine große Packung Papiertaschentücher bereit. Schwelgen Sie in Ihren schönen Erinnerungen, gönnen Sie sich all die Tränen, die Ihnen über die Wangen fließen. Weinen und schluchzen Sie, solange Sie wollen.

Bei dieser Art der Trauer werden Sie sich hinterher, wenn der Haß vorbei ist und die Tränen getrocknet sind, wahrscheinlich sagen: »Ach, hat das gutgetan! Warum habe ich mich nur so angestellt? Ich kann auch ohne diesen Kerl/dieses Frauenzimmer leben. Soll er doch mit diesem Flittchen glücklich werden! Glücklich? Daß ich nicht lache. Die wird sich schon noch wundern, wen sie sich da angelacht hat. Soll sie doch jetzt die brave Hausfrau spielen. Vielleicht sollte ich mir wieder einen Job suchen?!

Oder in eine neue Wohnung ziehen? Ich könnte auch endlich mal nach Madrid fahren. Vielleicht kommt Brigitte ja mit?«

Ganz wichtig ist: Schämen Sie sich Ihrer Gefühle nicht. Sie haben jedes Recht, Ihr ehemaliges gesetzliches Unglück unter einem Kübel verbalen Mistes zu begraben und im Selbstmitleid zu baden. Das putzt die Seele und bringt Sie Stück für Stück ein bißchen weiter weg von Ihrer Vergangenheit.

Und rechnen Sie auch mit Rückschlägen, Tagen, an denen Sie in romantischen Hoffnungen schwelgen, die nichts als illusorisch sind. Ein Beispiel: »Wenn er jetzt kommen und um Verzeihung bitten würde, wenn er zu mir zurückkehren würde – ach, ich würde ja sagen ... Sooo schlecht war er ja wirklich nicht. Wie er immer geschlafen hat ... der starke Mann. Aber im Schlaf wirkte er immer wie ein unschuldiger kleiner Junge ...«

Fast alle betrogenen und verlassenen Partner rennen in diesen und ähnlichen Situationen immer wieder zum Telefon, starren es an, heben fünfzehnmal den Hörer ab, wählen wiederholt die neue Nummer – und legen beim ersten »Tuuut« gleich wieder auf. Wenn Sie tatsächlich den Mut haben, in Ihrer Verzweiflung den Expartner anzurufen und auch mit ihm zu sprechen, werden Sie Ihr blaues Wunder erleben. Denn Sie werden nur belanglose Antworten wie diese hören: »Ach, du bist's ... Ja, mir geht's gut. Danke. Und dir? Ach so ... Ja, ja ... Du, ich hab' jetzt wirklich keine Zeit! Okay, bis bald mal wieder ...« Das war es und macht alles nur noch schlimmer als vorher. Sie ärgern sich über sich selbst, weil Sie sich so gedemütigt haben; weil Sie so dumm waren, ihn/sie anzurufen.

Deshalb gilt: In diesen schwachen Momenten, in denen Sie sich nichts sehnlicher wünschen, als daß Ihr Partner zu Ihnen zurückkehren möge, müssen Sie sich selbst helfen. Hängen Sie gut sichtbar das häßlichste Foto von ihm/ihr auf, das Sie finden können. Am besten eine Vergrößerung, auf der Sie seine/ihre fettigen Haare, seine kratzigen Bartstoppeln, ihre Speckröllchen, seine dünnen, behaarten Beine, ihre miese Laune auf den ersten Blick erkennen können.

Das ist der Mensch, den Sie zurückhaben wollen? Wirklich?!

Erinnern Sie sich sofort an all seine schlechten Eigenschaften. Daß er so rechthaberisch ist. Daß er Ihnen mit seinem oberlehrerhaften Ton so oft auf die Nerven gefallen ist. Daß er Ihnen in den vergangenen zehn Jahren gerade dreimal Blumen mitgebracht hat. Daß er Ihnen zu Weihnachten eine Leselampe geschenkt hat, obwohl Sie ganz andere Wünsche hatten, und daß er dieses häßliche Ungetüm brauchte, um abends in seinen blöden »Der-Hobby-Eisenbahner«-Heften zu schmökern.

Rufen Sie sofort Ihre beste Freundin oder Ihren besten Freund an. »Hallo, Ines. Ich bin's. Sag mir auf der Stelle, daß mein Ex ein Mistkerl, ein aufgeblasener Idiot und ein verantwortungsloses xxx (Sie wissen schon!) ist! Daß ich froh sein kann, ihn los zu sein! Daß er eine Frau wie mich gar nicht verdient hat. – Danke. Ja, genau das habe ich jetzt gebraucht.«

Sollten Sie trübsinnigen und unrealistischen Gedanken nachhängen und sich fragen wie das wohl aussehen mag, wenn er sie oder sie ihn umarmt, dann beschäftigen Sie sich sofort mit irgend etwas! Am besten mit etwas Schönem. Trommeln Sie Bekannte zusammen und machen Sie einen Zug durch die Kneipen; gehen Sie mal wieder flippern. Viele Frauen lieben es, in solchen Momenten einkaufen zu gehen, etwa nach einem weißen Sommerkleid mit kleinen roten Rosen Ausschau zu halten und sich endlich Lackpumps mit hohen Absätzen zu bescheren – unbequem, aber sexy! Gönnen Sie sich zwei Stücke Sahnetorte in der Konditorei oder ein exklusives Mittagessen in einem superfeinen Restaurant. Kaufen Sie sich einen dicken und bunten Frühlingsstrauß. Und vielleicht schicken Sie ihm die Rechnung? »Hab' einen Seelentröster gebraucht. Deinetwegen. Übernimmst Du bitte die Kosten? Danke.«

Und jetzt bitte einen Seelentröster!

Selbst wenn Sie zu »Harrod's« in London gehen und die ganze Designer-Abteilung leerkaufen und danach zur Kosmetikerin, zum Visagisten und zum teuersten Friseur der Stadt stöckeln – nichts tut Ihrer Seele jetzt so gut wie ein Lover.

Sie werden sagen: »Halt! Ich bin noch nicht soweit. Ich kann noch nicht ... Es geht einfach nicht ... Allein die Vorstellung. Nein!«
Wieso?!
Was heißt: »Sie sind noch nicht so weit ...«
Wann sind Sie es? Woran erkennen Sie das? Was muß passieren, daß Sie »soweit« sind? Glauben Sie, Sie wachen eines Morgens auf und entdecken, daß rote Herzen am Himmel schweben? Und dann ist es »soweit»? Sie sind eine Frau. Sie haben Gefühle. Sehnsüchte. Ein Liebes- und Zärtlichkeitsbedürfnis. Und: Wer redet denn davon, daß eine Affäre gleich wieder mit totaler Zweisamkeit enden muß? Warum muß es gleich die große Liebe sein? Warum nicht mal einen Lover benutzen, um sich wieder

toll, begehrt und attraktiv zu fühlen? Sie müssen sich nur verwöhnen lassen.

Was heißt: »Ich kann noch nicht ...«

Wann können Sie denn? Wenn Ostern und Pfingsten auf ein Wochenende fallen? Was können Sie nicht? Flirten, küssen, Händchenhalten, sich an der Schulter eines Mannes anlehnen und Sex mit ihm haben? Wieso können Sie nicht? Weil Sie glauben, Sie seien nicht attraktiv genug? Weil Sie sich nicht mehr wie zwanzig fühlen? Weil Sie glauben, es gäbe keinen Mann, der Sie voller Lust streicheln und berühren möchte? Er könnte fühlen, daß die Haut nicht mehr ganz so straff ist? Daß Sie vielleicht ein Bäuchlein haben? Der Busen nicht gerade der von Pamela Anderson ist? Vergessen Sie's! Wenn er Sie begehrt, Sie verführen möchte, verliebt in Sie ist, ist ihm das so egal wie nur irgend etwas. Er wird es nicht einmal bemerken. Es sei denn, Sie machen ihn darauf aufmerksam.

Was heißt: »Es geht einfach nicht.«

Natürlich geht es. Damit können Sie sich nicht herausreden. Sie sollten nur nicht angstvoll zurückzucken, wenn jemand Sie anlächelt, sich im Café zu Ihnen setzen möchte, Sie mitten auf der Straße oder im Supermarkt anspricht oder Ihnen helfen möchte.

Sie müssen nicht gleich wie eine Wilde anfangen, sich nach geeigneten Bewerbern umzuschauen. Es geht nur darum, daß Sie wieder offen für neue Kontakte werden. Gönnen Sie sich mehr Fröhlichkeit und Selbstbewußtsein!

Was heißt: »Allein die Vorstellung ... Nein!«

Mit Ihrem Mann und auch davor hatten Sie doch Sex. Und mit Wolfgang, Werner oder Dirk (oder wie Ihre Exfreunde auch hießen) im Bett zu liegen, fanden Sie doch auch einmal sehr reizvoll. Natürlich, Sex ist erst richtig schön, wenn man auch innig liebt, und die Intimität, die Sie mit Ihrem langjährigen Partner verband, werden Sie so schnell nicht wieder erreichen. Dafür werden Sie jetzt das Prickeln erleben, das eine neue Beziehung auszeichnet, und das wird Ihnen gefallen und dazu beitragen, daß Sie über die erfahrenen Kränkungen hinwegkommen.

Das, was die meisten betrogenen Partner von einer neuen Liebe oder auch nur einer kurzen Affäre abhält, ist die Angst, wieder enttäuscht zu werden. Vor allem Frauen denken: Wenn ich mich schon wieder verliebe, dann richtig. Dann soll es auch für länger oder am besten für immer sein. Für eine Liebelei sind sie sich zu schade.

Das wirkliche Leben ist aber oft ganz anders: Keiner weiß zu dem Zeitpunkt, an dem er jemanden kennenlernt und sich verliebt, ob daraus eine kurze oder eine dauerhafte Verbindung wird.

Warum sind Sie sich zu schade für eine kurze Liebelei? Zu schade deshalb, weil Sie sich vom anderen ausgenutzt fühlen oder weil Sie den anderen nicht ausnutzen möchten? Sie haben doch beide etwas davon! So eine Affäre kann wunderschön, heftig und bereichernd sein.

Neue Freunde – gute Freunde!

Als Sie noch mit Ihrem Mann zusammen waren, fanden Sie es ja ganz nett und lustig, wenn Sie mit gemeinsamen Freunden ausgegangen sind oder etwas unternommen haben. Aber die Zeiten haben sich geändert.

Sie ahnen sicherlich, daß Ihre gemeinsamen früheren Freunde heute natürlich auch mit Ihrem Ex und seiner Freundin ausgehen oder die beiden besuchen. Und diese alten Freunde rufen auch bei Ihnen an und laden Sie zur Gartenparty ein oder wollen Sie überreden, doch mit in dieses neue russische Restaurant zu kommen.

Freunde sind manchmal so schrecklich liberal und tolerant. Früher konnten Sie sich noch darauf verlassen, daß sie sich im Falle eines Vergehens sofort auf die Seite des Opfers schlugen und den Täter mit Mißachtung straften. Aber das hat sich geändert. Heute pendeln diese Freunde zwischen Ihnen und Ihrem Ex hin und her und tun so, als sei nichts passiert, als seien Sie nicht aufs Schändlichste betrogen worden und als hätten Sie nicht das ganze Mitgefühl der Welt verdient.

Diese Freunde meinen es gut. Sie wollen nicht Partei für oder gegen Sie ergreifen. Sie handeln nach dem Motto: Diese ganze Geschichte geht nur die Beteiligten etwas an!

Aber wenn Anne und Hans, Peter und Tine oder Heinz und Anneliese dann bei Ihnen zu Hause auf dem Sofa hocken und von ihrem letzten Urlaub auf Teneriffa oder vom Beziehungsstreß eines anderen Pärchens erzählen, dann ist das nicht mehr so wie früher, wenn sie zu Besuch kamen ...

Sie haben das Gefühl, in einem Glashaus zu sitzen und selbst durchsichtig zu sein. Sie sind sich sicher, daß alles, was Sie tun oder lassen, ein paar Stunden später sofort Ihrem Ex und seiner Geliebten berichtet wird ...

Und Sie quälen sich die ganze Zeit, um ja nicht nach Ihrem Expartner zu fragen ... Was er/sie mache. Ob er/sie jetzt endlich zufrieden sei. Ob seine Geliebte ihm auch immer die Hemden stärken müsse. Von Ihnen hat er das ja früher immer verlangt ... Aber nein, Sie beißen sich lieber auf die Zunge, als das zu fragen. Und wenn einem der Freunde dann doch eine unbedachte Bemerkung entschlüpft, könnten Sie vor Wut an die Decke gehen ...

Die ganze Zeit haben Sie irgendwie das Gefühl, daß in jedem Wort Ihrer Freunde Mitleid mitschwingt. Sie glauben genau zu wissen, was sie denken, und hassen es, daß man Sie herablassend anschaut.

Ersparen Sie sich diesen Frust! Suchen Sie sich neue Freunde. Solche, die Ihren Expartner nicht kennen. Die nicht vorbelastet sind, weil sie den ganzen Trennungskrieg nicht mitbekommen haben.

Verabreden Sie sich mit der netten Kollegin zum Kaffee in der Mittagspause. Nehmen Sie sich Zeit für einen kurzen oder längeren Ratsch mit der Nachbarin, die Sie am Briefkasten treffen. Rufen Sie Ihre Freundin aus Kindertagen mal wieder an. Aktivieren Sie Teenager-Bekanntschaften. Verwickeln Sie völlig fremde Menschen in ein Gespräch – wenn Sie im Supermarkt Schlange stehen, im Park auf der Bank sitzen, wenn Sie Ihre Tochter vom Kindergarten abholen oder im Wartezimmer Ihres Arztes darauf warten, daß Sie endlich an der Reihe sind.

Natürlich ergeben sich nicht aus allen Kurzkontakten gleich Freundschaften, aber aus einigen. Weil Sie plötzlich Gemeinsamkeiten entdecken und sich mit den Worten verabschieden: »Wäre doch nett, wenn wir mal ausführlicher miteinander reden könnten?! Wenn Sie mir Ihre Telefonnummer geben, rufe ich Sie an, und wir verabreden uns.«

Natürlich können Sie auch Golf spielen lernen oder Tennis. Sie können eine Anzeige aufgeben oder jeden Freitag ins Schwimmbad gehen. Sie können in der Volkshochschule einen Italienischkurs belegen oder einer Konzertgesellschaft beitreten.

Was Sie auch tun, wo Sie auch suchen – auf jeden Fall müssen Sie selbst zuerst aktiv werden. Auf einem Silbertablett werden Ihnen neue Freunde nicht serviert. Wenn

Sie Ihr Leben als Single nicht vereinsamt in den eigenen vier Wänden verbringen möchten, müssen Sie wieder lernen, auf Menschen zuzugehen, die Kontakte und Bekanntschaften und Freundschaften zu pflegen.

Inventur im eigenen Leben

Früher, als Sie noch mit ihm (oder ihr) zusammen waren, da wußten Sie, was Sie wollten. Ihr Leben war – jedenfalls zum großen Teil – so, wie Sie sich das vorgestellt haben. Davon kann im Moment leider keine Rede sein.

Räumen Sie doch als erstes einmal in Ihrem Kopf auf!

Machen Sie sich wie ein pedantischer Buchhalter lauter Listen. Schreiben Sie auf, was Sie sich wünschen, wovon Sie träumen, wovor Sie Angst haben, was Sie ändern möchten und was Sie vom Leben erwarten. Sie können immer wieder Dinge hinzufügen oder streichen.

Sollten Sie es überflüssig finden, alles aufzuschreiben, dann denken Sie daran, daß Aufschreiben befreit. Dinge, die niedergeschrieben sind, erlangen wie durch Zauberhand plötzlich eine andere Wertigkeit, lassen die eigenen Gedanken schöner oder nicht mehr so bedrohlich erscheinen. Und sie helfen Ihnen dabei, nicht sinnlos im Kreis herum zu denken, sondern Ordnung in Ihr Leben zu bringen. Plötzlich können Sie Ihre geheimsten Gedanken vor sich sehen wie den gebügelten Wäscheberg.

Vielleicht kaufen Sie sich tolles buntes Briefpapier, auf das Sie Ihre Listen schreiben? Setzen Sie sich gemütlich ins Wohnzimmer, bei Musik, mit einem heißen Wildkirschen-Tee, und lassen Sie einfach die Gedanken entschweben ...

- Welche Träume hatte ich als junges Mädchen?
- Welche davon haben sich nicht erfüllt? Lag das vielleicht auch daran, daß sie unrealistisch waren?
- Mein Expartner – wie war er/sie wirklich? Habe ich ihn/sie nicht viel zu sehr durch die rosarote Brille gesehen?
- War es vielleicht nur Gewohnheit, daß wir so lange zusammen waren? Und schon länger nicht mehr Liebe?
- Welche Fehler hat mein Expartner gemacht, bei denen ich heute nicht mehr stillschweigend zusehen würde?
- Welche Fehler habe ich gemacht? Und was würde ich beim nächsten Mal ändern?
- Was sind meine Stärken? Meine Schwächen?
- Wie soll mein Leben jetzt aussehen? Und was kann ich tun, um diese Vorstellungen zu erfüllen?
- Habe ich auch heute noch Träume? Welche sind das? Sehe ich sie nur als geheime Wünsche an? Oder fordere ich, daß sie auch in Erfüllung gehen? Wie kann ich sie mir erfüllen? Sind sie überhaupt erfüllbar?

Lesen Sie sich diese Zettel immer wieder durch. Ändern Sie Ihre Liste, wenn Sie plötzlich eine andere Meinung haben. Betrachten Sie alles als eine Art Spiel – mit dem Sie sich selbst besser erkennen können.

Die Niederlage, die eine Chance bedeuten kann

Muß wirklich jeder Seitensprung mit einem Drama enden? Wenn Sie persönlich betroffen sind, beantworten Sie diese Frage sicher mit einem deutlichen »Ja«.

Wenn Sie Ihren Partner betrogen haben, antworten

Sie sicherlich: »Nein, eigentlich nicht ... Ich kann ja verstehen, daß mein/e Ex sauer ist. Aber muß er/sie gleich so eine Riesenaffäre daraus machen?«

Wenn Sie die Geliebte oder der Geliebte sind, vertreten Sie sicher den Standpunkt: »Wenn seine bzw. ihre Ehe in Ordnung gewesen wäre, wäre das sowieso nicht passiert. Ich finde, man kann sich auch gütlich einigen.«

Das sind die subjektiven Sichtweisen.

In den Augen der Gesellschaft ist der betrügende Teil ohne Frage der kaltschnäuzige Täter, der betrogene das bedauernswerte Opfer und die/der Geliebte ein gewissenloser Mensch. Das ist für die Gesellschaft einfach eine Frage der Moral.

Es soll allerdings nicht verschwiegen werden, daß in anderen Kulturen andere Moralvorstellungen herrschen und daß in nahezu 1000 von 1154 vergangenen und gegenwärtigen Gesellschaften der Menschheitsgeschichte es den Männern gestattet war oder noch heute ist, mehr als eine Frau zu haben. Übrigens nur in 0,5 Prozent aller Kulturen ist es Frauen auch erlaubt, mehrere Männer zu haben ... Wir leben aber in einem monogamen Kulturkreis und müssen damit zurechtkommen.

Hier einige hypothetische Möglichkeiten, wie Sie als Betrogene mit einem Seitensprung Ihres Partners umgehen könnten. Es sind nur Gedankenspiele. Der Versuch, die Dinge einfach einmal von einer anderen Warte aus zu betrachten.

- Erklären Sie den Seitensprung zu einem Vergehen, das in etwa so schwerwiegend ist, wie die Wohnung des Nachbarn auszurauben oder im betrunkenen Zustand alle parkenden Autos der Straße zu Schrott zu fahren. Und auf dieses Vergehen Seitensprung steht eine im

Ehevertrag festgelegte Strafe. Zum Beispiel eine Geldstrafe. Der/die Untreue muß dem betrogenen Partner 10000 Mark zahlen. Hat er/sie das Geld nicht, muß er/sie einen Kredit aufnehmen. Was die/der Betrogene mit dem Geld macht, ist allein seine Sache.

Der Vorteil: Ihr angekratztes Selbstbewußtsein wird mit einem netten Sümmchen getröstet. Und Sie wissen, daß Ihr Partner in Zukunft zweimal nachdenken wird, bevor er sich wieder auf eine Liaison einläßt. Noch einmal 10000 Mark – das ist ihm wohl kein Seitensprung wert.

- Ändern Sie Ihre Einstellung zur Wertigkeit der Liebe doch etwas. Ist es denn wirklich so, daß Ihnen etwas weggenommen wird, wenn Ihr Partner Sie betrügt? Was gibt der betrügende Ehemann seiner Geliebten, was er Ihnen vorenthält? Eigentlich nur heiße Liebesworte und Sex. Mehr nicht. Ab und zu ist Ihr Partner eben nicht zu Hause, sondern bei seiner Geliebten. Also könnte man sagen, daß er Ihnen gemeinsame Zeit vorenthält. Hand aufs Herz, sind Sie wirklich so wild darauf, Ihren Partner in jeder freien Minute um sich zu haben? Aber ansonsten wird Ihnen nichts genommen.

Und was ist mit dem zerstörten Selbstbewußtsein?

Nun ja, objektiv betrachtet kann man dem betrügenden Partner nicht die Schuld daran geben. Das haben Sie sich nämlich selbst genommen. Weil Sie Ihr Selbstwertgefühl aus dem Handeln des/der anderen beziehen – und nicht aus sich selbst. Sie glauben, Sie seien weniger wert, nicht so schön und nicht so charmant wie die Geliebte Ihres Mannes bzw. der Geliebte Ihrer Frau, und wurden deshalb betrogen? Aber so ist es nicht! Sie sind noch genauso attraktiv, klug und

charmant wie zu Beginn ihrer Beziehung, und da vermochten Sie Ihren Partner doch auch zu fesseln.
- Erproben Sie eine andere Art der Partnerschaft. Leben Sie künftig nur mit einem Partner zusammen, mit dem Sie sich wie mit dem besten Freund verstehen, wie Bruder und Schwester. Sex, Erotik und Leidenschaft holen Sie beide sich woanders. Da die besitzergreifenden Gefühle bei so einer Partnerschaft ausgeklammert bleiben, kann es darüber auch nicht zu Konflikten kommen. Gleiches Recht für jeden Partner – da wären nur die Lover die Gelackmeierten.

Wie die betrogene Ehefrau doch noch zur Siegerin wird

Claire (39) und Winfried (43) aus Hamburg sind seit zwei Jahren geschieden. Ihre beiden Kinder, Jens (19) und Margit (18), leben bei der Mutter.

Der Berufsoffizier hatte seine Frau mehr als einmal betrogen. Jedesmal bat er reumütig um Verzeihung, die sie ihm auch gewährte.

Claire liebte ihren Mann. Sie erzählt: »Deshalb habe ich ihm seine Seitensprünge auch jedesmal verziehen. Ich wollte unseren Kindern die Familie und das Zuhause erhalten. Aber dann hat mein Mann mit einer Fünfundzwanzigjährigen ein Verhältnis angefangen! Und er konnte offensichtlich die Hände nicht mehr von diesem jungen Ding lassen. Ich habe wirklich so ziemlich alles probiert, um unsere Ehe zu retten. Ich habe stumm gelitten, aber auch Riesenszenen gemacht. Ihn mit Vorwürfen überhäuft. An sein Verantwortungsgefühl appelliert. Schließlich – nach schier endlosen Monaten, in denen ich mich wie lebendig begraben fühlte, jede Menge Beruhigungstabletten schluckte und auf 52 Kilo abmagerte – zog ich die Konsequenzen. Ich suchte mir mit den Kindern eine neue Wohnung, verklagte Winfried auf Unterhalt und reichte die Scheidung ein.«

Wenn Claire heute jemandem von diesem dunkelsten Abschnitt ihres Lebens erzählt, sagt sie es meist mit diesen Worten: »Ich war nicht mehr ich selbst. Ich war nur noch eine Hülle: leer, ausgebrannt, ohne Energie. Aber irgendwann kam der Punkt, an dem ich spürte, daß kein Mensch und schon gar nicht mein Mann es wert ist, daß ich seinetwegen vor die Hunde gehe. Mühsam, ganz mühsam habe ich mich wieder aufgerappelt. Schritt für Schritt. Ich kann nicht behaupten, daß ich heute überglücklich bin. Aber ich bin sehr viel glücklicher als in den letzten Jahren meiner Ehe.«

Ein Blick in das Leben von Winfried: Mit seiner jungen Floristin ist es inzwischen aus und vorbei. Er lebt in einer einfachen Zweizimmerwohnung, die nicht gerade idyllisch gelegen ist. Mehr kann er sich nicht leisten. Er muß ja Unterhalt an seine Exfrau zahlen.

Winfried: »Ich lebe wohl so wie ungefähr alle Junggesellen dieser Welt. Meine Wohnung ist karg möbliert und meistens unaufgeräumt. Na ja, nicht gerade besonders gemütlich. Ich gehe zur Arbeit. Und habe auch ab und zu eine Freundin. Meine Hemden bringe ich in die Wäscherei. Abends bin ich natürlich zu faul zum Kochen und schmeiße eine Tiefkühlpizza in den Ofen. Dazu zwei bis drei Bierchen. Ja, das ist mein Leben.«

Claire dagegen lebt mit den Kindern in einer Vier-Zimmer-Altbauwohnung. Die Möbel stammen zum Teil aus der Ehe, den Rest haben die Kinder und sie gemeinsam erstanden, zum Teil moderne, zum Teil alte Stücke aus kleinen Antiquitätenläden und Haushaltsauflösungen, die sie restauriert und neu gestrichen haben.

Claire: »Die Kinder führen natürlich schon so gut wie ihr eigenes Leben. Aber sie helfen mir, so gut sie können, im Haushalt. Jens ist für die Reinigung, den Schuster, die Organisation aller Reparaturen in der Wohnung und die Getränke verantwortlich. Margit kauft ein und hilft beim Putzen. Ich habe vor einigen Monaten einen Job als Krankenschwester in der Kinderstation des Städtischen Krankenhauses gefunden. Er wird nicht gerade toll bezahlt, aber die Arbeit macht viel Spaß.«

Dinge, die Claire heute glücklich machen: »Die Wohnung, die mir gefällt, weil ich sie ganz nach meinem Geschmack einrichten konnte. Mein gutes Verhältnis zu den Kindern, das nach der Scheidung noch enger und vertrauensvoller und irgendwie erwachsener geworden ist. Daß ich im Krankenhaus anerkannt und beliebt bin. Ich habe auch neue Freunde, die ich im Haus, auf Ausstellungen, im Theater oder auch durch Zufall beim Einkaufen kennengelernt habe. Ich habe endlich das Gefühl, etwas zu leisten, etwas wert zu sein. Und muß nicht mehr tagtäglich auf einen Mann Rücksicht nehmen.«

Viele Frauen entdecken nach der schmerzlichen Trennung von ihrem Mann, daß ein eigenes, unabhängiges Leben unheimlich viel Spaß machen kann. Daß es aufregend ist, plötzlich ganz allein für sein Leben verantwortlich zu sein und Dinge und Situationen zu meistern, vor denen sie sich früher ängstigten. Sie entdecken, daß sie viel mehr können, als sie sich jemals zugetraut hatten. Nicht mehr immer nur für Mann und Kinder sorgen zu müssen, sondern sich ihr Leben nach ihren eigenen Vorstellungen zu gestalten, gibt ihnen Zufriedenheit und Selbstbewußtsein.

Und Selbstbewußtsein macht attraktiv.

Claire hat vor vier Wochen im öffentlichen Schwimmbad einen netten Mann kennengelernt. Peter (37), Kunstmaler. Sie ist schon dreimal mit ihm ausgewesen. Sie telefonieren sehr oft miteinander. Sie sagt: »Es ist einfach phantastisch, wieder von einem Mann umworben und verwöhnt zu werden. Jemanden zu haben, der gut zu einem ist. Ich genieße es!«

Sie fragt sich nicht, ob überhaupt etwas aus der Geschichte wird. Ob sie mit ihm Sex haben möchte. »Das gehört auch zu den Verhaltensweisen, die ich gelernt habe – Dinge einfach auf mich zukommen zu lassen. Nicht immer gleich über alles nachzugrübeln und alles zu verplanen.«

Eine Frau fühlt sich zwar meist als Opfer, wenn der Mann sie betrügt und verläßt. Aber diese veränderte Lebenssituation kann auch schlummernde Kräfte in ihr freisetzen. Sie kann sich völlig neu entdecken und Dinge tun, von der sie in der Ehe nicht einmal zu träumen gewagt hätte.

Warum es manchmal besser ist, die Geliebte zu bleiben und ihn von einer Scheidung abzuhalten

Manche Frauen sind wirklich die reinsten Luxuswesen, und sie stehen auch dazu. Sie haben Erfolg in ihrem Job, verdienen gut, verfügen über eine große Wohnung, ein Auto, sehen gut aus und können es sich leisten, einmal die Woche zum Friseur und alle drei Wochen zur Kosmetikerin zu gehen.

Ein unabhängiges Leben. Beneidenswert!

Und dann lernen Sie einen verheirateten Mann kennen. Sie verlieben sich ineinander. Sie sehen Ihren Freund in der Regel einmal wöchentlich. Er bringt Ihnen kleine, aber feine Geschenke mit – silberne Aschenbecher, Champagner und Kristallgläser oder antike Parfümflakons. Sie gehen in teure Restaurants essen. Und haben hinterher wunderbaren Sex.

Sie haben alles, was Sie wollen. Warum also sollten Sie ihn zur Scheidung drängen? Was könnte es Ihnen bringen? Nichts. Außer der Notwendigkeit, plötzlich Hausfrau und Putzfrau zu spielen ...

Wenn Sie zu den Frauen gehören, denen ihre Unabhängigkeit sehr viel bedeutet, sind Sie als Geliebte viel besser dran.

Sollte es allerdings passieren, daß die Frau Ihres Lovers hinter die Affäre kommt, mit Scheidung droht und der Mann sich für Sie entscheiden könnte oder möchte, sollten Sie schnell und geschickt handeln. Denn Sie möchten ihn zwar nicht als Ehepartner haben, aber auch nicht als Geliebten verlieren.

Also müssen Sie ihm zuerst einmal klarmachen, wie wichtig er Ihnen ist. Was für ein toller Liebhaber er ist. Wie sehr Sie sich über seine Aufmerksamkeiten freuen. Beschenken Sie ihn mit viel Lob! Und wenn er Ihnen dann aus der manikürten Hand frißt, erinnern Sie ihn an die dunklen Seiten einer Trennung oder Scheidung:

Daß so etwas verdammt teuer ist. Ob er sich das wirklich leisten könne.

Und dann sei da ja noch die gesellschaftliche Seite. Vielleicht könnte eine Scheidung ihm beruflich schaden, zumal seine Vorgesetzten seine Frau schon lange kennen und sehr schätzen. Könnte ja auch sein, daß ihm der Trennungskampf so zusetzt, daß er sich für längere Zeit nicht mehr richtig auf seinen Job konzentrieren kann.

Und das schöne Haus. Es wäre doch schade, wenn er es aufgeben müßte.

Möglich, daß sich die Kinder, an denen er doch so hängt, bei einer Trennung von ihm abwenden, ihn nicht mehr sehen wollen.

Er solle sich doch fragen, ob es auch für ihn nicht besser wäre, das Verhältnis so, wie es ist, heimlich weiterzuführen. Er achte und liebe seine Frau doch auch. Vielleicht würde sie so unter einer Trennung leiden, daß sie sich etwas antut? Mit so einem Schuldgefühl wolle er doch nicht leben? Sie jedenfalls könnten das auf gar keinen Fall!

Oder machen Sie ihm deutlich, daß eine Scheidung ihn finanziell so sehr belasten würde, daß Sie beide wirklich nur noch das Nötigste zum Leben hätten. Selbst wenn Sie mitarbeiteten, würden Sie lange Zeit auf keinen grünen Zweig kommen. Am Anfang möge das ja noch ganz romantisch sein, wenn Sie aus so gut wie Nichts ein tolles Essen für ihn zaubern müßten. Zur Abwechslung wären Sie sicher auch bereit, einmal den Urlaub zu Hause verbringen, aber auf Dauer münde Geldnotstand in Unzufriedenheit und Streiterei. Und irgendwann werde er Ihnen vorwerfen: »Wenn es dir nicht paßt, kannst du ja gehen! Aber vergiß nicht, daß ich mich deinetwegen habe scheiden lassen. Deinetwegen muß ich heute jeden Pfennig umdrehen!« Feine Aussichten …

Wenn er mit Ihnen über das Thema Scheidung sprechen will, so denken Sie schnell nach: Ist er wirklich der Mann, mit dem Sie auch leben könnten? Sich ein- oder zweimal wöchentlich zu sehen und zu lieben ist eine Sache, das Zusammenleben eine andere. Ist er ein Sportfanatiker, während Sie sich für Kultur begeistern? Zieht es ihn in die Berge und Sie an das Meer? Dann werden Sie in der knapp bemessenen Freizeit nicht gerade viele Interessen teilen.

Ist er schrecklich unordentlich, während Sie es gern immer aufgeräumt haben? Dann werden Sie sich entscheiden müssen – entweder Sie räumen ihm ständig hinterher und sind deshalb bald stinksauer, oder Sie engagieren für teures Geld eine Putzfrau.

Oder aber Ihr Lover bleibt bei seiner Frau, und Sie genießen ihn weiterhin als seine fröhliche, charmante und geliebte Geliebte.

Warum ein Seitensprung ganz heilsam sein kann

Ulrich (39) und Inka (35) aus Bad Kissingen sind seit 15 Jahren verheiratet und haben drei Kinder (14, 12, 9). Sie kennen sich seit ihrer Jugendzeit.

Ulrich, ein gutaussehender Anästhesist, wird von mehreren der Krankenschwestern seiner Klinik angehimmelt. Er flirtet immer ein bißchen mit ihnen, mehr nicht. Ulrich: »Es macht mir einfach Spaß – dieses Gefühl, daß ich sofort könnte, wenn ich wollte. Ich meine, eine der Frauen zu verführen.«

Ulrich ist der Meinung, daß er und Inka eigentlich viel zu früh geheiratet haben. »Ich liebe meine Frau. Keine Frage. Aber ich habe das Gefühl, daß ich mich nicht richtig austoben konnte, so als Mann. Und das hole ich seit ein paar Jahren eben ganz diskret nach ...«

Vor zehn Jahren hatte Ulrich seine erste außereheliche Affäre. Mit der sechs Jahre älteren Gina. Er hatte die Juristin zufällig nach einem Vortrag kennengelernt.

Ulrich: »Sie hatte mich richtig angemacht – und ich war darauf eingegangen. Da sie ebenfalls verheiratet war, trafen wir uns immer nur heimlich in verschwiegenen Restaurants, mieteten uns in einem Stundenhotel ein oder machten Sex im Auto. Es war eine aufregende und völlig verrückte Affäre! Ich war fasziniert von dieser Frau. Allerdings beendete sie nach drei Monaten das Verhältnis mit der Begründung, sie habe Angst, sich in mich zu verlieben, und sie könne ihren Mann niemals verlassen ...

Am Anfang hatte ich natürlich ein ziemlich schlechtes Gewissen. Und ich fürchtete, von meiner Frau erwischt zu werden. Es ist nicht so, daß ich Inka andauernd betrüge. Nein, nein, nur ab und zu, wenn sich die Gelegenheit bietet, greife ich zu. Bei einem Kongreß, beim Golfen oder einem Kurztrip mit meinen Kumpels ans Meer.«

Meist sind es sehr kurze Affären, manchmal sogar nur ein One-night-stand.

Ulrich: »Ich bin in diese Frauen ja nicht verliebt. Ich gehe mit ihnen ins Bett und genieße den Sex wie ein erlesenes Essen, eine Spritztour mit einem für mich unbezahlbaren Sportwagen oder eine wilde Achterbahnfahrt.«

Inka hat in all den Jahren nicht einmal den Verdacht gehabt, daß ihr Mann sich auch hin und wieder in fremden Betten amüsierte. Wenn sie es je erführe, wäre der Teufel los. Aber Ulrich war immer sehr diskret. Und er ist felsenfest davon überzeugt, daß seine kleinen Affären der Ehe nicht geschadet haben. Im Gegenteil.

Ulrich: »Nach jedem Seitensprung genoß ich den Sex mit Inka wieder viel mehr als vorher. Fand es plötzlich wieder aufregend, meine Frau nach allen Regeln der Kunst zu verführen und auch einmal neue Stellungen auszuprobieren. Ich verwöhnte sie wieder ein bißchen mehr, machte ihr Komplimente.«

Wohl jeder, der acht oder zehn oder noch mehr Jahre verheiratet ist, spürt manchmal deutlich, daß die eigene Ehe zum großen Teil aus festgefügten Verhaltensweisen und Langeweile besteht und daß es wichtig ist, dem Eheeinerlei zu entkommen. Um eine Ehe harmonisch und glücklich zu erhalten, sind Anstrengungen vonnöten: den Partner ins Theater zu entführen, ihm morgens das Frühstück ans Bett zu bringen und dann süß zu verführen, Rosenblätter in den Flur zu streuen oder zu kuscheln und zu reden, statt den Hollywood-Thriller anzugucken – mit ein wenig Phantasie sind die Möglichkeiten grenzenlos.

Die Langeweile zu spüren bedeutet nicht, daß man eine schlechte Ehe führt. Es ist nur so, daß man es sich wie im weichen Ehebett auch im Alltag so richtig bequem eingerichtet hat. Diese Bequemlichkeit bietet große Vorteile. Um Vertrauen, Zuneigung, Verläßlichkeit und Gemeinsamkeit zu spüren, scheinen keine Anstrengungen mehr erforderlich zu sein.

Aber da sind auch ein paar Nachteile. So zwischendurch sehnen Sie sich plötzlich nach einer Überraschung, nach Herzklopfen, etwas völlig Verrücktem, aber Schönem. Nach Abwechslung. Dann sitzen Sie da und seufzen: »Ach, man sollte doch mal wieder ...« Und letztendlich passiert nichts.

Und dann kann es geschehen, daß einer der Partner plötzlich außerhalb des eigenen Zuhauses ein Abenteuer sucht.

Das muß nicht die große Krise und auch nicht das Ende für die Ehe bedeuten, wenn Sie verstehen, so diskret vorzugehen, daß der Partner nichts bemerkt.

- Die Gefahr der Entdeckung einer Affäre am Arbeitsplatz ist zu groß. Hände weg!
- Am unauffälligsten sind Seitensprünge in einer anderen Stadt – wenn Sie auf Dienstreise, zur Kur oder im Urlaub sind.
- Zufällige Bekanntschaften in einem Café oder auf der Straße erst einmal »beschnuppern«, bevor Sie in fremde Betten hüpfen.
- Ist sie oder er ein Single, der händeringend eine feste Beziehung sucht? Vorsicht!
- Spielen Sie mit offenen Karten und machen der Geliebten/dem Geliebten von Anfang an klar, daß Sie nur ein Abenteuer suchen und nicht an Trennung denken. Ein kurzer Genuß für beide – *that's it*!
- Behalten Sie Ihre Telefonnummer für sich, die dienstliche ebenso wie die private. Raten Sie Ihrem Lover von Anrufen ab. Statt dessen melden Sie sich regelmäßig.
- Versprechen Sie nichts, was Sie nicht halten können oder wollen, nur um sie oder ihn zu erobern. Unterdrücken Sie selbst im Rausch der Sinne heiße Liebesschwüre.
- Wenn Sie merken, daß Ihr Lover anfängt zu klammern, beenden Sie die Affäre sofort!
- Auch wenn es Sie manchmal noch so sehr nach Ihrer Geliebten/Ihrem Geliebten verlangt – melden Sie sich nach ein paar Tagen nicht mehr bei ihr/ihm. Ein Seitensprung ist aufregend – darf aber nur ganz kurz sein, wenn Sie Ihre Ehe wirklich nicht gefährden wollen. Je länger Sie sie/ihn kennen, desto mehr tauchen Sie in ihr/sein Leben ein, nehmen daran Anteil und verstricken sich in einem Netz aus Gefühlen und Lügen.
- Verhalten Sie sich zu Hause so normal wie möglich.

Wenn Ihr Partner Sie anspricht, warum Sie manchmal so abwesend und nachdenklich wirken (weil Sie gerade an Ihren Lover denken), sagen Sie, daß Sie Migräne oder Magenschmerzen haben. Krankheit und Zipperlein sind glaubwürdiger als gestotterte berufliche Ausreden. Außerdem hat Ihr Partner dann Mitleid mit Ihnen und gibt Ihnen treusorgend eine Aspirintablette statt Ihnen ein Loch in den Bauch zu fragen.

- Wenn Sie hinterher – zu Recht! – das schlechte Gewissen plagt, verwöhnen Sie Ihren Partner. Schenken Sie Blumen, gehen Sie aus, tanzen Sie mit ihr/ihm in der Küche, oder gehen Sie mal wieder spät nachts spazieren. Verwunderte Fragen nach dem Warum können Sie ganz ehrlich und seelenruhig beantworten. »Ach, mir war einfach danach!« – »Das haben wir so lange nicht mehr gemacht.« – »Weil ich dich liebe, deshalb.« Die Affäre ist ja vorbei. Sie müssen nicht lügen.

Ein diskreter Seitensprung kann eine langweilig gewordene Ehe wieder auffrischen. Denn der Betrügende ist derjenige, der nun die Energie und die Lust aufbringt, den Partner aus dem Trott zu holen. Ihn mal wieder zu verwöhnen, zu sagen, daß er ihn liebt. Sex wieder aufregend zu machen. Die eigene Frau mitten auf der Straße zu umarmen und leidenschaftlich zu küssen. Den anderen wieder zum Lachen zu bringen.

Daß der Antrieb das schlechte Gewissen ist – ist das so schlimm? Das Ergebnis ist doch positiv. Sie sorgen für neues Herzklopfen in der eigenen Ehe. Sind froh und glücklich, mit diesem Mann/dieser Frau verheiratet zu sein. Und das »Opfer« sieht sich plötzlich wieder begehrt, respektiert, geliebt und hat auch neuen Spaß an der Ehe.

Es kann ja auch sein, daß Sie durch den kurzen Seitensprung etwas erfahren haben, was Sie in der eigenen Ehe verwenden und weitergeben können. Vielleicht die Lust am Kochen, die Sie jetzt auch mal zu Hause ausprobieren möchten. Oder wie aufregend Motorradfahren ist, so daß Sie jetzt Ihre Frau dazu einladen. Oder daß Sie spüren, wieviel Ihnen eigentlich an Ihrer legalen Beziehung liegt.

Vielleicht entdecken Sie als Ehepaar nun eine neue gemeinsame Lust, die den tagtäglichen Trott etwas verändert.

Der betrogene Partner weiß ja nichts von diesem Seitensprung. Er/sie geht davon aus, daß Sie treu sind. Und die Realität ist doch: Sie sind glücklich verheiratet!

Schlußbemerkung

Fremdgehen ist mies und gemein. Und mit dem Seitensprung setzen Sie Ihre Partnerschaft aufs Spiel. Bevor Sie sich also auf eine heiße Affäre einlassen, sollten Sie sich vielleicht zumindest einmal fünf Minuten überlegen, ob ein paar leidenschaftliche Nächte es wert sind, eine gute und verläßliche Beziehung zu riskieren. Genau das passiert in den meisten Fällen aber nicht. Weil vor allem bei Männern das Gehirn gerade dann aussetzt, wenn ein langbeiniges Wesen mit knackigem Po und aufreizendem Busen sich neben sie setzt oder sie anlächelt. Schon ist »es« passiert ...

Erfährt die Partnerin von diesem Seitensprung, steckt die Ehe mitten in der größten Krise. Für beide Partner ist diese Zeit die reinste Hölle.

Ganz wichtig: Auch wenn es Ihnen noch so dreckig geht, lassen Sie die Hände von Alkohol und Beruhigungsmitteln. Diese zweifelhafte Art der Verdrängung funktioniert nur für ein paar Stunden. Und hinterher ist der seelische Kater nur um so größer. Wenn Sie gar nicht mehr weiter wissen und Freunde und Verwandte auch nicht helfen können, suchen Sie Hilfe bei einem Therapeuten.

Betrogen zu werden löst bei jedem Menschen eine schwere seelische Krise aus. Aber dieses Drama ist nicht das Ende Ihres Lebens. Es ist eine – zugegeben sehr schwere – Herausforderung. Keiner hat sie verdient. Aber jeder kann sie meistern. Auch Sie. Sie haben doch bestimmt auch schon in anderen schwierigen Situationen Ihr Durchhaltevermögen, Ihren Mut und Ihre Kraft bewiesen.

Wie auch immer Sie sich entscheiden, wenn Ihr Partner Sie betrogen hat, ob Sie sich versöhnen oder trennen wollen – denken Sie bei allem, was Sie jetzt tun, daran, daß die letzte Entscheidung Ihr Herz haben sollte. Ihre Gefühle für Ihren Mann/Ihre Frau. Fragen Sie sich, ob ein Seitensprung es wirklich wert ist, eine liebevolle und gute Partnerschaft aufzugeben.

Denn Sie können auch weiterhin eine neue, glückliche Ehe mit Ihrem Partner führen.

Sie können aber auch Ihr Leben allein in die Hand nehmen und ohne Ihre/n Angetraute/n glücklich werden.